汽车先进技术译丛
日本汽车技术协会·汽车技术经典书系

汽车材料技术

〔日〕林 直义 主编

熊 飞 译

机 械 工 业 出 版 社

图书在版编目（CIP）数据

汽车材料技术/（日）林　直义主编；熊飞译 . —北京：机械工业出版社，2019.1

（汽车先进技术译丛．日本汽车技术协会·汽车技术经典书系）

ISBN 978-7-111-61889-8

Ⅰ. ①汽…　Ⅱ. ①林…②熊…　Ⅲ. ①汽车 - 工程材料　Ⅳ. ①U465

中国版本图书馆 CIP 数据核字（2019）第 018475 号

机械工业出版社（北京市百万庄大街22 号　邮政编码100037）

策划编辑：孙　鹏　李　军　责任编辑：孙　鹏

责任校对：肖　琳　　　　封面设计：鞠　杨

责任印制：孙　炜

北京玥实印刷有限公司印刷

2019 年3 月第1 版第1 次印刷

184mm×260mm · 10 印张 · 236 千字

0 001—3 000 册

标准书号：ISBN 978 - 7 - 111 - 61889 - 8

定价：60.00 元

凡购本书，如有缺页、倒页、脱页，由本社发行部调换

电话服务　　　　　　　　　　网络服务

服务咨询热线：010 - 88361066　机工官网：www.cmpbook.com

读者购书热线：010 - 68326294　机工官博：weibo.com/cmp1952

　　　　　　　010 - 88379203　金书网：www.golden-book.com

封面无防伪标均为盗版　　　教育服务网：www.cmpedu.com

序

　　本丛书是日本汽车技术协会主编的汽车技术经典书系，书系共 12 册。本系列丛书旨在阐述汽车相关的焦点技术及其将来的发展趋势，由活跃在第一线的研究人员和技术人员编写。

　　日本汽车技术协会的主要责任是向读者提供最新技术课题所需要的必要信息，为此我们策划了本系列丛书的出版发行。本系列丛书的各分册中，相对于包罗万象的全面涉及，编者更倾向于有所取舍地选择相关内容，并在此主导思想下由各位执笔者自由地发表其主张和见解。因此，本系列丛书传递的将是汽车工程学、技术最前沿的热点话题。

　　本系列丛书的主题思想是无一遗漏地包含基础且普遍的事项，与本协会的"汽车工学手册"属于对立的两个极端，"汽车工学手册"每十年左右修订一次，以包含当代最新技术为指导思想不断地进行更新，而本系列丛书则侧重于这十年当中的技术进展。再者，本系列丛书的发行正值日本汽车技术协会创立 50 年之际，具有划时代的意义，将会为今后的汽车工学、技术，以及工业的发展发挥积极的作用。

　　在本系列丛书发行之际，我代表日本汽车技术协会向所有为本系列丛书提供协助的相关人员，以及各位执笔者所做出的努力和贡献表示衷心的感谢。

社团法人　日本汽车技术协会
汽车技术经典书系出版委员会
委员长　池上 询

前　言

　　日本的汽车工业在战后较短的时期内取得了飞速的发展，这不仅仅给汽车产业、也给日本整体工业带来了良好的发展效果，将为今后日本的经济繁荣带来巨大的原动力。材料技术的进步给汽车产业的发展提供了强大的支持。随着汽车设计、工艺技术的进步，日本汽车的高性能、高品质、高可靠性在全世界范围内获得了高度的认可。

　　本书集成了汽车行业、材料行业和其他相关行业众多技术人员的研究成果。近年来，随着汽车数量的急剧增加，各种环境的摩擦问题不断地涌现，而这些问题都是无法回避的。进入 21 世纪以来，材料技术的发展将直接影响汽车产业将来的发展。

　　本书针对大量的实际需求，沿着汽车材料技术的发展轨迹，以直接影响当前最新技术和将来的发展动向的重点技术为中心，对将来的发展趋势加以阐述。从这个观点出发，针对汽车上使用的每一种材料，从活动在技术第一线的专家、学者们的视角来加以叙述，虽然在整体一致性上略有欠缺，但是我们的重点在于传递最新的技术情报信息。在阅读本书时有可能会遇到一定的困难，但是本书中介绍的今后汽车材料的重点内容，或者说将来的发展方向，如果对于从事汽车行业的同仁们能够有所帮助，将是编者们莫大的荣耀。

　　最后，对参与执笔的各位编者们表示深深的谢意。

林　直义

编 辑 的 话

　　本书是由日本汽车技术协会组织编写的"汽车技术经典书系"的第 5 分册《自動車の材料技術》翻译而来的。本丛书的特点是对汽车设计、测试、模拟、控制、生产等技术的细节描写深入而实用，所有作者均具备汽车开发一线的实际工作经验，尤其适合汽车设计、生产一线的工程师研读并应用于工程实践！本丛书虽然原版出版日期较早，但因为本丛书在编写时集聚了日本国内最优秀的专家，使本丛书具有极高的权威性，是日本汽车工程技术人员必读图书，故多次重印，目前仍然热销。非常希望这套丛书的引进出版能使读者从本丛书的阅读中受益！本丛书由曾在日本丰田公司工作的刘显臣先生推荐，也在此表示感谢！

主 编

　　林　直义　　　　本田技术研究所株式会社

参　编

　　林　直义　　　　本田技术研究所株式会社
　　小山一夫　　　　新日本制铁株式会社
　　宫坂明博　　　　新日本制铁株式会社
　　上原纪兴　　　　大同特殊钢株式会社
　　杉本繁利　　　　丰田汽车株式会社
　　吉田英雄　　　　住友轻金属工业株式会社
　　保田哲男　　　　日本聚烯烃株式会社
　　中岛一义　　　　日本瑞翁株式会社
　　桥本欣郎　　　　日本瑞翁株式会社
　　平野　明　　　　旭硝子株式会社
　　柳田　茂　　　　日本石油精制株式会社
　　池本雄次　　　　日本石油株式会社
　　加贺谷峰夫　　　日本石油株式会社
　　牛尾英明　　　　本田技术研究所株式会社
　　船曳正起　　　　日本 Na Metal Craft 株式会社
　　竹中　修　　　　日本电装株式会社
　　川崎辉夫　　　　日产汽车株式会社

目　录

1 汽车的构成材料

根据所处的时代背景和对汽车的各种需求，汽车上所使用的材料处于不断地变化、发展中。

本章首先从汽车的发展历程和材料的变迁过程来加以阐述；其次，针对上述过程，对材料的变化加以整理；最后，针对目前面临的巨大变化，对汽车材料的要求和将来的发展趋势加以叙述。

1.1 汽车的发展和材料

初具规模的汽车登上历史舞台，可以追溯到很久以前。17 世纪后半期，法国人佛鲁比斯特神父供职于中国的宫廷时，制成了全长 60cm 的四轮蒸汽驱动车，虽然当时没有载人，但是它是以自身动力驱动的，被认为是初具规模的汽车雏形。

现在路面上行驶的汽车原型，是 1769 年居纽（Nicolas Joseph Cugnot）大尉制作的驶过巴黎的三轮大炮牵引车。它的蒸汽机是由巨大的铜制蒸汽锅炉、两个精密加工的气缸、活塞、连杆以及曲轴构成的。

19 世纪初，制作了更多的蒸汽驱动汽车，同时，内燃机的研究也在进行中。使用内燃机的原型汽车是 1885 年德国的 G. 戴姆勒制造的汽油发动机两轮汽车以及 C. 本茨制造的汽油发动机三轮汽车。19 世纪末到 20 世纪初，进入了大规模开发和制造汽车的时代，关于汽车比赛的活动也很活跃，在这种环境下研究开发出了非常多的新技术，有些技术一直沿用到今天的汽车上。另外，还有一些非常具有挑战性的技术，如铝制曲轴箱和充气轮胎。这是一个当代汽车的开始时期或者技术开发期。

1908 年，美国的 H. 福特发明了 T 型福特汽车，该种汽车以流水线方式生产，成功地实现了低价格汽车的量产化，在这之后的 18 年间，大约生产、销售了 1500 万辆。它是借鉴了美国的军工产业和自行车产业发展起来的零部件规格化、标准化和高效生产方式，将移动组装方式应用于汽车组装工序，确定了大规模生产流程，结果使生产效率大幅提高，同时产品价格大幅降低。同一时期，钒钢的开发为汽车发展提供了很大的辅助，基于该成果开始了汽车工业化和大众化。福特汽车的高耐久性、低故障率、驾驶容易等特点，不使用多余的装饰而突显功能的低价格汽车，得到了普通大众的喜爱，推进了汽车的大众化进程。

接下来，战争中的汽车多用于武器和士兵的运输。不管什么时候，不管到哪里，作为速度快、自由度高的运输手段，汽车的有效性得以充分发挥，实用性价值得以确认，进一步加速了汽车工业化和大众化发展进程。在材料方面，1919 年合成树脂作为电气绝缘材料开始应用。但是，在汽车急速发展的 1920 年下半年，市场接近饱和，进入了产品更新换代时期。还有另外一个原因使汽车进入了换代时期，即带轧机带来的薄钢板批量生产和挤压工艺带来的车身加工技术的进步，全钢板制顶盖轿车等封闭式汽车问世，使汽车性能大幅提高。针对这些变化，通用（GM）公司以市场战略为基础推出了大量的车型，终于超越福特占据了市场第一的位置。这一点即使在现在也是适用的，大众化时代的汽车发展，并不是单单依靠低价格，尽早了解顾客的需求，以这些需求为指向，通过工业化生产实现规模化，同时对普通顾客加以意向引导，并不时推出新车型。

第二次世界大战结束后，美国的汽车需求急剧增加，同时高级化（大型化、高功率、造型美观、配置豪华）的车型需求量也大增。面对这些过度竞争，普通消费者转而形成一种新的潮流，追求能够体现汽车本来特性，即实用性和经济性的高度紧凑车型，对两厢车、三厢车的需求进入了一个崭新的扩张时期。图1-1所示是汽车产量和大致时代的对应关系。另外，日本的汽车产量和大致年代对应关系如图1-2所示。

日本汽车虽然在战前就已经占据了一定程度的领先地位，但实质上是在战后随着一些相关政策的实施而迅速发展的。

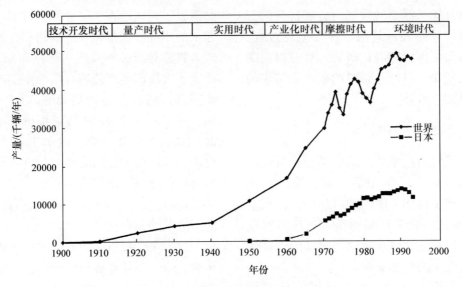

图 1-1　汽车产量的变迁

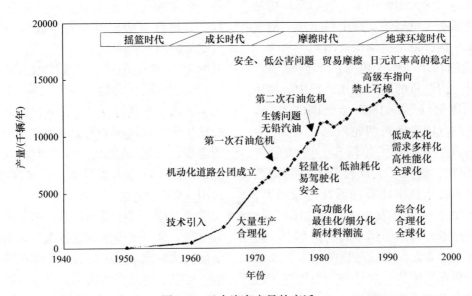

图 1-2　日本汽车产量的变迁

战后，汽车被视为高实用性的公共及私人运输手段，随着大量的基础资源及相关零部件的发展，汽车产业占据了支柱位置，汽车行业制定了自立扶持政策，在产业成长的同时，包含道路建设在内的汽车普及化开始推进，汽车工业化时代终于来临了。在这些扶持措施当中，钢铁、机械、化学、石油等重工业和化学工业部门也进行了改革。从钢铁产业来看，滚压工艺的现代化、炼铁制钢的大规模化接续发展，钢铁持续量产化和产品的高品质化，在国际上具有一定的竞争力，对汽车产业的发展做出了重大的贡献。随着基础产业的夯实和汽车普及化的推进，日本的汽车开始飞速普及。

但是，由于汽车保有量急速增加，在现实社会中引起了各种各样的摩擦和冲突。例如，交通堵塞增加、交通事故增加等交通安全问题，另外还有如振动、噪声和大气污染等环境问题，以及以两次石油危机为代表的能源问题也暴露出来。总之，进入了汽车和社会的摩擦时代。

针对上述问题，为了缓和社会矛盾，积极地开展了"低公害汽车""低油耗汽车"等的大规模开发。在材料领域也一样，不断地进行着新材料的开发和改进。例如，能够削减碳氢化合物、一氧化碳、氮氧化合物等废气排量的热交换器用耐热钢的开发，目前仍然为主流的高强度钢板的开发，铝合金及树脂材料的应用扩大技术开发，以节能为目的的 NI、Cr、Mo 等低合金钢的开发等，在非常宽的领域内持续推进并取得了显著效果。另外，从原材料到汽车生产的各个工序的合理化、节能技术也飞速发展。例如，从铅切削钢到三维切削钢的进化，解决了铅的问题，并且提高了切削速度。基于铸造技术以及极低碳素钢板的低成本、高加工性钢板和非调质钢的开发，铸铝及聚合物生产技术也取得了显著进展。

上述支持汽车产业领域的进展和汽车设计技术的进步，使得日本汽车的性能、品质、可靠性显著提高。像这种汽车相关产业的综合性水平提升，成为日本汽车高性能、高品质和高可靠性提高的原始动力。

国际竞争力的上升促进了汽车的出口，而这也成为之后的贸易摩擦问题的原因之一。本地化、现地采购化等全局统筹的必要性被提到了较高的层面上。

在日本国内，针对高性能、舒适性及多样化价值观等多方面需求，迎合顾客的感受来制造汽车成为最重要的主题。在这期间，不断追求新的可能性，迎来了一个材料研发高潮。对陶瓷、CFRP、MMC 等复合材料、急速冷冻粉末冶金等高机能材料进行了大量的研究开发，但是仅有一部分实际案例，还没有实现大范围推广应用。

正是由于新材料技术的经济性引入具有很多未知因素，具有一定的难度，另外在技术领域内确保产品质量，必须确定适合于规模生产的方法，不仅仅是材料技术的开发，还要在更宽的领域内弄清楚各种重要影响因素，今后这将是一个值得期待的研究领域。

DOHC、涡轮增压等高新技术实现了商品化，大力推进了汽车高功率化、高级化发展。但是随着泡沫经济的破灭，人们对前期冒进的行为进行了反省，在巴西召开的"地球环境首脑会议（92.6）"上，对酸雨、臭氧层破坏、地球温暖化等地球规模的大气污染问题取得了共识，制定了面向 21 世纪应该采取的具体行动计划，地球环境问题成为关注的主题，从此以后的汽车生产活动，将进入无法回避环境问题的时代。在这些问题当中，有些是根源性的，需要考虑的领域非常大，这就是人们经常提起的地球环境问题。也就是说这是一个非常棘手的问题，在更大范围内进行材料开发，是值得期待的挑战。从迄今为止的发展历史中可以了解到，从原材料到汽车产业，以及这些技术的应用，有时还借助顾客的协助，克服了一个又一个障碍。

1.2 结构材料的变迁

日本汽车工业协会对日本的汽车结构材料进行了系统的整理，从其中可以了解到汽车结构材料的变迁历史。图 1-3 所示为原材料构成比图表，表中展示了从 1972 ~ 1992 年之间的资料。

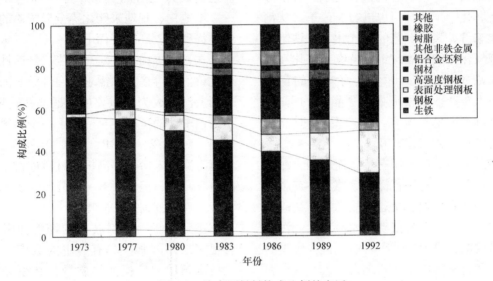

图例：
- ■ 其他
- ■ 橡胶
- ▨ 树脂
- ▨ 其他非铁金属
- ▨ 铝合金坯料
- ▨ 钢材
- ▨ 高强度钢板
- □ 表面处理钢板
- ■ 钢板
- ■ 生铁

图 1-3 汽车原材料构成比例的变迁

从整体上来看，铁系材料从 81% 变为 72%，降低了 9%；相反，铝系材料则由 2.8% 变为 6%，上升了 3.2%；树脂材料由 2.9% 变为 7.3，上升了 4.4%。这些材料构成比例的变化是由于第二次石油危机发生后，为了改善燃油消耗率而实行了轻量化设计，推进了树脂材料、铝合金材料在汽车上的应用范围。下面将对材料的变迁进行详细的介绍。

1.2.1 钢板和钢管

钢板主要是以成形板材的状态应用于汽车车身结构上，以成形加工性为中心进行了研究开发。在汽车生产的初期阶段，由于钢板制造技术还不很成熟，深度拉伸性较好的钢板多是依靠从美国进口。在那之后，钢铁行业开展了大量的研究和开发，由于 IF 钢

的发明，极低碳素钢成为核心技术，连续铸造、连续退火、制造工艺的大幅进步，到目前为止，反而在世界上处于领先地位，为日本汽车工业的发展做出了重大贡献。图 1-4 所示中显示的是不同规格钢板的比率变化情况，从图中可以得知，不同的时代背景下，随着汽车需要的变化，所使用的钢板的种类也一直是变化的。

首先，在 1970 年代初期，加拿大等北美地区及北欧寒冷地区，因散布在道路上的积雪而引起的车身腐蚀现象成为较大的社会问题，因此提高车身的耐蚀性能成为主要课题。在车身涂装工艺改进的同时，随着电镀锌钢板、热浸镀锌钢板的开发，以及汽车防腐性能目标的提升，钢板材料使用量得以大幅增加。

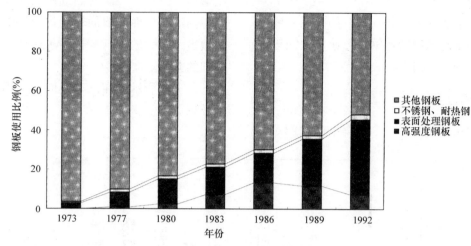

图 1-4　汽车用钢板的使用比例

两次石油危机的冲击带来了汽车轻量化需求，引起了人们对高强度钢板的关注，研究人员不断向强度高且成形性好的材料发起挑战，包含材料制造技术在内的研究不断取得成果，各种高强度钢板不断地被开发出来。BH（Bake – Hardening）钢板、DP（Dual Phase）钢板等各具特色的钢板，一经问世就被大量采用。

但是，随着泡沫经济的崩溃，人们对汽车的大型化、高级化追求重新进行了评估。虽然在轻量化技术的汽车上，通过尺寸优化等手段，使高强度钢板的使用率有下降的趋势，但随着燃油消耗方面越来越严格的限制，在将来高强度钢板的使用量一定会不断地增加。

从 1975 年开始，随着排放法规的强化，为了加强排放气体的后处理而采用的热交换器、催化剂转化器，致使不锈钢板的用量不断增加。

20 世纪 80 年代中期，三元催化器成为处理排放废气的主流技术，排气通路的腐蚀环境越来越严厉，因此耐蚀性好的不锈钢板和管开始使用。不锈钢板还在其他方面，如极薄钢板制成的缸盖密封垫，以及催化剂载体保持架等不同领域都发挥了重大的作用。

1.2.2　特殊钢和结构钢

特殊钢、结构钢一般是以棒状或者线材状态供货的，通过锻造、切削等方法加工成零部件，相对于原材料制造技术的进步和不同的应用对象，不仅仅是原材料，还包括零部件制造完成为止的整个过程，一直都是以"到底怎么样才最合适"为出发点来进行原材料开发的。

在碳素钢中添加铅能够显著提高切削效率，但是会造成工作环境的污染，为了改善作业环境而采用了低铅化。另外三维易切削钢及其改善手法的钙长石化和改良技术不断取得进步，因此碳素钢的使用量有了大幅增加。

特殊钢材中，原材料的制造工艺不断改良，应用了精练技术的超清洁钢，具有高品质且均质化特征，这些基本技术已经被广泛使用。

20 世纪 70 年代末，零部件制造工序中的调质热处理工艺停止使用，反而转向非调质钢的开发。在那之后，这种钢材有韧度低的缺点，该缺点通过高强度、高韧性、非调质等工艺得以改善，应用范围不断扩大。

从 1970 年开始，针对 Ni、Mo 等金属的资源短缺问题，合金钢领域的发展方向是低合金化。

除了上述内容以外，还有如净尺寸成形且生产效率高的冷锻造钢、急速氮化钢等在大范围内开展了研究。

1.2.3 铝合金

在汽车构成材料中，铝合金的比例一直在增加。自从第二次石油危机以来，为了改善燃油消耗率而采取的轻量化设计中，铝合金做出了较大的贡献。接下来对铝合金加以详细的介绍。

图 1-5 所示为在汽车上使用的铝合金用量及其分布。

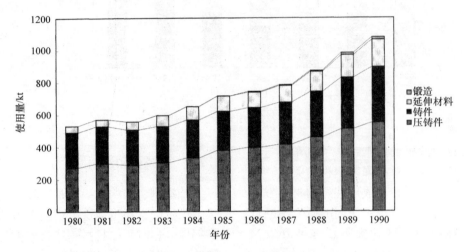

图 1-5　汽车用铝合金使用量的变迁

汽车上所使用的铝合金以铸造铝合金为主，1980 年时约占总铝合金量的 90%，到 1990 年时约占 80%。虽然所占比例在下降，但是从总量上来看，从 1980 年到 1990 年约增加了 1.8 倍。即使考虑到汽车生产辆数的增加、大型化发展，铝合金的使用量约增加了 35%，铝合金的使用范围在不断地扩大，其中批量生产性高、薄壁形状的铸造产品的增加量尤为明显。这是随着制造过程的大型化，大件物品的应用、生产过程自身的批量生产效率以及品质保障技术提升，使得其应用范围被不断地扩大。

虽然铝合金总量还很少，但是从板材、挤压材料发展而来的延伸材料在汽车上的应用从 1980 年代中期开始急剧增加，这是由于在汽车轻量化发展方向中，空调的蒸发器、冷凝器的铝合金化及空调的安装率增加，同时还有散热器的铝合金化而引起的。散热器的铝合金化，在普通空气环境中即可以生产，另外随着防锈性能较高的钎焊剂焊接技术的开发，其应用范围不断地增加。另外，挤压材料具有制造成任意形状的特征，因此被应用在保险杠和燃油管道等新的用途上，使得该种材料的用量急剧增加，今后预计还将进一步增加。

20 世纪 80 年代后半段属于汽车高性能化、高级化发展时期，锻造材料由于其良好的材料特性而被应用于地板附近，但是在最近严厉的经济环境下，其实用性被重新评估。作为将来的轻量化技术重点内容，应该在今天积累下来的技术技巧的基础上开发新的技术。

在其他铝合金领域，如复合纤维强化铝合金、过共晶急冷粉末铝合金等新产品，旨在改善铝合金耐热性差和刚度低的弱点，作为构造材料，以更进一步的技术革新为目标开展了大量的研究开发，但遗憾的是仅在耐磨性改善这一小范围内取得了实际性进展，今后还必须加大研究开发的力度。

1.2.4　树脂

树脂材料具有多种优良特性，多用于与乘员直接接触的车内装饰部件。

汽车上树脂材料的使用率变迁情况如图1-6 所示。以第一次石油危机为契机，轻量化技术被大力推进，树脂材料的使用量也大大增加。特别是聚丙烯材料，在其抗冲击性提升的同时，刚度化技术、其低廉的价格和易循环性使得应用范围不断扩大。另外，树脂具有优良的加工性能，所制成的零部件重量轻且成本低，通用性工程塑料的作用不断扩大，到 1992 年已经占据了树脂材料的15%。

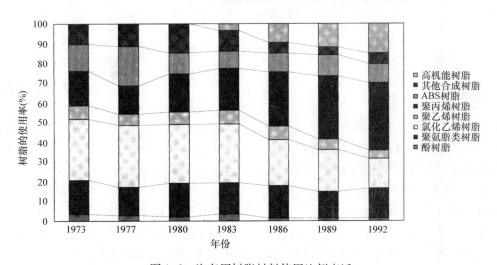

图 1-6　汽车用树脂材料使用比例变迁

树脂加工成形性好、材质轻，可以根据其用途进行订制化开发，在汽车上已经使用了种类繁多的树脂材料零部件。但是，在资源循环再利用和全球化经济环境中，所面临的是一个需要对树脂材料重新进行评估的时期。最近的产品制造工艺开发进展飞速，合理化设计及材料规格统一化取得了显著成果，而最重要的一点是从材料、工艺和汽车制造商三方面共同努力，迎接挑战。

1.2.5　橡胶

橡胶是固体材料中最为柔软的一种，多用于密封、垫片、传动带和防振悬置类零部件等处，一般都是要求在相互连接的零部件之间具有缓冲功能，因此使用环境复杂。另外，在橡胶零部件的使用环境中可能包括高温、润滑油、燃料等多种复杂因素，因此提高其使用可靠性是开发的基本指标。图 1-7 所示为橡胶材料改进的经历，从图中可以知道，多种类型的橡胶材料都是根据使用目的而开发出来的。合理地使用这些橡胶材料能够对提升汽车的可靠性做出重大的贡献。

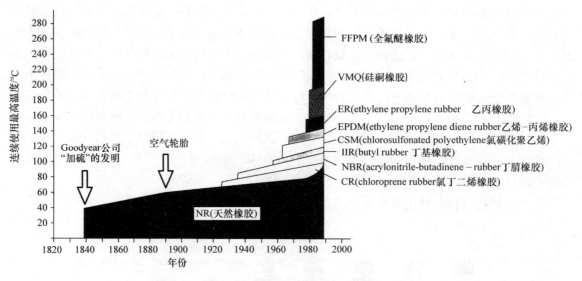

图 1-7　橡胶材料的开发和最高使用温度领域的扩大

1.2.6　玻璃

初始时期，为了防风而将平板玻璃安装到了汽车上，时至今日在加工方法改善及高附加功能化方面取得了显著的进展。

20 世纪 20 年代的复合玻璃、强化玻璃等安全应对措施，40 年代的曲面玻璃，60 年代的防晕及内藏天线型玻璃，70 年代的三次曲面玻璃的开发，提高了外形设计的自由度。最近，空调的安装率大幅增加，为了提高空调的效率，开发出了隔热玻璃、热反射玻璃，对汽车的实际燃油消耗率的改善做出了很大的贡献。今后，还会有多种高功能化开发进展。

1.3　汽车材料的课题

如前所述，在汽车设计和生产过程中，克服了各种各样的困难，才取得了今天的成果。另外，汽车给人们的生活带来了巨大的便利，在将来也必定是用途广泛的产品。但是，在今后的发展过程中，汽车数量必然急剧增加，与社会的摩擦问题、地球规模的环境问题等，以及经济的长期不景气而引起的市场变化等，都是需要面对和解决的课题。

下面，将对汽车上所使用的材料对应的课题加以整理。

汽车的开发受到了多种因素的影响，如顾客的需求、各种社会环境，以及针对这些问题而采取的科学技术的进展等。

首先，顾客的需求是随着时代的变化而不同的，首先体现在价值观的多样性方面。在关于汽车改良点的调查问卷中，安全性关注度为 70%、低价格化为 50%、豪华为 20%、易驾驶性为 20%、造型为 15%……另外，在工作和生活的双重压力下，人们更加注重时间，希望能够更好地利用业余时间，而汽车恰好在这方面扮演了重要的角色。其次，女性驾驶人及高龄驾驶人越来越多，对汽车的易驾驶性要求越来越高，如自动档汽车。另外，乘坐环境的舒适性是最基本的需求，下面将要介绍到的种种课题都是需要一一面对和克服的。

其次，社会环境包括交通环境、地球环境和经济环境。

在交通环境方面，为了应对交通堵塞的不断增加，提高运输效率，加大市区交通系统、自动引导、信息共享系统建设，相对于交通事故增加而采取的安全对策等方面，都取得了显著进展。

地球环境问题从根源上来分析也属于社会问题，对于将来的汽车产业是无法回避的重大课题。首先，对于酸雨问题，它是由工厂或者汽车排放出来的废气中包含的 SO_x、NO_x 等物质溶解在雨滴中，形成硫酸、硝酸后成为了酸雨。酸雨会造成树木枯死等破坏生态系统的问题，因此必须采取措施加以控制，如降低燃料中硫黄的含量、消减排放气体中的 NO_x 等。

臭氧层破坏问题是由特殊氟利昂、1，1，1 - 三氯乙烷等物质引起的，蒙特利尔协议书规定了全面停止使用对臭氧层具有破坏性作用的物质，如工场使用的发泡剂、洗涤工序中使用的特殊氟利昂、三氯乙烷以及汽车空调上使用的氟利昂等，涉及范围非常广。

地球温暖化问题，是指煤炭、石油等化石燃料燃烧时产生的碳酸气体会引起的温室效应，使地球气温升高，其直接后果是将引起生态系统的破坏、水平面上升、城市淹没等问题。

以第二次石油危机为契机，各行业包括汽车在内的燃油消耗率取得了显著改善进步，1992 年地球环境会议上采纳的议程 21 中可持续发展（sustainable development）目标中显示，2000 年的 CO_2 排放水平将消减到 1990 年水平的一半，因此还必须付出努力。

对于废弃物的处理问题，包括有效利用有限资源，以及废弃物处理时产生的土壤污染问题等两方面。汽车上不使用镉、石棉等有害物质，另外还要考虑到资源循环再利用，从结构设计及材料开发方面着手，特别是树脂材料为主要对象。在经济环境中，货币的稳定化使大量生产向海外转移，原材料、零部件的进口扩大，全球经济崩溃后的持续低迷，价格体系破坏后的价格走向都面临着严峻的问题。

时逢 21 世纪，汽车行业面临着以前未曾遇到过的种种问题。对于这些问题，无论如何都需要首先从技术上来采取应对措施。科学的进步具有精密化、柔性化和系统化特征。精密化是指超高速大容量 LSI 制造和计算机小型化飞速发展。在材料技术方面，结晶控制、分子原子控制等微细结构控制技术的高机能化、高质化取得了显著进展。另外，在这些材料的设计过程中，CAE 得到了大范围的应用。柔性化是指利用神经网络对图案识别和感性工程的研究，将这些技术应用到汽车开发当中，就可以给人类带来柔性、舒适的感受。系统化是指在汽车设计、制造的过程中，利用计算机辅助系统进行开发，大幅提高开发效率，也就是人们常说的智能化设计。如何应用这些新技术虽然很重要，但是对于低价格走向等较大的课题，必须寻找高于传统效率、产生新价值的制造方法，从设计标准、材料高性能化、全局统筹等方面，踏踏实实地进行低成本材料的开发。为了实现这一目的，原材料制造商、零部件制造商、汽车制造商等三位一体，进行高效的合作研究开发是日本汽车产业进一步发展的原动力。

[林 直义]

参 考 文 献

[1] 日本自動車工業会材料部品委員会（1992.6）

[2] 細見彌重：住友軽金属技法，Vol. 32，No. 1（1991）

[3] H. Braess et al.："Das Automobil und Seine Werkstoffe im Spannungsfeld Zwishen Wunsh, Wissenshaft und Wirklichkeit", ATZ, Juni（1988）

2 汽车材料的现状和将来

2.1 钢铁

2.1.1 钢板和钢管

a. 发展历程

（i）钢板　汽车用钢板包括热轧钢板、冷轧钢板、表面处理钢板等，除 JIS G 3113 汽车构造用热轧钢板及钢带（SPAH）之外，还包括 JIS G 3134/3135/3144/302/3313/3314 等所记载的钢种为基础的进一步细分领域，或者一些特殊用途钢等多个种类，这些钢板主要是用在汽车车身上，除保持汽车外形的同时，还必须具备一定的强度及刚度等力学性能。根据使用位置的不同钢板可以分为发动机舱盖及车门等外板、地板及防火墙等内板、门柱及梁等加强部件等多个种类。

通常，钢板按照预定的形状冲压成零部件，因此，零部件的冲压成形性是汽车用钢板极为重要的性能参数之一，可以说钢板的发展史是以冲压成形性为核心的。当然，作为基本特性的强度、刚度以及焊接性、表面外观等也是钢板重要的性能参数。

图 2-1 所示是日本汽车钢板的发展概况，在这些发展历程当中，大致可以分为以下五个方面：①以深度拉延为核心的冷轧钢板；②高强度热轧钢板/冷轧钢板；③以镀锌钢板为核心的新防锈钢板；④其他普通钢板；⑤不锈钢板和钢管。下面将详细介绍。

1）深度拉延冷轧钢板。钢板的拉延性用材料的塑性异向性和 r 值（r = 板宽对数变形÷板厚对数变形）来表示。因为该 r 值依赖于结晶方向，即结晶的集合组织，$\{111\}$ 方位越多，$\{100\}$ 方位越少，则 r 值就越大（图 2-2）。在初始期，日本还无法控制低碳铝镇静钢的生产工艺，成形性复杂的零部件都是从美国进口的。后来，终于掌握了从析出物的利用到成分、热轧、冷轧、退火的工艺管理，实现了深度拉延技术的国产化。

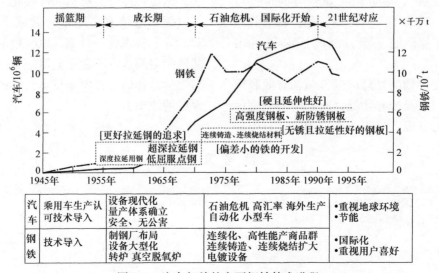

图 2-1　汽车相关的主要钢铁技术进程

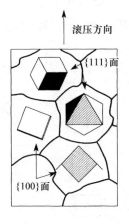

a) 从滚压面看到的结晶方位模型

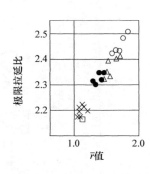

b) r值和极限拉延比的关系

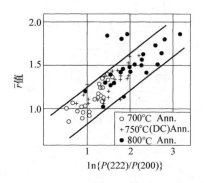

c) {111}强度和{100}强度之比和r值的关系

图 2-2 结晶方位、r 值和深度拉延性之间的关系

以上述技术开发的成功为开端，不久之后，日本发明了无侵入型固态元素（Interstitial Free，IF）钢。由于 IF 钢中完全不含影响结晶方向形成的侵入型固态元素 C、N，其制造方法是在制钢阶段进行真空脱气处理，极力降低 C 含量，接下来添加能够强力促进碳氢化合物形成的 Ti 和 Nb，使残留的 C 和 N 固定，因此其核心技术是极低含量碳元素控制，目前已经能够将碳元素的含量控制在 $20 \times 10^{-6} \sim 30 \times 10^{-6}$ 范围内。

IF 钢制品的特征是能够获得极高的 r 值，退火温度越高则效果越好，并且与退火时的加热速度无关。作为汽车用钢板量产化技术，逐步实现了从装箱退火到连续退火的进化，而 IF 钢的最后一项特征恰好与这一点相匹配，因此，连续退火技术对接下来将要介绍的高强度冷轧钢板的开发做出了重大贡献，并带来了一系列的技术连锁反应。之前传统的装箱退火由五个关联工序组成，需要 10 天左右的工期；而连续退火则是在一个生产线上完成，仅仅需要几分钟的时间，大大地缩短了退火时间。

2）高强度热轧钢板/冷轧钢板。以试验安全车用钢板为开端的高强度钢板开发，缘于 1973 年出现的第一次石油危机，之后

逐渐转移到以轻量化为目的的高强度钢板开发。对于成形困难的板件及乘员脚部周边零部件，必须使用成形性好的高强度钢板。作为解决这类问题的材料生产技术，在热轧钢板方面有灵活应用近代连续热轧研磨技术的新型加工热处理技术，在冷轧钢板方面则有刚刚开发出来的连续退火技术，各种各样新技术登上了历史舞台，促进速冷、速热循环的各具特征的高强度钢板不断问世。

图 2-3 所示的是以冷轧钢板为主体的板件用高强度钢板的主要性能特征，①r 值和屈服比（屈服强度 ÷ 拉伸强度，是形状冻结指标，越小越好）取得良好平衡性的 P 添加钢；②成形时较软、延伸性好、涂装烘烤热处理中硬质化 BH（Bake - Hardening）钢板；③r 值和屈服比非常好的 IF 高强度钢板。

在梁类及悬架系统零部件上所使用的高强度钢板，开发了抗拉强度从 490～590MPa 级别的 DP（Dual Phase）高强度钢板，这种钢板拥有在柔软的铁素体相中散布了 10%～20% 的硬质马氏体相的金属组织而命名。热轧钢板是通过在线热拉伸的新加工热处理、冷轧钢板则是利用了上述的连续退火技术而开发的。

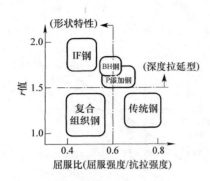

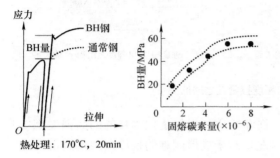

图 2-3　板件用高强度钢板特征和 BH 特性

3）新防锈钢板。20 世纪 70 年代，在寒冷地区大量使用的融雪剂引起的车身腐蚀成为严重的社会性问题，因此出现了加拿大法规和日耳曼法规等新的防锈目标。接下来，经过第二次石油危机促进了汽车轻量化发展，对防锈钢板的需求越来越高。为了满足这些需求而开发了各种样样的防锈钢板，结果从 80 年代前半开始，品种多样的防锈钢板产量大幅增加。但是，从 1991 年开始，受到深度产业结构不良的影响，防锈钢板的需求量大幅降低，因此其产量也不得不大幅缩减。

汽车上使用的表面处理钢板中，除了车身防锈用镀锌钢板以外，还包括在排气系统上使用的镀铝钢板、燃油箱上使用的铅锡合金薄钢板等。

镀锌钢板包括在冷轧钢板的基础上进一步镀锌的电气镀锌、兼顾退火工序和表面酸化物还原处理的连续熔化镀锌钢板等，后者是在熔融镀锌后进一步加热，使母材中的铁扩散到镀层中的合金化熔融镀

锌技术，在汽车上应用范围很广。根据防锈要求的变迁而开发出来了各种防锈钢板，如图 2-4 所示。

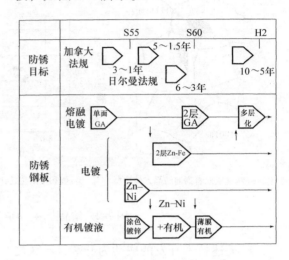

图 2-4　防锈目标和防锈钢板的开发进程

目前，汽车上使用的表面处理钢板（包括镀锌钢板以外的）有多种多样，镀膜结构、特征、用途等详细内容请参见文献[4]。在这些种类繁多的防锈钢板中，每一种都是汽车制造商和钢材制造商通力协作，共同开发出来的。所选择的车身防锈钢板的种类因汽车制造商的防锈理念而有着很大的区别，目前的主流大致可以分为双层合金化熔融镀锌钢板和有机薄膜复合钢板两种，每种钢板都能够满足目前的防锈目标，即 10 年不穿孔、5 年表面不生锈。

4）不锈钢板和钢管。在装饰丝带类中使用不锈钢具有悠久的历史，虽然当初使用 SUS430 系代替了镀铬，如今使用的主要是耐蚀性能好的 SUS430J1L。作为排放气体净化对策之一的 EGR（Exhaust Gas Recirculation）用钢管，从高温强度和冷缩对应的耐腐蚀性两方面来看，一般用的是 SUS410L 系和 SUS304 系。近年来值得一提的变化是以排气系统为中心，逐渐扩展到多个领域内。

①耐热用。排气歧管、催化器以前的

排气管、催化剂交换器用金属载体、气缸垫。

② 耐腐蚀。消音器、催化器以后的排气管。

上述钢板可以用于冲压成形场合和不锈钢管弯曲加工场合。另外，还有过在排气歧管上使用不锈铸钢的案例。不管是哪一种情况，都应该根据具体的用途、使用条件，以最低成本来持续开发具有优秀性能的不锈钢板。目前，取得实用化进展的并不仅仅是冷轧不锈钢板及钢带，还包括根据用户及各制造商的实际标准而开发出来的多种材料。

（ii）钢管 钢管种类繁多，包括无缝钢管、焊接钢管、锻接钢管等。汽车上使用的钢管是从尺寸精度、制造允许范围、表面精度和成本等因素来考虑的，焊接钢管使用的较多，其中尤以电焊钢管最多。在需要较厚钢管的场合，一般使用热精加工无缝钢管；对尺寸精度要求较高时，一般使用由电焊钢管或者无缝钢管进行冷拉成形的钢管。

电焊钢管是使用连续配置的成形滚子将热线圈渐渐弯成圆筒状，通过工作线圈或者接触片向钢板中通入高频电流，仅在钢板两端进行加热、融化，用滚压辊进行加压、连接后制造而成的。在电焊接现象的详细解析的基础上电焊接技术取得了跨越式进展，焊接部位的可靠性也显著提高了，使得汽车上电焊钢管的用量不断地扩大。在制造不锈钢管时，在氩环境中通过焊接能够保证焊接部位的质量。为了确保成品钢管的再加工性，将压轧成型改为弯曲主体的滚压成形，对成形分配比例进行优化调整，使原材料的加工变形最小，是一种低变形制管技术。

钢管的JIS标准中包括以G3445机械构造用碳素钢钢管（STKM）、G3472汽车构造用电阻焊接钢管（STAM）为中心，最先从G3441开始启用的合金钢管。不锈钢管一般是以G4305冷轧拉延不锈钢管及钢带作为电焊钢管制造而成的。

上述这些钢管主要是用于机械构造上，如驱动轴（Propellet shaft、Drive shaft）、各种轴类（转向柱等）、各种连接结构、梁、侧梁、扭力杆等，不锈钢管主要是用在排气歧管之后的排气系统上。

近年来钢管相关技术进步的特征大致可以包括以下几个方面：①高强度化；②高耐腐蚀化；③其他。下面分别加以介绍。

1）高强度化。以1972年以后的两次石油危机为契机，汽车燃油消耗率的改善以及为了实现这一目的而采取的轻量化设计方面的需求高涨，其他产品，特别是中空化棒材中的钢管使用量大幅增加。在这一阶段采用符合JIS标准的产品成为普遍现象。为了进一步降低重量，提高钢管的强度是有效手段之一，同时开发出来了多种类型的钢材。

以前所使用的STKM13B的抗拉强度为440MPa级别的钢管，今天已经达到580～780MPa，甚至更高者可达1470MPa的高强度钢。在这种背景下，和钢板同样取得了大量的技术进步，如钢精炼技术的进步，强度—拉伸性以及强度—韧性取得良好平衡的TMCP（Thermo - Mechanical Control Process）技术，利用高强度钢制造钢管的高可靠性电焊接技术的进步，等等。

2）高耐腐蚀化。1970年前半期之前，排气系统上使用的一般都是镀锌钢管，1975年以后，排放法规得到了强化，酸化催化剂、三元催化剂等在排气系统上的搭载使得排放气体的腐蚀性越来越强，因此，将镀锌钢管更换成了熔化镀铝钢管（钢板）。接下来，从1989年开始，排气系统的质保期间由1年或2×10^4km延长至3年或6×10^4km，铁素体系不锈钢开始大量使用。现阶段乘用车的消音器及催化器之后的钢管几乎全部使用不锈钢管。

3）其他。为了应对以美国加里福尼亚州排放法规为代表的严格环境法规，低热容量化、轻量化成为排气歧管的主要技术走向，铁素体系不锈钢排气歧管大幅增加。另外，稀薄燃烧过程中燃烧气体温度高，排气温度也上升，因此，排气歧管开始使用具有高温强度的优秀不锈钢材料。现阶段大约有25%的汽油发动机乘用车搭载了不锈钢制排气歧管，而其中的1/2是由不锈钢管经过二次加工后制成的。

另一方面，除了材料以外，以简化产品生产为目的，用钢管代替钢棒的实际案例不断增加。从切削加工到冷压成形加工，省略了钻孔、中间热处理等工序。再进一步，为了简化产品加工过程中的矫正工序，与传统工艺相比需要料厚误差和圆度等尺寸精度高的钢管。虽然一般是使用冷轧钢管，但是通过原材料的均匀化、辊压成形图案的优化、制管时的残余应力控制和低减等手段，成形钢管本身就能够保证高尺寸精度要求。

b. 现状和最近的研究成果

（i）钢板

1）超深拉延、极超深延钢。如上所述，随着极低碳素钢熔炼技术和连续退火技术的出现而发明的 IF 钢之后，在量及质上均取得了显著进步，除了一般性的深度拉延钢以外，超深拉延、极超深延钢也得到了显著发展。到目前为止，达到商品化的钢板其 r 值已经超过 2.5，表 2-1 及表 2-2 所示的是制造方法（成分、工艺）的一部分。具有超级低碳素钢和经过热轧及连续退火工艺处理后的明显特征。

表 2-1　开发钢的化学成分（质量分数，%）和制造工艺

C	N	Mn	P	Al	Ti
≤0.0020	≤0.0020	0.10	≤0.010	0.03	≤0.05

转炉—RH—CC—热轧—冷轧—CAPL

表 2-2　开发钢的特性值

板厚/mm	屈服强度/MPa	抗拉强度/MPa	延伸/%	$\bar{r}$	r_{45}	n
0.8	123	284	50	2.43	2.28	0.270
1.2	129	278	53	2.54	2.35	0.272
1.6	126	280	56	2.58	2.26	0.273

2）高强度薄钢板：

① 高延伸性高强度热轧钢板。热轧钢板的加工性大致可以分为外伸性和拉伸法兰性，两者具有很大的区别。DP 钢是以高外伸性为目的而开发出来的，但是最近一种新型延伸性好的高强度钢板——残留奥氏体钢板（变性诱导超塑钢：Transformation Induced Plasticity，TRIP 钢）受到了众多关注，这种钢板是在贝氏体或者铁素体 + 贝氏体矩阵中，通过变形使其质变为马氏体转变区，使准稳定奥氏体约5% ~ 30%（依据强度）残留下来，该种钢板的高延伸性结构概念图如图 2-5 所示。以其延伸性为例，它具有 590MPa 级别钢板的拉伸强度和 400MPa 级别固熔强化钢板相当的延伸性。

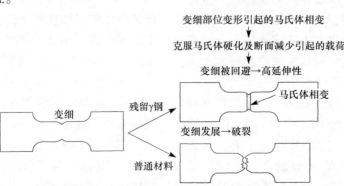

图 2-5　高残留奥氏体钢板的 TRIP 概念图

另一方面，拉伸法兰性依赖于局部变形能，当达到拉伸破坏极点后将生成空隙，并影响其成长、传播特性，这种特性在拉伸试验中与拉伸值没有直接的规律。拉伸法兰性受金属组织的影响，基于这个观点开发了多种组织控制钢，如贝氏体单相钢、铁素体＋贝氏体钢或者在其中混入少量的马氏体三相钢。另外，还开发出了以完全不含渗碳体的极低碳素钢为基础通过固熔强化及析出强化后组合而成的钢。图 2-6 所示是代表高延伸热轧钢板法兰边的开孔率与抗拉强度之间的关系。590MPa 级别钢能够进行 100% 以上的开孔加工。

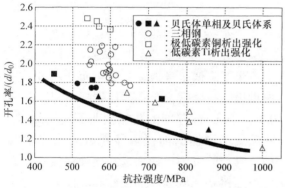

图 2-6　各种高延伸法兰边热轧高强度钢板

② 高延伸性高强度冷轧钢板。高强度冷轧钢板大致可以分为高加工性板件用 340～440MPa 级、纵梁用 440～780MPa 级以及加强材料用 780～1350MPa 级等几种。

为了弥补板件用钢板的强度（抗凹性）不足，可以选用具有涂装烘烤硬化性质的 BH 钢板。BH 性是利用了 C、N 等侵入型固熔元素的变形时效，一直是使用低碳素钢制成的。但是，具有 BH 性技术的 IF 钢也实现了产业化。与 IF 的字面意义有所偏差，它可以分为添加低于 C 化学当量的 Nb、Ti，使固溶碳元素残留的碳素过剩型、在高温下进行连续退火，使以碳化物的形式固定下来的 C 再次溶解的溶解型 2 种。另外，最近在这个领域还开发出了在连续退火炉中进行浸碳以提升 BH 性及其他特性的技术。

中、高级高强度钢板中，最著名的冷轧钢板当属 TRIP 钢板。冷轧钢板是反复连续退火技术制造而成的，仅含 C－SI－Mn 等较单纯成分的钢通过连续退火进行奥氏体等温淬火处理，通过这种工艺制造出来的钢板具有很好的外伸性。事实上，已经在耦合成型试验中证明了热轧钢板同样具有优秀的外伸性（图 2-7），在此基础上，还验证了该种钢板优秀的深度拉伸性。即使是 980MPa 级别的冷轧钢板也能够实现拉伸比为 2.0 的深度拉伸成形。冷轧钢板的深度拉伸性过去一直认为是受 r 值支配，可是这种冷轧 TRIP 钢的 r 值却很低，这是由于它的集合组织是随机分布造成的。从原理上讲，TRIP 钢的优良深度拉伸性虽然是起因于奥氏体变形引起的马氏体转变区的质变，但是根据其变形样式的不同而有着很大的区别。也就是说，收缩法兰边变形部位难以质变为马氏体转变区，因此确保变形抵抗性低。另一方面，拉伸变形部位转变为马氏体而硬化，因此剪切抵抗力高。像这样收缩法兰抵抗低、剪切抵抗高的特性呈现出非常适合于深度拉伸变形的应力状态。

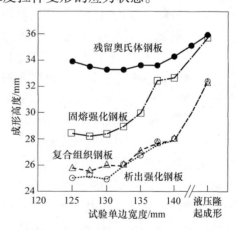

图 2-7　残留奥氏体冷轧钢板的外伸性

保险杠及车门防撞梁等加强零部件处，开发出了抗拉强度达 980MPa 以上级别的超高强度钢板，级别更高的高强度钢板仍然在研发之中。同时加工性、焊接性的改善，或者这种级别的钢板上极易出现的耐滞后破损性的改善研究也在进展当中。耐滞后破损性一般不使用拉伸强度评价，而是用淬火性指标的碳含量限制及组织控制的必要性来区分的。

3）表面处理钢板。除了防锈功能以外，还必须考虑焊接和涂装等使用特性、表面划痕和涂装成品的品质特性以及与母材的匹配性等因素来进行防锈钢板的开发。表面处理无论是采用电镀还是熔镀，都会因母材及种类的品质而产生差异。到目前为止，日本汽车行业已经开发出了满足不同要求的各种各样的表面处理钢板。按照这种观点而开发出来的防锈钢板，在 1980 年后半时期日本产品转移之际开始了汽车的海外生产，但是此时大家开始关注产品的国际通用性。另外，过去日本的汽车行业及钢铁行业在产业重建方面取得了显著的进展，同时也带来了针对防锈钢板多样性的质疑。今后还必须在考虑上述事项的同时，投入更大的力量进行防锈钢板的开发。

高强度化要求促进了各种各样的高强度表面处理钢板的开发。电镀锌工艺几乎对钢成分没有任何影响，因此电镀锌是首选表面处理工艺，特别是冷轧钢板全部是电镀锌钢板。但是，锌镀层钢板受两方面因素的制约，一是热循环与连续退火有着很大的区别，另外一个是钢中的成分影响镀层黏附性和合金举动。镀锌后的镀层黏附性和钢中的成分的关系从 Si、Mn、P 等元素的影响中可以了解。另外可以推测 P 元素的过剩对于合金化是不利的。目前的现状是在这些条件的制约下，以低碳素钢或者极低碳素钢为基础进行固溶强化（包括 BH 强化）或者析出强化，开发了各种各样的合金化镀锌钢板，并已经投入到生产中。

4）其他普通钢板。为了改善汽车钢板的耐穿孔性而采用了合金镀锌钢板，还根据汽车上的使用部位的不同，开发了高耐腐蚀性薄钢板。以 Cu、P 元素为基本添加成分，板材的耐腐蚀穿孔性得到了大幅改善，如图

2-8 所示。钢板在腐蚀过程中会逐渐形成稳定的锈迹，因此，今后控制腐蚀因素的浸入将有助于提高板材的耐腐蚀性。

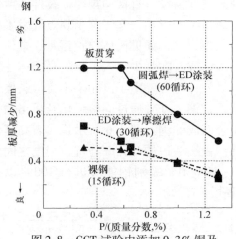

图 2-8　CCT 试验中添加 0.3% 铜及磷对板厚减少的效果

为了降低车身振动、噪声而开发出了防振钢板。防振钢板是在两层钢板中间涂一层 0.04 ~ 0.1mm 厚度的防振树脂的夹层结构，在质量不增加的前提下能够有效地控制振动、噪声的发生。如果选择热硬化性或者热可塑性树脂，从成形加工性和焊接性的角度来看，还需要调整与钢板的焊接强度或者添加导电粒子。

最后对钢板的杨氏模量加以叙述。选择钢板的第一个理由是它的高强度，主要是指屈服强度或者抗拉强度。钢板属于杨氏模量较高的材料，一般高达 210GPa，并且通常可以视为各向同性，但是，铁的单结晶具有立方晶体系的直交异向性，最大方向的杨氏模量可以达到 284GPa。如果使用这种最大杨氏模量的材料，那么刚度与 Et^3 成比例，则板厚可以相应地降低 10% ~ 15%。实际上，已经有人发表了利用高杨氏模量钢板（拉伸直角方向的杨氏模量为 230GPa）进行的平面刚度改善有限元法计算报告。

5）不锈钢板和钢管。排气系统上使用的不锈钢材料和应用部位见表 2-3。

表 2-3 各部位环境温度和使用钢种

No.	部位	环境温度/℃	钢种	重量/(kg/台)
①	气缸垫	100	SUS 301 L	0.3
②	排气歧管	950~800	YUS 409 D，YUS 180	4
③	前管	800~600	YUS 409 D，YUS 436 S，YUS 180	2
④	弹性管		SUS 304，SUSXM15J1，SUS 302 B	0.5
⑤	催化剂转化器		YUS 205 M	2
⑥	中央管	600~300	YUS 409 D，YUS 436 S，YUS 432	3
⑦	消音器	300~100	YUS 409 D，YUS 436 S，YUS 432，NSA1YUS 409D，NSA1YUS 432	6
⑧	尾管		YUS 436 S，YUS 432，NSA1YUS 409 D	

① 排气歧管。过去的排气歧管多是铸铁件，如前所述不锈钢制造的排气歧管正在不断地增多。相对于铸造排气歧管的 5mm 左右的厚度，不锈钢制排气歧管的壁厚可以做到 2.0mm，满足了轻量化的要求。为了防止热应力产生的疲劳破坏，日本及美国选用的主流材料是线膨胀系数较小的铁素体系不锈钢。作为耐热性较好的钢种，可以根据具体的排气温度来选择 Type409 系（11% Cr－0.2% Ti）、SUS430LX（17% Cr－0.4% Nb）、SUS444 系（19% Cr－2% Mo－Nb）等。从耐酸性的角度来看，Cr 的含量越高则越好，而添加 Mo 或者 Nb 元素则有助于提高高温强度和疲劳强度（图 2-9）。但是要注意基础成分中的强化元素的高温时效作用引起的高温强度的降低。不锈钢制排气歧管已经开始在实际中得到了推广应用。接下来为了改进燃油消耗，预计排气温度将上升到 1000℃ 以上，一方面要继续开发耐热性（高温强度、耐酸性）好的不锈钢材料，同时还要从材料和加工工艺这两方面来实现低成本排气歧管的商品化。

排气歧管之后到催化剂转化器之前主要是耐热钢管，和排气歧管一样，应该根据排气温度来灵活地选择合适的不锈钢种。为了预防外界融雪剂的腐蚀损害，可以在适当的位置选用 SUS436L 系（17% Cr－1.2% Mo－0.2% Ti）。

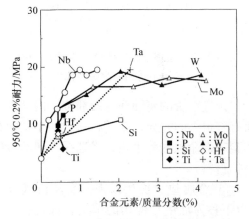

图 2-9 合金元素对 950℃ 0.2% 耐力的影响
（以 19% Cr 为基础）

② 消音器、排气管。在消音器及排气管（中央排气管之后）内部，由于排气成分（铵离子、硫酸离子等）的凝固收缩，以及加热、冷却循环过程中产生的浓化，形成了非常恶劣的腐蚀环境。采用不锈钢部件以后，对腐蚀现象进行了精确的分析，不同部位的腐蚀量、影响腐蚀的环境因素和合金元素等都得到了明确的结论。在以上分析研究的基础上，开发了 SUS436L 钢及其廉价品种（17% Cr－0.5% Mo－0.2% Ti）。图 2-10 所示是模拟排气系统腐蚀环境条件下，各种不锈钢材料的腐蚀试验结果。同时为了预防外界融雪剂的损害和保持外观完美，开发出了在 Type409、SUS436L 表面镀上一层铝膜的钢板及钢管，并应用在消音器

的外板及尾管上。

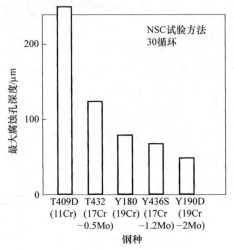

图 2-10　模拟排放气体凝缩环境下各种
实用不锈钢的耐腐蚀性

排气系统的腐蚀环境因部位、内外表面而有着很大的差异，今后将通过实车试验和实验室寿命预测等手段，来选择不同部位的最佳材料。

③ 金属垫。长久以来，发动机气缸垫（以下称为缸垫）使用的都是石棉材料，但随着石棉产品的使用限制、发动机高功率化发展，密封性能要求越来越高，由此促进了代用材料的转化研究。汽油车的气缸垫主流是石墨，而柴油车气缸垫多是以不锈钢板制成的金属垫为主体。当初是将多层 SUS302 薄钢板堆积而成为构造，近年来开发了单层 SUS302L 钢（17% Cr – 7% Ni）制成的金属垫。金属垫同石棉制品相比，耐热性、耐压缩性方面较好，并且单层型金属垫的密封性能提升，对发动机性能提升做出了较大的贡献。

④ 金属载体。排放废气净化用催化剂载体虽然以陶瓷材料的为主体，但是在耐热冲击、低热容量、低压力损失等方面具有明显优势的金属载体正在不断地增多。金属载体的蜂巢构造单元中使用了箔膜状的 20% Cr – 5% Al – REM 钢（厚度 50μm）。图 2-11 所示是在排放气体条件下 Cr、Al 含量对耐酸性的

影响，在 20% Cr – 5% Al 比例成分下的耐酸性、添加 REM 后酸化薄膜的密结性均有提高，因此最终选择了该种组合。

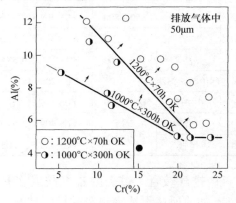

图 2-11　Cr、Al 含量（质量分数）对排放
气体耐氧化性的影响

由于 Cr – Al 含量较高的钢韧性差，冷轧加工困难，通过低 C + N 化和添加微量 Ti 元素，就可以实现批量生产线上的大规模制造。容纳蜂窝结构单元的外筒多是采用 SUS430LX 钢。

（ii）钢管　钢管的用途多种多样，下面对最近开发出来的代表性钢管加以介绍。

1）车门防撞梁用高强度钢管。为了确保发生侧面撞击时的乘员安全性（以美国 FMVSSNo. 214 为代表），在车门内板上配置了防撞梁，其目的是提高车身侧向的强度。当初多是采用高强度钢板通过冲压成形，为了解决轻量化和能量吸收性能这两方面的矛盾而采用了高强度钢管，并且其使用范围不断地扩大。由于车门内部的空间限制，刚度较高的钢管毫无疑问更加有利。

与车身侧面强度试验（JASO B 103 – 86，FMVSS No. 214）对应的三点弯曲试验中，钢管的弯曲变形举动详细分析结果显示，最大弯曲载荷和 4% 变形时的变形应力有很好的相关性，说明高强度化很有效。另一方面，为了最大限度地通过弯曲变形来吸收撞击能量，在弯曲变形的后期钢管不产生塑性屈服，而且不会产生破裂现象，这一

点非常重要。为了实现这一目的，必须保证剪切拉伸度达到 8% 以上。含有 0.2%（质量分数）碳元素的淬火马氏体组织效果最好，能够以低成本制造高强度、高延性钢管，制成后的钢管通过高频淬火，抗拉强度能够达 1470MPa 级别，一般多用在车门防撞梁等处，使用范围非常大。碳含量较低的马氏体金相组织中，高速变形及低温变形（与侧面撞击相当）时，与常温、低速具有同等优秀的能量吸收性能。图 2-12 所示是与钢管单位截面积相当的能量吸收率及壁厚/外径比和弯曲跨距（与车门尺寸对应）的影响。应该存在与弯曲跨距对应的最佳壁厚/外径比。

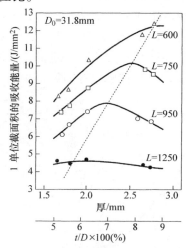

图 2-12　钢管单位截面积的吸收能量

另一方面，有人提出了以钢板阶段的淬火钢板为原材料，制成钢管后不再经过热处理的压延（As Roll）型车门防撞梁用钢管。但是，抗拉强度为 1180MPa 级别以上的高强度钢通过冷轧加工后，当出现塑性变形时，浸入到钢中的氧气造成的延迟破坏类似于腐蚀现象，需要引起高度重视。

2）传动轴用高强度钢管。一般来说，材料高强度化以后母材的疲劳强度也会提高，但是焊接部位的疲劳强度却不一定如此。传动轴扭转疲劳强度的影响因素分析结果显示，两端的转向节在焊接过程中因受热

而出现软化现象，因此造成了抗扭疲劳强度降低，抗扭疲劳试验的疲劳极限和受热影响部位软化后的硬度具有较高的相关性，这一点也在试验中得到了证实。图 2-13 所示是热影响部位最软化硬度和疲劳极限的关系。

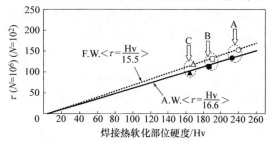

图 2-13　最软部硬度和疲劳极限的关系

在以上研究结果的基础上，通过添加微量元素来提高析出强度，对再受热时析出物的形态和析出量加以控制，就可以调整受热部位的软化程度，开发出了提高抗扭疲劳强度的耐 HAZ 软化型高强度传动轴用钢管。拉伸强度达到 780MPa 级别的高强度钢管已经达到了实用化水平。

3）排气系统用不锈钢管。排气歧管、排气管相关内容如"b.（i）（5）不锈钢板和钢管"小节中所述。其他的材料如柔性管，它可用在排气管之后，具有防止发动机振动向排气系统传递的作用，由蛇形管和金属线网组成。蛇形管的加工具有一定的难度，一般选用奥氏体金相组织系不锈钢材料。一般情况下虽然多采用 SUS304，但是在多积雪地区，为了防止融雪剂对零部件的腐蚀，而多采用耐融雪剂腐蚀的材料，如高 Si 不锈钢（SUSXM15J1 等）。在北美等融雪剂使用频繁的地区，还必须确保高温耐腐蚀性。例如开发了提高 Si 含量或者添加 Mo 的 17Cr – 13Ni – 2 – 5Si – 2 – 5Mo 钢。

c. 今后的问题和展望——环境问题及全球化

钢板

1）地球环境问题的对应。最近，地球环境问题中的温暖化现象引起了众多的关

注，其原因之一是为了抑制 CO_2 的增加而于公元 2000 年颁布的汽车燃油消耗强化法规。因此，2000 年开始探索以降低车身重量 20% 为目标的轻量化技术。虽然在原材料方面也进行了各种各样的研究，减少钢铁使用量仍然占据了轻量化的主体。表 2-4 是汽车零部件的必要强度特性和材料因素，表 2-5 是在上述基础上实现轻量化必需的钢板特性试算结果。采用 490 ~ 590MPa 级别的钢板能够轻松实现 20% 的轻量化目标。问题是对于汽车零部件的高成型性是否能够满足其他特性的要求，从这一点来看，可供选择的钢板有很多种，如之前介绍的 TRIP 钢。另外，此处所关注的是高弹性模量钢板。与表 2-4 中的 α 不同，提高 E 值是极其有效的，这一点是钢板开发的一个方向。

表 2-4　车身部件必要的强度特性及材料因素

部件	抗拉强度	抗凹性	压溃强度
外板	◎	○	
内板	◎		○
加强件	○		◎
材料因素	Et^3	αt^2	$E^{0.4}\alpha^{0.6}t^{1.8}$

注：E 是杨氏模量，t 是板厚，α 是变形应力（~抗拉强度）

表 2-5　轻量化必需的钢板特性试算

强度特性	轻量化率			
	0%：现状	10%	20%	40%
拉伸刚度	E	$1.4E$	$1.9E$	$4.6E$
抗凹性	$TS = 290\text{N/mm}^2$	370N/mm^2	490N/mm^2	780N/mm^2
压溃强度	$TS = 290\text{N/mm}^2$	440N/mm^2	590N/mm^2	1360N/mm^2

另一方面，美国在 1990 年制定了新大气清洁法，加里福尼亚州又单独颁布了更加严厉的排放法规。今后分阶段地消减排放废气，在几年的时间内力争将排放水平减少到目前的一半程度。在催化剂转化器技术改善的同时，必须减少从排气歧管到催化剂转化器的热容量。以不锈钢为中心，还应该提高耐热性能、加工工艺等。

国内设定了柴油车短期及长期排放目标。基于各种意见和观点而制定的解决方案仍处于研讨阶段，对于腐蚀环境的不断苛刻化，还应该在钢铁材料开发等方面加大投入力度。

2）循环利用：材料的循环利用仍然是目前最大的课题。在原材料开发时也必须考虑材料的 LCA，钢铁行业在这个问题上投入了最大的力量，以铁系材料的循环利用为重点正在研究当中。一贯的做法是从碎片入手，系统调查微量杂质对制造工艺的影响。图 2-14 所示为其中的一个案例，是 Cu、Cr 等杂质对通用钢种 IF 钢的影响调查结果。毫无疑问有些元素会带来恶劣的影响，消除这些元素带来的损害，或者对这些损害加以弥补的技术正在开发之中。对于铁来说最大的问题是 Cu 元素，它是热轧过程中表面割伤的最主要原因。关于这一点的含量极限值预测，或者预防技术也在研究当中。

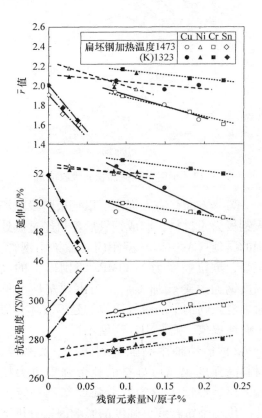

图 2-14　残留元素对 IF 钢材质的影响

3）新－同步技术－工程和标准简约化。在产品差别化过程中汽车用钢板种类不断增多，而这一点也是钢铁制造商、汽车制造商的成本增加的主要原因。经济崩溃以后，上述两个行业对过剩的标准进行了重新评估，通过钢种的消减、集成等措施以追求更好的经济效果。此时，在选择汽车用材料之际，不仅仅考虑部件特性，同时还要关注加工工艺性等，从零部件材料设计阶段就开始保持全局意识，时刻关注材料对产品性能的影响。像这种对设计－选材－应用和成品的生产工艺进行有机控制过程称为新－同步技术－工程。也就是说，从原材料到汽车产品制造的整个过程中，要追求高效生产、经济性。另一方面，针对材料种类的过度繁杂、多样化，应该从实际状态及规格方面进行简约化、严格的标准化，这一点非常重要。因此，工程技术本身应该随着时代的变化而保持不断更新的能力。

[小山一夫・宫坂明博]

参 考 文 献

[1] 秋末治ほか：自動車用鋼板の開発と将来，新日鉄技報，No. 354, p.1-5（1994）
[2] 山﨑公三ほか：高強度鋼板製造技術の現状と将来展望，塑性と加工，Vol. 35, No. 404, p.1036-1041（1994）
[3] 金丸辰也：第138-139回西山記念技術講座，日本鉄鋼協会，東京，p.165-210（1991）
[4] 淺村峻：鋼板表面処理技術の最近の進歩，鉄と鋼，Vol. 77, No. 7, p.861-870（1991）
[5] 石川秀雄：自動車用ステンレス鋼の利用技術と今後の展開，第151回西山記念技術講座，p.255-266（1994）
[6] 小山一夫ほか：{111}集積度を極限まで高めた超高ランクフォード値高成形性冷延鋼板の開発，日本金属学会誌，Vol. 31, No. 6, p.535-537（1992）
[7] 西本昭彦ほか：溶融亜鉛めっき高強度鋼板のめっき密着性と合金化速度に与える鋼成分の影響，鉄と鋼，Vol. 68, No. 9, p.1404-1410（1982）
[8] 森島順一ほか：鋼成分による孔あき腐食性の改善，鉄と鋼，Vol. 73, S 1154（1987）
[9] Hiwatashi et al.：Numerical analysis of panel stiffness based on crystal anisotropy, CAMSE '92 Part 2 ed. Doyama, M. et al.
[10] 佐藤栄次ほか：自動車排気系材料の現状と今後の動向，新日鉄技報，No. 354, p.11-16（1994）
[11] 大村圭一ほか：自動車排気マニフォールド用高耐熱フェライト系ステンレス鋼の開発，材料とプロセス，Vol. 4, No. 6, p.1796-1799（1991）
[12] 高橋紀雄：排気系部品用耐熱鋳鋼の開発，金属，Vol. 62, No. 11, p.27-32（1992）
[13] 加藤謙治ほか：ガソリン自動車排気系の腐食メカニズムの検討，材料とプロセス，Vol. 4, No. 6, p.1819-1822（1991）
[14] 橘裕雄ほか：アルミメッキステンレス鋼管の製造，材料とプロセス，Vol. 7, No. 2, p.497（1994）
[15] 山中幹雄ほか：メタル担体の開発を通してみた耐熱鋼箔の開発，材料とプロセス，Vol. 4, No. 6, p.1784-1787（1991）
[16] 田邉弘人ほか：ドアインパクトビーム鋼管，新日鉄技報，No. 354, p.48-53（1994）
[17] 山崎一正ほか：超高強度冷延鋼板の加工性と遅れ破壊特性に及ぼす組織の影響，材料とプロセス，Vol. 5, No. 6, p.1839-1842（1992）
[18] 田邉弘人ほか：耐HAZ軟化ハイテンプロペラシャフト用鋼管，新日鉄技報，No. 354, p.48-53（1994）
[19] 平松直人ほか：耐高温塩害腐食性に優れたフレキシブルチューブ用オーステナイト系ステンレス鋼の開発，材料とプロセス，Vol. 4, No. 6, p.1808-1811（1991）
[20] 山田輝昭ほか：Ti添加極低炭素冷延鋼板の材質に及ぼすCu, Ni, Cr, Snの影響，鉄と鋼，Vol. 79, No. 8, p.973-979（1993）

2.1.2 结构用钢、特殊用途钢

a. 概述

在日本，对特殊钢材需求最大的是汽车行业，这些特殊钢材多用于发动机、驱动系统、悬架系统等汽车的基础零部件上。因此，近年来特殊钢的材料开发、生产工艺开发、设计投资等，主要是以汽车为对象进行的。

目前日本的特殊钢材产业以机械构造用钢为中心，开发出了世界领先的自主技术。其原动力来自于汽车产品源源不断的需求。另外石油危机、钼等原料价格高涨、汇率变动、燃油费改善、排放净化等社会需求都是无法回避的。因此，下面将对近年来的技术动向加以概述。

（i）生产工艺进步　近年来特殊钢材生产工艺提升的目的是"高品质化"和"均质化"，而这两点是与汽车产来的"高性能化"和"大量生产"相呼应的。按照这个思路，开发了多种技术，如真空脱碳＝非金属介质清除、炉外精炼＝杂质清除和窄幅控制、连续铸造＝化学成分和组织均匀性提升、精密滚压＝尺寸精度提升、控制滚压＝金相组织控制、自动检查＝内部及表面划痕的高速、高精度检查等。另外不仅可以利用计算机实现生产及配送管理的常规化，对及时系统的发展也做出了重大贡献。

对于特殊钢材来说，最大的课题是如何

降低成本。这一点包括材料本身的成本和产品加工成本两方面。前者称为内外价格差或者国际比价，而降低国内材料的制造成本是焦点；后者将在下面的章节中加以叙述。

（ii）材料开发　到目前为止，所有的汽车制造商都根据每个车种的具体特性要求而开发了汽车用特殊钢材，其直接成果是种类繁多的钢材在实际中得到了实用性推广，已经达到了 JIS 及自工会标准无法满足要求的程度。另外，还有发动机气门及连杆，将一部分特殊钢材替换为镍合金及钛合金，增压器的旋转部件从镍合金替换成陶瓷材料，像这种汽车用材料虽然是一种结构用钢，但它并不仅仅指特殊钢材，可供选择范围已经扩大到非铁、非金属等综合材料领域。

另外，特殊钢一般是以钢棒或者线材的形式供货的，通过锻造或者切削等工艺手段加工成零部件。最近，用于烧结的特殊粉末钢及特殊钢精密铸件也获得了实用性进展，推进了产品形状的多样化发展。

如上所述，材料的多样化是支持日本汽车高性能的重要因素。为了达到降低材料成本的目的，综合化是对策方案之一。在不损失产品性能的前提下通过综合手段来推进材料成本的削减，这一点将是今后材料技术人员的重要课题。

b. 特殊钢材的制造技术

（i）特殊钢材的生产过程　如图 2-15所示，特殊钢材的生产过程大致可以分为五个步骤，其基本是通过这五个步骤的组合来生产不同用途的钢。

其中的制钢、热加工的前道工序是影响钢材性质的重要过程。以前是以新用途对应、品质保证以及过程内的成本控制为主要目的，如今则是在这些内容的基础上，以追求省略热处理、冷加工工序、控制原材料总成本为主要目标。

（ii）机械结构用钢（碳素钢及合金钢）

图 2-16 所示的是机械构造用钢的生产过程代表案例。其中，炉外精炼法是重要保安部件上经常采用的机械构造钢生产过程中不可缺少的一种方法。

制钢		热轧		维修、检查		热处理		冷轧
·熔制 ·精炼 ·铸造	⇒	·加热 ·滚压·锻造 ·冷轧	⇒	·检查 ·划痕修复 ·识别	⇒	·退火 ·淬火、退火等	⇒	·拉伸 ·冷锻 ·切削等

图 2-15　特殊钢材基本生产方法

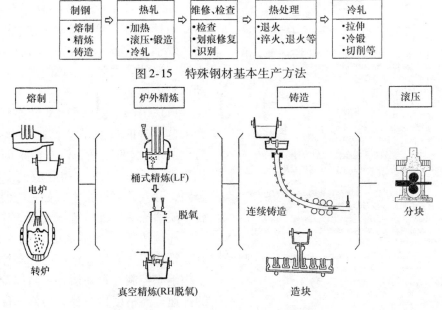

图 2-16　机械构造用钢生产方法代表案例

设备工艺基本上是由四种功能组合而成，即与炉渣接触而将 S 等有害成分去除的"炉渣精炼"、在真空环境中从熔钢中将无色气体成分清除的"真空脱气"、通过添加合金的"成分调整"以及对温度进行补偿的"加热"等。通过灵活应用这些炉外精炼工艺就可以实现淬火性的窄幅管理，开发出氧及硫黄含量在 10×10^{-6} 以下的超清洁钢以及将较大型（$15\mu m$ 以上）的杂质彻底清除掉的超高清洁钢，这些特殊用途钢一般用于轴承等零部件上。

铸造一般包括造块法和连续铸造法，特殊钢的真正意义上的连续铸造开始于 20 世纪 80 年代后期，随着技术的进步近年来取得了飞速的发展。其中，高碳素钢的中心偏析问题曾经是特殊钢连续铸造化遇到的最大的难题之一，通过垂直连续铸造机的灵活运用及降低铸流内压技术能够生产出性能不低于造块法的优秀品质钢材。

机械构造用钢的铸造材料多数情况下是在加热后，利用热轧工艺加工成棒材、线材。其成品精度随着滚压技术的进步已经达到 JIS 规定的公差的 1/4 以下，能够生产出超精密滚压钢材。

最近，即使是直径较小的细线钢材，同样也可以实现超精密滚压加工，多用于省略拉丝，或者省略剥皮工序等用途中。

像这种直接利用滚压黑皮材料的背景，是在上述精密滚压技术的基础上，从产品滚压之前的钢片到滚压过程或者滚压之后的手工操作中产生的划痕等表面缺陷处理对策等方面都得到了充实。另外，通过调整零部件本身的尺寸来提高精度，以 0.1mm 的刻度级别，实现了可以选择自由尺寸的生产线。除此之外，如图 2-17 所示，通过控制滚压过程中的温度及之后的冷却速度，开发出了滚压后金相组织的控制技术，省略了部分退火等热处理工序。

（iii）不锈钢的制造　以前，不锈钢的制造是将废料、Cr 合金、Ni 合金在拱形炉中熔化，通进行炉外精炼的冷铁源熔解法，而目前则是通过灵活利用热熔黏合剂及熔化还原法等工艺。另外，不锈钢的炉外精炼工

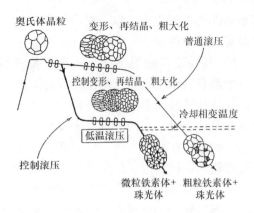

图 2-17　控制滚压和普通滚压的工艺比较

艺与机械构造用钢制造方法是不同的，大致可分为真空环境和惰性气体环境两种情况。最近通过综合利用上述两种方法的优点，在高碳领域内的 AOD、低碳领域能够在真空环境下操作等新的工艺方法（VCR）取得了实用性进展。

（iv）工具钢及特殊用途钢的制造　对于这些钢种，不仅仅要求杂质及偏析物降低到最低限度，还需要控制碳化物的大小及分布状态，因此，采用了 ESR 或者 VAR 等再熔解工艺。一边以上述工艺方法所制造出来的钢铁作为消耗型电极，一边在水冷模槽内再次熔解，在熔滴状态下进行精炼，急速凝固过程能够保证产品的高品质，但是在成本、工期等方面还有较多的问题。但是随着上述炉外精炼技术的进步，在一部分领域内即使没有再次熔解本也能够生产出所要求的品质，今后对于这些特殊工艺制造出来的钢材，必须同时考虑更高品质追求和普通工程灵活应用这两个相互制约的目标。

c. 结构用钢

（i）轻量化材料　轻量化对于汽车行驶性能及燃油消耗率提升等都具有积极的作用。一个部件小型化、轻量化以后，与该部件具有连接关系的相关部件也可能实现小型化，因此，从整体上可以减轻重量。零部件的轻量化通常包括采用轻金属、非金属、将实心部件替换为空心材料等常用方法。此处

以零部件的小型化为前提，对近年来开发且取得实用的各种高强度钢加以介绍。

1) 高强度齿轮用钢：变速器及差速器上一般都有铬钢或者铬钼钢渗碳齿轮。齿轮的高强度化通常需要从齿轮材料、加工、热处理以及包含设计在内的多方面进行综合性研究，而其中在材料方面，已经开发出了高强度齿轮用钢材。由于所要求的强度级别及内容多种多样，因此开发出了多种钢材。为了防止 Si、Mn 及 Cr 等成分含量过低而导致的粒界酸化，可减少 P 的含量以提高粒界强度，这一工艺与 Mo、Ni 等渗碳层韧性的改善具有几乎相同的效果。

举一个例子，图 2-18 所示的是合金元素对渗碳齿轮冲击强度的影响情况。另外，如果 Ni 的含量增加，正火处理过程中容易产生贝氏体，这会造成切削性能降低，通常添加 Mo 元素后能够有所改善。为了提高疲劳强度，以高投射能量进行喷丸（硬喷丸）处理工艺已经普及应用，但是如果出现较脆弱的粒界酸化，将会造成表面粗糙度劣化现象。为减少高强度齿轮用钢的粒界酸化，可以采用硬喷丸处理工艺。

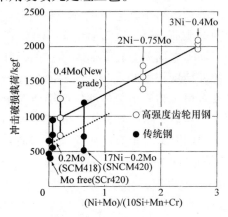

图 2-18　渗碳齿轮冲击强度与合金成分的关系

2) 高强度高韧性非调质钢：非调质钢是一种在热轧锻造后的冷却工序中达到与调质钢相同硬度的钢种，由于可以省略淬火、退火处理工序，产品制造成本低、加工性

好，所以在汽车上普遍采用。在碳素钢中添加 0.1%（质量分数，后同）的 V 后，利用 V 碳氮化物的析出硬化的铁素体、珠光体型非调质钢为主流，但这是种钢的韧性较低，为了代替低合金强韧性钢必须改善韧性。非调质钢的韧性改善方法包括保持铁素体、珠光体组织的同时对韧性进行改善和将微观组织向贝氏体或马氏体转化 2 个方向，而且这 2 个改善方向各有优缺点。

当在铁素体、珠光体组织的基础上，维持硬度的同时对硬度加以改善时，通常采用降低碳含量（增加铁素体面积率）、增加 V 含量（强化铁素体）、增加 Mn 及 Cr 含量（改善珠光体的韧性）、降低锻造温度（铁素体、珠光体细微化）等方法。另外，还开发了在微粒内将 MnS 及 V 的碳氮化物作为铁素体核的方法。以介入物为起点对基质的韧性进行改善能够有效防止疲劳裂纹的发生及传播，作为一种介入物质含量较高的快速切削钢，疲劳强度改善后的高强度非调质钢已经取得了实用化进展。图 2-19 所示的是以前的非调质钢和高非调质钢制造的连杆疲劳强度的对比，即使是硬度相同，高强度非调质钢也要比传统的钢具有较高的疲劳强度。使用这种钢材能够实现 15% 左右的轻量化。

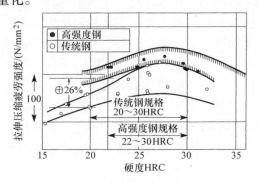

图 2-19　传统钢与高强度非调质钢
连杆的疲劳强度比较

在含 0.2% 碳的钢材中添加 2% 以上的 Mn 及 Cr 后制造的钢材，在热轧锻造后通过

空气冷却，将会形成贝氏体组织。由于贝氏体组织的韧性较高，因此，通常作为一种高韧性非调质钢应用于悬架零部件上。

碳含量在 0.1% 以下，Mn 及 Cr 的总含量在 1% ~ 3% 的钢材在热轧锻造后直接进行淬火（锻造淬火），可以得到高强度、高韧性的钢材，一般用于悬架零部件上及发动机连杆上。锻造淬火后，由于省略了回火工序，因此将上述钢种划分为非调质钢。另外，虽然其微观组织称属于贝氏体或者奥氏体，有时也称其为从锻造淬火工序中得到的马氏体型非调质钢。

3）高强度高频淬火轴用钢。多用于等速转向节及变速器内的轴类零部件上。增加硬化层的深度虽然对提高高频淬火轴的强度非常有效，但是碳素钢及球状化退火状态低合金钢的高频淬火性并不好，仅仅改变高频淬火条件是无法达到目的的。不改变母材的硬度，对高频淬火性加以改善，开发出了充分利用硼元素特征的高强度高频淬火轴用钢。

图 2-20 所示的是用高强度高频淬火轴用钢（开发钢）制造的等速转向节（实心轴）的抗扭疲劳强度和硬化条件间的关系。硬化层深度增加后，疲劳强度提升了约 30%。

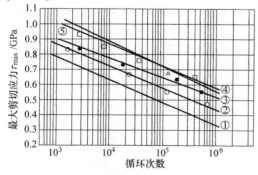

图 2-20　等速转向节的硬化深度与
抗扭疲劳强度的关系

4）高强度弹簧钢。汽车悬架弹簧一般使用 JIS 弹簧钢 SUP7，通常将硬度调质为 47 ~ 51HRC。虽然提高弹簧的强度必须提高硬度，由于缺口灵敏度增大使得容易出现腐蚀点，因此搭载到汽车上时必须考虑强度。新开发出的硬度为 53 ~ 56HRC 的具有良好韧性和耐腐蚀疲劳强度的高强度弹簧钢（ND250S）在乘用车上已经大量采用。

表 2-6 为该钢种的化学成分，图 2-21 所示的是腐蚀试验后的样件疲劳测试结果。高强度弹簧钢表现出非常优良的耐腐蚀性能，说明 Ni、Mo、V 等元素对提高韧性及耐腐蚀性都具有显著地改善效果。

表 2-6　高强度弹簧钢的化学成分（质量分数%）

C	Si	Mn	Ni	Cr	Mo	V
0.40	2.50	0.75	2.00	0.85	0.40	0.20

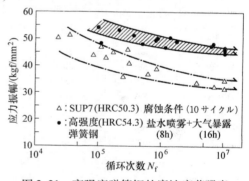

图 2-21　高强度弹簧钢的腐蚀疲劳强度

（ii）工程合理化、低制造成本材料

1）非调质钢。近年来的主流非调质钢是向中碳素钢或者锰钢中添加微量的 V 元素，在加工之前先加热，使奥氏体中的 V 元素暂时熔化，在热轧加工后的冷却工序中，使微小的 V 的碳氮化物强化析出，这样即使不进行调质处理，也可以达到与调质钢相同的硬度。图 2-22 所示的是非调质钢的原理。

根据不同的使用目的，非调质钢分为热轧锻造用、直接切削用、冷轧滚压用三种。热轧锻造用钢主要由锻造厂制造，切削用钢及冷轧滚压钢则是在制钢厂的滚压工序中就决定了其强度，下游工序用户则不需要再进行调质。

非调质钢并不仅仅是省略了调质工序，还有如热处理时变形小等优点，其缺点是与同等强度的调质钢相比，其韧性较低，但是最近已经开发出了高韧性的非调质钢。

表 2-7 所示的是非调质钢的挖根生机械性能。

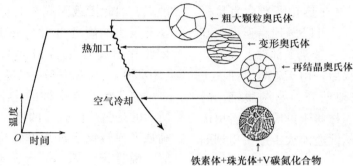

图 2-22　非调质钢原理

表 2-7　非调质钢代表性机械性质（标准锻造样件①）

钢种	0.2% 弹性极限应力/（kgf/mm²）	抗拉强度/（kgf/mm²）	拉伸（%）	拉延（%）	沙尔皮冲击值②/（kgf·m/cm²）	硬度/HBW
MF 40	54	78	25	59	9	230
MF 45	56	83	23	55	7.5	240
MF 50	58	88	21	52	6	250
MF 55	60	93	19	48	4.5	260
HMF 30	56	76	26	65	13	230
HMF 35	58	81	24	61	11.5	240
HMF 40	60	86	22	58	10	250
HMF 45	62	91	20	54	8.5	260
S 45 C（1045）淬火·退火材料	60	80	25	60	15	240

① 标准锻造试验件件热轧加工、冷轧加工条件：

    加热温度：1200℃；

    锻造条件：1200℃（开始）～1000℃（结束）；

    原材料尺寸：ϕ50mm（锻造前）～ϕ25mm（锻造后）。

② 2mmU 形缺口样件。

2）免退火、免正火钢。机械构造用钢，特别是合金钢，通过添加了 Cr、Mn 等提高淬火性能的元素，在普通的滚压工序中就可以产生贝氏体、马氏体等较硬的金相组织，在拔丝、冷轧锻造、切削等冷加工之前，必须进行退火、正火处理。

近年来，在棒材钢的滚压工序中，随着滚压控制、冷拔丝控制技术的应用，已经能够在生产线上生产出与退火、正火处理钢材性能接近的软质钢材，并且被大范围推广使用。

3）预硬钢。预硬钢是指在原材料的状态下，制钢厂通过淬火、回火等调质处理，向用户提供能够确保热处理后机构性能的钢材。这样用户就可以直接利用这些钢材进行后续加工，实现缩短加工工期、减少库存、简化工序管理的目的。

4）防止结晶颗粒粗大化钢。渗碳钢在冷轧锻造加工后，渗碳时的高温使材料加热，结果奥氏体结晶颗粒变得粗大，它是热处理变形及韧性劣化的主要原因。为了阻止结晶颗粒的粗大化，最常用的方法是利用细微析出晶粒的销接效应。近年来，齿轮用钢等在极度冷轧锻造后会析出强力晶粒，除了依靠添加 Al、N 等元素来析出 AlN 的传统方法以外，还可以添加 Nb、V、Ti 等元素来防止晶粒增长。最近，急速铸造法及滚压控制技术的应用促进了耐高温瞬时渗碳钢的开发。

表 2-8 中显示的是最近开发的新型渗碳钢（牌号名：ATOM 钢）的化学成分。图 2-23 所示的是加热温度和结晶粒度、粗粒面积率的关系，以及与传统钢的对比。

表 2-8　开发钢（ATOM 钢）的化学成分

（质量分数%）

钢种	C	Si	Mn	P	S	Cr	Nb
SCr－420（ATOM 钢）	0.20	0.22	0.75	0.015	0.015	1.01	微量添加
SCr－420（传统钢）	0.21	0.23	0.76	0.015	0.015	1.03	—

该钢种的晶粒非常细微，对晶粒粗大化具有很好的抵抗作用，因此，在冷轧锻造后可以省略正火处理工序。

5）冷锻、高频淬火钢。表面硬化方法之一是高频淬火工艺，进行渗碳淬火可以由渗碳钢转变为碳素钢，实现钢材 VA 及节能的目的，可以直接加工或者在线热处理，基于这些原因该钢种的应用范围正在不断地扩大。

另一方面，净尺寸成形化技术减少了冷轧锻造钢的切削费用，具有保护环境、生产效率高等优点，因此取代热、温锻造的比率不断增加。不过，这两种工艺的组合制造工艺还没有取得实质性进展。由于高频淬火工艺通常用在碳含量（质量分数）高于 0.45% 以上的钢种上，即使是在球状化退火状态，

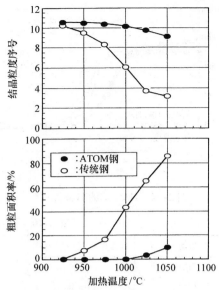

图 2-23　加热温度与结晶粒度、粗粒面积率的关系

［试验工序］

滚压材料→球状化退火（SA）→70% 镦锻→加热处理*→粒度测试

注：＊925 ～ 1025℃ ×保持 30min→W. C.

冷轧锻造工艺也具有相当大的难度。另外，为了减少变形抵抗而减少合金元素的话，高频淬火性将下降，从而无法得到足够的硬化层。

如上所述，虽然二者具有相互矛盾的特性，但是，近年来已经开发出了同时满足这两方面性能要求的冷轧、高频淬火钢，代替了传统的表面渗碳 + 渗碳处理工序，已经在 CVJ 等零部件上实现了批量生产。

表 2-9 中显示的是开发钢（牌号名：HAC 钢）的化学成分，图 2-24 所示的是高频淬火性。

表 2-9　开发钢（HAC 钢）的化学成分

（质量分数%）

钢种	C	Si	Mn	Cr	B
HAC 48	0.48	0.05	0.25	0.15	0.0015
HAC 53	0.53	0.05	0.25	0.15	0.0015
（参考）JIS S 48 C	0.48	0.25	0.75	<0.20	0.0015
JIS S 53 C	0.53	0.25	0.75	<0.20	0.0015

注：HAC 后的数字表示 C 量。C 量可增减、快速切削元素可添加。

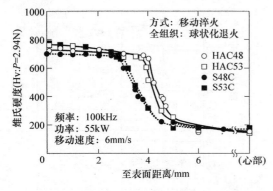

图 2-24　HAC 钢的高频淬火性

6）氧化膜精压钢。随着精密滚压技术的进步，滚压棒钢、线钢的尺寸精度可以达到 ±0.1mm 程度，而且滚压尺寸刻度由原来的 1mm 达到 0.1mm，能够实现商业化生产，同时表面划痕、胶碳等表面品质得到了良好控制，棒钢的拔丝及喷丸工序可以省略，线材的拉线工序由两次减少到一次，简化了工序。表 2-10 中显示的是精密压延钢棒的种类和尺寸公差。

表 2-10　精密压延钢棒的种类及尺寸公差

等级	制造尺寸（直径）/mm	尺寸公差/mm	偏径差
超精压		±0.2% × 直径（最小值 0.1）	直径的允许范围
精压	18 ~ 88	±0.3% × 直径（最小值 0.15）	
半精压		±0.4% × 直径（最小值 0.2）	
参考（自工会压力锻造）		±1% × 直径（最小值 0.3）	

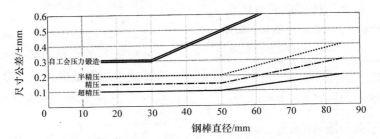

7）净尺寸成形品：作为材质、尺寸变更等深度改善案例，对最近应用范围不断扩大的净尺寸成形品加以介绍，图 2-25 所示的是这些产品的展示。

d. 特殊用途钢

（i）耐热性材料　耐热材料根据使用环境和使用目的有很多种类。JIS 中仅耐热钢棒就有 35 种之多。汽车上，耐热材料一般用于发动机气门、副燃烧室、增压器、排气歧管、排气净化装置等温度较高的零部件上。

1）发动机气门。发动机气门要求具有耐磨耗、耐腐蚀、优秀的高温强度等性能。由于发动机气缸内的燃烧气体温度很高，进气门一般能达到 300 ~ 500℃，排气门能达到 700 ~ 900℃。因此，要求使用耐热性高的材料来制造气门，进气门多选用 SUH3（0.4% C – 2% Si – 11% Cr – 1% Mn）、SUH11（0.5% C – 1.5% Si – 8.5% Cr）等马氏体系耐热钢，排气门多选用 SUH35（0.5% C – 9% Mn – 4% Ni – 21% Cr – 0.4% N）、SUH36（SUH35 + 0.06% S）等奥氏体系耐热钢材料。

另外，增压发动机的排气温度更高，热负荷大，因此，排气门多选用铬镍铁合金 751（0.05% C – 15% Cr – 2.5% Ti – 1% Al – 1% Nb – 7% Fe – bal. Ni）等镍基合金。

排放气体解决方案的燃烧改善，以及搭载增压器的高功率化设计，使温度和负荷应力呈现出越来越严酷的发展趋势，因此，需要开发高温强度更佳的气门材料。

另外，在高功率化相关的技术当中，从

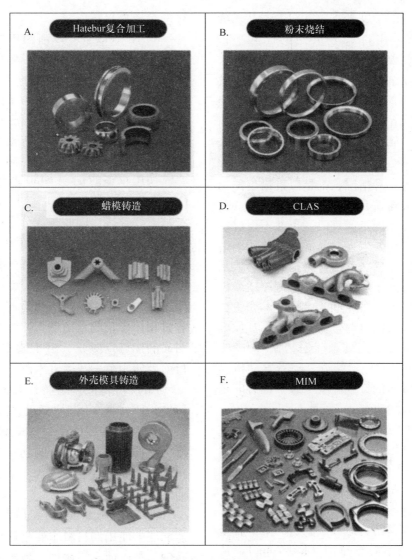

图 2-25　各种原材料形状

A. Hatebur 复合加工品
　　[工艺] 高速高温锻造和精密低温锻造相结合的高精度加工
　　[特征] 高生产性和无切削性，具有降成本效果
B. 粉末烧结品
　　[特征] 材料、工艺的选择范围大，可适用于各种要求，毛坯精度高，机械加工成本低
C. 蜡模精密铸造品
　　[特征] 利用减压吸引可以制造薄达 0.3mm 超薄产品，最适合于三维形状产品，选材范围大
D. CLAS 制品
　　[工艺] 利用减压从熔液中直接吸引铸造
　　[特征] 可以制造中空形状的薄壁件（0.2～0.3mm），可实现轻量化
E. 外壳模具制造品
　　[特征] 适用于形状复杂的中小物体，铸造质量好、精度高
F. MIM 制品
　　[工艺] 金属粉末注射成型
　　[特征] 适用于精密小型产品，材质选择自由

降低惯性质量的角度来看，气门等运动系统零部件的轻量化将成为重要的课题。将SUH35等材料制成的气门杆部做成中空型，并在其中填充金属钠，这种结构能够促进散热。钛合金、TiAl系金属化合物、陶瓷等轻量化材料也都在研究当中。其中中空型气门已经在跑车上实现了量产化应用，今后轻量化材料的使用范围必将进一步扩大。

不管是哪一种情况，都是以批量生产为前提条件来大幅降低成本。在降成本方面，即使是目前在用的量产气门，也并不仅仅针对材料成本，还要求大幅降低零部件的制造成本，因此，需要从气门材料构成及制造工艺、零部件的加工等方面重新进行评估。

2）增压器。涡轮机一侧的温度高达900℃以上，因此，壳体一般采用高温强度和耐腐蚀性优良的高硅系球墨铸铁（3.5% C – 4% Si – 0.5% Mn）制造，随着发动机高功率化进展带来的排气温度上升，也有的采用铁素体系铸钢材料。

涡轮机叶片直接与高温气体接触，因此要求具有较高的高温强度和耐腐蚀性，一般采用铬镍铁合金751（0.05% C – 15% Cr – 2.5% Ti – 1% Al – 1% Nb – 7% Fe – bal. Ni）等镍基耐热合金。但是由于壁厚小、形状复杂，需要采取精密铸造方法制造。基于轻量化目的而取消了涡轮拉杆（turbo lug），从1985年初开始在乘用车的涡轮叶片上采用了氮化硅（陶瓷）材料，为了应对发动机高功率化发展带来的排气温度上升，还开发出了TiAl系金属化合物等重量轻、耐热性

好的金属系材料。

3）排气歧管。以前的排气歧管多是采用球墨铸铁（如 3.5% C – 2% Si）及高镍耐蚀合金铸铁（如 2.8% C – 2.2% Si – 20% Ni – 2% Cr），但是，后期为了应对排气净化对策及燃油消耗改善对策的实施而带来的700~900℃排气温度，不锈钢管及铸造薄壁不锈钢管的应用比例越来越高。

使用较多的是SUS430改进型（0.03% C – 18% Cr – 微量 Nb）材料，另外，管材经常需要焊接，因此，成分类似的铁素体系不锈钢制焊接线材也用得较多。

另一方面，作为铸钢的一种，铁素体系不锈钢（如 18% Cr – 微量 Nb）可以用于减压铸造工艺中，用来法制造薄壁零部件，与管材相比形状的自由度大，强度方面也具有明显的优势，但是，由于成本较高，因此，目前其使用范围还受到限制。

（ii）耐腐蚀、耐磨性材料　棒材、线材作为原材料多用于汽车上具有耐腐蚀、耐磨损要求的零部件上，如电磁式燃油喷油器、氧传感器、防抱死制动系统、牵引力控制系统、安全气囊系统等。下面将就燃油喷油器用材料加以介绍。

图2-26所示的是燃油喷油器的构造。喷油器上使用的材料主要是铁素体系电磁不锈钢、马氏体系不锈钢、奥氏体系不锈钢等不锈钢或者强磁性铁镍合金钢。目前，一般以小型化或者低成本化为设计指标，在制造工艺等方面正进行着综合评估。

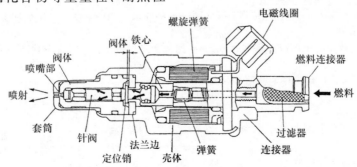

图 2-26　喷油器的构造

壳体是用 13Cr 铁素体系电磁不锈钢或者低碳素钢通过冷轧锻造及切削加工而成，基于耐腐蚀性提升及免镀工艺的需求，铁素体系电磁不锈钢的应用比率在增加。另外，为了满足小型化要求，开始应用板材滚压工艺来制造新形状壳体。

阀门杆主要是利用 SUS440C 材料切削加工而成，为了降低成本，正在研究冷轧锻造工艺。

兼具冷轧锻造性和耐磨性材料的开发以及冷轧锻造技术提升将是今后的主要课题。

e. 防抱死制动系统

汽车防抱死系统是一种安全措施，目前在汽车上的安装率约为 10%。如在传感器连接环（细齿形电机）上采用烧结品（铁粉或者铁素体系不锈钢粉）和铁素体系不锈钢、车轮转速传感器（电磁传感方式）上采用铁素体系电磁不锈钢（pole piece，极片）及 SmCo 等磁石，防抱死装置电磁阀门上采用低碳素钢、纯铁、硅素钢等，预计今后搭载率将有更大幅度的提升，为了降低成本需要对传统的材料和加工工艺等进行重新评估和改进。

例如，传感器连接环是通过不锈钢管、不锈钢线材平缝焊接钢、低碳素钢锻造钢的切削（电镀）、铁粉及铁素体系不锈钢粉的烧结等各种各样的材料、工艺制造而成的，最近，兼具耐腐蚀性和成本的材料及加工方法的 17～20Cr 铁素体系不锈钢粉制烧结品的应用比率正在增多。

［上原纪兴］

参 考 文 献

[1] 牛山ほか：電気製鋼, Vol.60, No.1, p.16 (1989)
[2] 奈良ほか：CAMP-ISIJ, Vol.5, p.1960 (1992)
[3] 鍋島ほか：CAMP-ISIJ, Vol.7, p.179 (1994)
[4] 高木ほか：CAMP-ISIJ, Vol.7, p.183 (1994)
[5] 天野ほか：CAMP-ISIJ, Vol.7, p.194 (1994)
[6] 小林ほか：電気製鋼, Vol.63, No.1, p.76 (1992)
[7] 佐久間ほか：CAMP-ISIJ, Vol.6, p.204 (1993)
[8] 並木：熱処理, Vol.28, No.4, p.227 (1988)
[9] Y. Okada, et al.：SAE Paper 920761 (1992)
[10] S. Nakamura, et al.：SAE Paper 930619 (1993)
[11] 福住：三菱製鋼技報, Vol.19, p.1 (1985)
[12] 野村ほか：材料とプロセス, Vol.7, p.773 (1994)
[13] 小島：鉄と鋼, Vol.80, No.9, N 458 (1994)
[14] 加藤ほか：NTN Technical Review, No.61, p.16 (1992)
[15] Y. Hagiwara, et al.：SAE Paper 911300 (1991)
[16] 阿久津ほか：電気製鋼, Vol.63, No.1, p.70 (1992)
[17] 野村, 脇門：特殊鋼, Vol.42, No.5, p.9 (1993)
[18] 紅林, 中村：電気製鋼, Vol.65, No.1, p.67 (1994)
[19] 瓜田, 中村：電気製鋼, Vol.63, No.1, p.59 (1992)
[20] 宮部：特殊鋼, Vol.43, No.12, p.49 (1994)
[21] 特殊鋼倶楽部：特殊鋼, Vol.41, No.11, p.8 (1992)
[22] 和田：総合鋳物, Vol.35, No.1, p.6 (1994)
[23] 吹沢, 松原：電気製鋼, Vol.63, No.1, p.50 (1992)
[24] 日経 BP 社：設計技術者のためのやさしい自動車材料, p.60 (1993)
[25] Y. Nishiyama et al.：Tokyo Int'l Gas Turbine Congress, Vol. Ⅲ, p.263 (1987)
[26] 岡部, 飯久保：電気製鋼, Vol.64, No.2, p.77 (1993)
[27] 河村, 河野：電気製鋼, Vol.65, No.1, p.1457 (1994)

2.2 铸铁

2.2.1 铸铁材料的变迁

随着经济和汽车普及化的发展日本汽车行业取得了飞速的成长，在技术方面也获得了显著的进步，其中作为汽车组成部分的铸造零部件发挥了重大的作用。铸铁材料性能优秀，能够制造成复杂的形状，具有非常好的耐磨损性、防振性、耐热性，因此被广泛应用在汽车上，最具代表性的汽车用零部件有气缸体、气缸盖、排气歧管等汽车的核心部件，另外还有如转向节、制动盘、制动钳等底盘零部件。

另外，在汽车发展的同时，汽车所面对的环境也在变化，对铸铁材料的要求不断地提高。图 2-27 所示的是随着时代的变化对铸铁材料性能要求变迁及所采取的对应措施。本节中将介绍汽车技术发展过程中铸铁材料所发挥的作用和各部件的铸铁材料的变迁，以及针对不同时代的需要，为了克服各种技术难题而开发的包含铸钢在内的铸铁材料，同时还将介绍今后需要面对的课题。

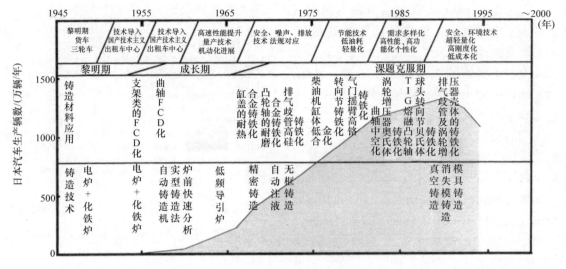

图 2-27　铸造技术的进步

2.2.2　铸铁及铸钢材料的种类和特征

铸造物的种类繁多，分类方法也有很多种，根据材质进行分类如图 2-28 所示。铸铁和铸钢的区别是碳元素的含量不同，碳质量分数在 0.02% 以下的称为铸钢（从这个意义上讲铸钢在材质上与钢中含有铸铁是有区别的），碳质量分数在 0.02% 以上的则称为铸铁。铸铁中的碳元素多数具有数微米到数百微米的尺寸，以石墨的形式存在于铁中，或者以铁化合物碳化三铁（Fe_3C）的形式存在。

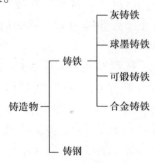

图 2-28　铸造件材质的分类

碳元素的这种存在形式使得液态材料在凝固时的冷却速度因 C、Si、Cr、Mn、Mo、V 等元素的含量而变化。另外，根据凝固后的冷却速度，石墨以外称为"基体"的部分产生变化，速度较快时，基体表现为被称为珠光体的条纹状渗碳体和铁素体组织，冷却速度较慢时将变成铁素体（接近于纯铁），通常情况下是珠光体和铁素体的混合体。由于石墨和铁相比强度非常弱，因此铸铁的强度、硬度等性能参数主要由石墨组织和基体组织决定。

JIS 标准就是根据上述方法进行分类的。与钢相比，铸铁的特征是碳元素以石墨的形式存在，具有以下的优点和缺点。其优点如下：

① 熔点比钢低，凝固时收缩率小，适于铸造。

② 石墨在组织中以点状形式存在，切削性好。

③ 由于存在石墨，与钢相比能够更好地吸收振动能量。

④ 由于石墨具有润滑作用，因此动态摩擦系数低，面压较高时因烧蚀而产生的异常磨耗小。

⑤ 在强度方面，对外部缺口的反应迟钝。

⑥ 由于存在石墨，因此热传导性好。

其缺点如下：

① 虽然压缩强度高，但是拉伸强度、

韧性差。

② 高温时容易出现膨胀、变形及裂纹。

③ 由于存在石墨，和钢相比刚度（杨氏模量）低。

以上内容是铸铁的一般特性，下面将介绍包含铸钢在内的各种材质的种类及其特征。

a. 灰铸铁

灰铸铁是铸铁材料中使用范围最广泛的一种，1993 年度日本的生产量约为 $300 \times 10^4 t/$ 年，其中约 57% 用在汽车上。灰铸铁在凝固时，石墨是以片状结晶析出，因表面呈现出灰色而得名。

灰铸铁的基体组织为铁素体、珠光体及其混合物，JIS 标准中根据其拉伸强度规定了从 FC100 ~ FC350 等六个种类。即使是同样的铸铁融化液，也会因制品的大小及壁厚等因素而使得材料特性表现出较大的差异，因此，对于诸如汽车零部件等形状复杂的产品，用试验样件的特性来代替产品的性能具有非常大的难度，除了产品的材质标识以外，还应该根据具体的部位来标记其硬度。

另外，有时还会根据具体的产品来规定石墨、基体组织的成分。灰铸铁的石墨形状和分布是按照 ASTM（American Society for Testing Materials）进行的，在国际上也被广泛采用。由于适度拉伸的片状石墨（通常称为 A 型石墨）呈无序、均匀状分布，因此，灰铸铁具有最佳的组织结构。

b. 球墨铸铁

球墨铸铁是在铸铁熔液中添加镁元素或者铈元素，使灰铸铁中的片状石墨变为球状石墨后形成的铸铁。1993 年日本的球墨铸铁产量约为 $130 \times 10^4 t$，其中约 66% 被用在汽车上。这种材料在制造时必须对所使用的原材料进行仔细地挑选，特别是对石墨球状化具有妨碍作用的硫黄的含量，一定要控制在很低的范围内。

如用简单的方法来描述球墨铸铁的特性，可以说它是一种兼具铸铁和钢特性的材料，也就是说，它保持了铸铁的基本特性，即铸造性、切削性良好，同时它还具有与钢材接近的强度、刚度特性。球墨铸铁的基体组织因化学成分（主要是指 SI、Mn）、铸造模具内的冷却速度、热处理等的不同可以是全铁素体、全珠光体或者二者的混合组织，根据用途进行分类使用。JIS 标准中一共规定了 FCD370 ~ FCD800 共七个种类。各种材料通常是以热处理工艺方法来进行分类的，即在铸造完成以后，如果进行退火处理，就能够得到强度低但拉伸性较好的材质；如果进行正火处理，就能够得到拉伸性差但强度较高的材质；如果不进行热处理，则可以得到中间的材质。

由于铸坯和正火件容易受产品质量的影响，特别是对材质的要求非常严格，有时需要在材质标识内容中增加硬度及成分。另外，对球墨铸铁特性影响最大的是石墨的球状化比率，JIS 标准中规定必须达到 70% 以上。

c. 可锻铸铁

由于灰铸铁的基体中存在片状石墨，因此强度较低，虽然铸铁作为机械构造部件被广泛应用，但是有些场合需要强度更高的铸铁。将白口铁铸坯进行退火处理，使石墨呈块状分布，由此而发明了强度大幅提升的可锻铸铁。可锻铸铁具有石墨呈块状分布的特征，从很久以前就应用在强度及韧性要求较高的零部件上，但是，目前逐渐被球墨铸铁所取代，在汽车上的使用比例不断地减少。1993 年度日本的可锻铸铁总产量约为 $16 \times 10^4 t$ 吨，其中约 20% 被用有汽车上。

JIS 标准中规定了白心可锻铸铁、黑心可锻铸铁和珠光体可锻铸铁三种。可锻铸铁最大的缺点是热处理的时间长（80 ~ 140h），以及容易出现铸造缺陷。

d. 合金铸铁

合金铸铁是在灰铸铁中通过添加 Cr、

Mo、Cu、Ni、V 等元素，使耐热强度大幅提升而得到的一种铸铁。例如，随着发动机的高功率化、高速化发展，对凸轮轴、气门导管等零部件的耐磨性及耐划伤性的要求越来越高，因此开发出了添加 Cr、Mo、Ni、P 等合金元素的合金铸铁。为了提高柴油发动机气缸套的强度和耐腐蚀性，在材料成分中添加了 Cr、Mo、Ni 等合金元素。另外，作为气缸套最常用的材料，是在灰铸铁中添加 P、Cr、B 等元素，使板状斯氏体结晶析出而形成的。

随着铸铁制气缸盖的高性能化、小型化进展，燃烧室周边的热负荷越来越高，特别是进、排气门之间，很容易出现因热负荷而引起的裂纹，要求所选用的材料具有非常高的热疲劳性能，因此，在考虑灰铸铁基本性能的铸造性、切削性的同时，通过添加 Cr、Mo、Cu 等元素而成的合金铸铁已经被部分采用。

e. 铸钢

钢的铸造品也称为钢铸品或者铸钢。1993 年度日本的铸钢总产量约为 $35 \times 10^4 t$，其中约 4% 部分被用在汽车产品上。铸钢与铸铁相比熔点高，切削性较差，因此在汽车上使用比例很低。但铸钢所表现出来的优良铸造性能，使它适合于一些锻造或者焊接困难的大型或者形状复杂的零部件，同时，根据化学成分及热处理方法的调整还可以对其性能进行大幅的改善。

JIS 标准中将铸钢大致分为碳素铸钢、低合金铸钢、高合金铸钢等几种。在汽车上使用的案例，如在战后很短的时间内就开始使用的铸钢曲轴，被同时当做锻造品和铸钢品使用。但是，自从开发出球墨铸铁以后，它取代了铸钢，渐渐地就基本上不再使用铸钢。除了曲轴以外，还有利用碳素铸钢及低合金铸钢制成的摇臂、变速器零部件等。今后，如果对其铸造性、切削性进一步改良的话，那么它不仅仅被用在发动机零部件上，还可以用在底盘零部件上，以实现轻量化的目的。

2.2.3 部件和材料的种类

汽车上所采用的主要铸铁制品的应用案例和材质见表 2-11。下面将以发动机和底盘零部件为代表，对铸造产品的材料种类、变迁及特征进行概述。

表 2-11 主要铸铁制品的应用案例

系统	部件名	材质
1）发动机	① 缸体	· FC250、300 · 合金铸铁
	② 缸盖	· FC250、300 · 合金铸铁
	③ 曲轴	· FCD700、800 （软氟化、滚圆加工）
	④ 凸轮轴	· FC250（激冷硬化、软氮化） · 合金铸铁（激冷硬化、火焰淬火、高频淬火、磷酸盐覆膜） · FCD700（高频淬火、软氮化）
	⑤ 排气歧管	· FCD200、250 · FCD400 · 高硅球墨铸铁 · 球墨系奥氏体铸铁
	⑥ 气门摇臂	· FCD250、300（激冷硬化） · FCD600、700（高频淬火）
	⑦ 增压器壳体	· 高硅球墨铸铁 · 球墨系奥氏体铸铁
2）底盘	① 转向节	· FCD 400 ~ 700
	② 制动鼓	· FC 150 ~ 250
	③ 制动钳	· FCD 450 ~ 700
	④ 悬架摆臂	· FCD 400

a. 发动机

发动机是由气缸体、燃料系统、进排气系统、气门系统和润滑、冷却系统等部分构成。下面以气缸体为代表来介绍铸铁、铸钢制品。

（i）气缸体 气缸体需要承受燃烧时产生的高压力，在气缸体内部，活塞进行往复运动，必须保证燃烧室的气密性。燃烧室内的气体压力通过活塞向曲轴传递，当活塞往复运动转变为旋转运动时，曲轴要起到支撑作用。另外，发动机内部设置有对气缸体进行冷却的冷却液通道和对运动零部件进行润滑的润滑油通路，外部还搭载了各种辅助机构、驱动系统部件，因此，气缸体的结构非常复杂。

正因为如此，气缸体除了强度、刚度性能要求以外，还要求具有较好的耐磨性能、耐腐蚀性能、冷却性能、耐热性能、密封性能、衰减性能、表面精度等。最近，随着发动机的高功率化发展，使振动、噪声水平增加，因此，要求具有较高的刚度。同时，为了提高发动机的燃油经济性，还必须满足轻量化指标。总之，气缸体所面对的重要课题是刚高提升和轻量化这两个相互矛盾的性能要求。

以前，气缸体主要是用灰铸铁制造的，例如汽油发动机用一体型气缸体用的是FC250，而柴油发动机气缸体是在一般的灰铸铁中添加了 0.2% ~ 0.4%（质量分数，后同）的 Cr 元素，以提高耐磨耗性，如果再进一步添加 Cu、Mo、Ni 等元素，就可以制造耐磨性能更好的分体式气缸套。

在灰铸铁中添加 0.1% ~ 0.3% 的 P 元素，使斯氏体结晶析出，该种材料可用于制造气缸套，如果同时添加 Cr 和 B 元素，则能够析出板状斯金工体，这样能够进一步提高耐磨性能。气缸体几乎全部是采用湿砂型和金属壳模或者冷芯盒型芯，利用重力铸造方法而制成的。气缸套除了重力铸造以外，

还可以采用离心铸造方法。另外，近年来为了满足轻量化及燃油经济性需求，在很多设计方案中将铸铁材料替换为了铸铝材料。

（ii）气缸盖 气缸盖上有燃烧室、进排气道、冷却用水套及润滑油通道，上面还有各种气门系统零部件的支撑结构。气缸盖的热负荷很高，因此，除了一定的耐热性及刚度以外，还要求具有良好的耐腐蚀性能、冷却性能、密封性能等。气缸盖要承受反复的爆发压力，因此，燃烧室周边的疲劳强度要求很高，特别是柴油发动机用气缸盖进、排气门之间部位，很容易出现疲劳强度问题。为了提高铸造件的耐热性能，通过在灰铸铁中添加 0.1% ~ 0.5% 的 Cr 或者 0.2% ~ 0.5% 的 Mo 等合金元素，以及在此基础上再添加 Cu 及 Ni 等元素，使其成为合金铸铁。

最近，为了提高发动机性能及净化排放气体，柴油发动机用气缸盖具有多气门化的发展趋势，与之前的结构相比形状变得更加复杂，因此，必须开发出铸造性能以及耐热性能更好的材料。铸造方法一般有利用湿砂型的重力铸造，气道及水套部分需使用型芯。另外，为了达到轻量化及燃油经济性的目的，将气缸盖的材料由铸铁替换为铸铝的应用案例正在不断增多。

（iii）曲轴 活塞在气体爆发压力的作用下，将载荷通过连杆向曲轴传递，并将活塞的往复直线运动转换为旋转运动，因此，要求曲轴具有较高的刚度、强度以及良好的耐燃蚀性和切削性。20 世纪 30 年代所使用的机械构造就是用碳素钢进行锻造制造，在那之后开始使用铸钢制曲轴，战后很快就开始同时使用锻造品和铸钢品。

到了 20 世纪 40 年代末，球墨铸铁被开发出来，铸铁制曲轴试验得以实现，到 50 年代末代替了原来的铸钢，开始了真正意义上的球墨铸铁材料曲轴的生产。因此，曲轴上所使用的材料大致可以分为钢和铸铁两种，铸铁曲轴一般用于最高旋转速度较低的

发动机及 V6 发动机上, 并且多设计成结构复杂的中空构造。

铸造品材质本身的强度是很弱的, 根据热处理 (正火) 或者添加 Cu、Mn、Sn 等合金元素, 以 FCD700 ~ FCD800 的铸坯形式来使用。对材料的特性要求主要是基于产品性能的考虑, 要求达到和钢具有同等级别的疲劳强度; 另外, 还要考虑与轴瓦的匹配性能, 要求达到和钢材料相同的抗弯性。近年来随着发动机的高功率化、轻量化及振动噪声控制需求, 铸造件在刚度方面不如钢材料, 将铸造品替换为钢制品方面也取得了很大的进展。

(iv) 凸轮轴 凸轮轴是在齿轮、正时链条、正时传动带等的驱动下, 通过摇臂、推杆、气门挺柱等使进排气门开、闭的轴, 因此, 要求凸轮轴具有耐划伤性及良好的面压疲劳强度特性。

另外, 凸轮轴必须成本低和适合量产, 因此, 一般使用铸铁材料制造。激冷铸铁在日本和欧洲使用范围最广, 该种铸铁中最具代表性的是在灰铸铁中添加 0.5% (质量分数, 后同) 的 Cr 及 0.1% ~ 0.3% 的 Mo 等合金元素而形成的材质, 有时还添加 Ni、P 等合金元素。制造方法主要是采用湿砂型的重力铸造, 但是, 对于要求具有良好耐磨性的凸轮轮包部位, 通过配置被称为 "激冷铸铁" 的铸铁或者钢、铜制成的金属片, 加速铁液的冷却速度, 就能够得到耐磨性良好的急冷凝固组织。

(v) 气门摇臂 气门摇臂是将凸轮轴的旋转运动转换为气门的上下运动的部件, 因此, 要求气门摇臂本身具有良好的刚度、耐磨性能以及面压疲劳性能。以前, 气门摇臂一般采用铸铁 FC300 材料, 与凸轮轴的接触面使用冷铸模激冷铸铁, 或者对 FCD700 进行火焰淬火, 使局部硬化。

(vi) 排气歧管 排气歧管的功能是将排气汇集到排气管中, 是发动机上结构复杂

而且温度最高的零部件之一, 因此, 一般选用形状自由度较大的铸造方法, 而不是采用焊接结构。

排气歧管要求具备的材料特性包括: 氧化剥离而产生的壁厚减薄量少; 热、振动疲劳强度高; 高温下耐变形; 铸造、加工性好等。过去实际上用得最多的是灰铸铁, 在耐热性、耐振动性方面还有改良的余地, 之后开始采用球墨铸铁, 并逐渐代替了灰铸铁。目前添加 3.4% ~ 4% 的 Si 元素的高激冷球墨铸铁是主流材料。

最近, 轻量化及排放气体净化要求提高暖机特性, 因此, 薄壁化要求越来越高。即使是材料实现了薄壁化结构也要保证优秀的高温特性, 通过向高激冷球墨铸铁中添加 0.3% ~ 1% 的 Mo 元素, 能够显著提高耐热性能。排气歧管一般采用重力铸造。

(vii) 增压器壳体 增压器壳体结构复杂, 因此, 一般采用铸造方法制造。增压器壳体要求具有优秀的可靠性, 如针对热疲劳而产生的裂纹、受高温排气作用而产生的热变形及气体泄漏、可靠耐久性、与涡轮叶片不发生干涉, 以及叶轮和废气阀门着座面的密封圈不出现老化等。

对于壳体材料的特性要求, 一般包括耐氧化性、耐热疲劳强度、抗高温蠕变强度、易铸造性、易加工性等。壳体一般选用高激冷球墨铸铁及球墨铸铁奥氏体铸铁, 铸造方法通常选择湿砂重力铸造。

b. 底盘

底盘由行驶装置、转向装置、悬架装置、制动装置等几部分构成。图 2-29 所示的是一般的 FF (前置前驱) 车的底盘构造。下面将对底盘系统中所使用的铸造零部件加以叙述。

(i) 转向节 悬架系统应该具有的功能包括: ①通过弹簧支撑车身, 缓冲路面传递过来的激励, 利用减振块对车轮的不规则运动加以控制, 提高行驶稳定性。②使车轮相

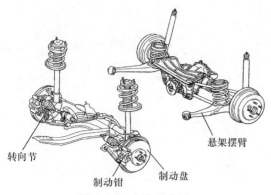

转向节

制动钳　制动盘

悬架摆臂

图 2-29　底盘的构造

对于车身在前后左右方向具有适度的刚度，并通过联杆连接，将车轮和路面之间产生的驱动力、制动力及前后左右方向的载荷向车身传递，按照预定的行驶路线运动。

悬架系统大致可以分为两种，一种是通过一根轴将左右两个车轮连接起来的非独立悬架，另外一种是左右车轮能够独立运动的多连杆式悬架。除此以外，还包括一些如多联杆及双叉臂式悬架。在多连杆悬架中，除了转向节以外，还包括减振器、连杆类、弹簧等零部件。其中形状最复杂的转向节一般采用铸造件。

要求具备的材料特性包括抗拉强度、耐力、韧性、冲击性、疲劳强度等，其中强度和韧性是相互矛盾的两项性能。因此，转向节一般是采用球墨铸铁（FCD400 ~ FCD700），根据需要进行正火或者退火处理，一般采用重力铸造。

（ii）制动盘　制动盘的基本功能是利用摩擦作用将车辆的动能转化为热能，并释放到大气中去。摩擦热是在制动片和制动盘之间产生的，其中的大部分将会使制动盘在短时间内温度上升而储存起来，并在之后释放到空气中。有时将散热片装在制动盘上以提高放热效率。因此，要求制动盘的材料具有良好的强度和热传导性，特别是针对耐热裂纹方面，需要在强度和热传导率两方面取得良好的平衡，仅仅具有较高的高温强度是无法满足要求的。因此，目前制动盘一般采

用 FCD150 ~ FCD250 铸铁。另外，采用灰铸铁则能实现良好的振动衰减效果，对车辆制动时的啸叫具有很好的抑制作用。如果在灰铸铁中添加 0.1% ~ 0.3%（质量分数）左右的 Cr 或者 Mo、Cu 元素，能够进一步提高耐磨损性能。

（iii）制动钳　制动钳包括浮动式和对向活塞式两种。两种类型的气缸形状都是非常复杂的，因此，一般选择铸造件。制动钳在要求具有一定的强度的同时，还要求具有足够的刚度，所选用的材料一般是 FCD450 ~ FCD700。另外，有的车上使用的是铝合金制制动钳，铝合金制动钳和铸造材料相比重量轻，经过截面优化后的铝合金制动钳能够减重 30% ~ 50%。

（iv）悬架摆臂　以前的悬架摆臂多是采用钣金件焊接而成。一般来说乘用车悬架要承受中面上的凸起或者侧面碰撞时产生的冲击力，要求具备较高的韧性以防止破损，特别是随着使用环境的变化需要防止出现冲击特性恶化，因此，必须选择过渡温度较低的材料。另外，为了满足燃油经济性需求而采取的薄壁化及低成本化，一体化球头转向节及衬套结构成为重要的课题。通过热处理方法在铁素体球墨铸铁的基础上，以较薄的壁厚实现高韧性一体化铸造成型的悬架摆臂已经被部分采用。悬架摆臂一般选择重力铸造，对于形状复杂的部件有时使用型芯。

2.2.4　铸铁材料的课题和对应技术

a. 强度提升

提升强度的目的：①仅仅是对铸造件的强度要求增加；②从锻造件或者挤压成形件向铸造件转变之际，有必要提升强度。

（i）滚压加工　目前的曲轴一般是采取铸造或者锻造方法制造。铸造件多选择与 FCD700 相当的材料，铸造件的可靠性如曲轴拐角处的疲劳强度是特别重要的因素，为了提高该处的疲劳强度，一般选择滚压加工方

法。滚压加工是用滚轮在拐角处进行挤压，使拐角表面产生压缩变形、残余应力及若干加工硬化，以此提高疲劳强度。图2-30所示的是在铸铁材料上采取最佳的滚轮载荷进行加工后疲劳强度提升了30%以上。

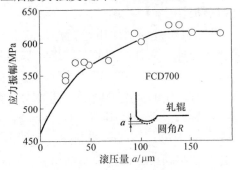

图2-30　滚压加工度（滚压量）与疲劳强度

（ii）紧密石墨铸铁　紧密石墨铸铁的特征是石墨呈现出介于片状和球状中间的形状（蠕虫状），一般来讲强度、延展性、杨氏模量与球墨铸铁较为接近，而且切削性、衰减性、热传导性、铸造性（流动性及凹陷性）能够达到与灰铸铁相同的特性，因是一种平衡性良好的铸铁而被广泛使用。紧密石墨铸铁也称为 C/V（Compacted/Vermicular graphite cast iron），多用在汽车上的各种支架类、曲轴轴承盖等零部件上。

（iii）奥氏体球墨铸铁　近年来，通过奥氏体处理使基体组织贝氏体化，开发出了保证韧性不降低、抗拉强度、疲劳强度达到与钢材相同的贝氏体化球墨铸铁。图2-31所示的是硬度和疲劳极限的关系，贝氏体球墨铸铁的疲劳强度能够达到450MPa级别。另外，奥氏体球墨铸铁部件的滚动面点状凹痕强度大，转动面不需要进行热处理，因此可以降低成本，多用在齿轮、凸轮轴、曲轴、弹簧座、转向节球头、转向节球窝等零部件上，JIS标准中共规定了三个种类。

（iv）高强度、高韧性铸铁　汽车高级化发展过程中，乘坐舒适性和操纵稳定性是一对相互矛盾且不可缺少的性能，这些特性在很大程度上受悬架性能的影响，其中双叉

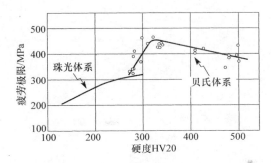

图2-31　硬度与疲劳强度的关系

臂式悬架的转向节采用的是高位转向节。以前，高位转向节一般是选择强度和韧性均优的锻钢制品，而到了今天，为了保证形状自由度和低成本，开始采用铁素体系球墨铸铁来制造。最近，利用金属模铸造使石墨及结晶颗粒细微化，再进行热处理使基体组织铁素体化，在得到良好的耐冲击性及过渡温度的同时，还能够获得疲劳强度大幅提高的铸造产品，并且成功地应用在高位转向节上。

b. 耐热性能

汽车上必须具备耐热性能的零部件，除了柴油发动机用气缸盖以外，还有如燃烧室、排气歧管、增压器壳体等。以前的排气歧管一般是采用灰铸铁材料制造，后来随着性能要求的提高，开展了多种材料的研究和试验。

（i）高激冷球墨铸铁　以排放法规对策为起点，随着发动机性能的提升，排气温度急剧升高。排气歧管将气缸盖的各个气道中排出的气体汇集到一起，并使之向下部的排气管流动，因此，排气歧管上所使用的材料要求具有较高的耐热疲劳强度及耐氧化性，并且越来越严格。通过提高共析相变温度，对热疲劳性能加以改良，还可以使其在表面形成致密的氧化膜，以提高耐氧化性，通过上述工艺开发出来的高激冷球墨铸铁已经在实际中推广使用。图2-32所示的是 Si 膜对耐氧化性及共析相变温度的影响。面对更进一步性能提升的需求，在高激冷球墨铸铁中添加 Mo 等元素而制成的材料也已经取得了

实用性进展。

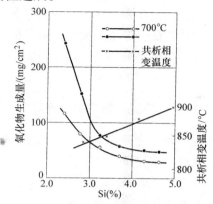

图 2-32 Si 膜对氧化物生成量的影响

（ii）球墨铸铁系奥氏体铸铁 最近，增压器作为提高发动机性能的有效方法而被广泛推广使用。增压器壳体将高温排气导入叶轮，并使之高速旋转，在高温环境下反复进行加热、冷却，由于必须保证和叶轮之间的间隙，因此需要使用变形小的材料。基于上述因素，通常采用没有共析相变温度的球墨铸铁系奥氏体铸铁（通常称为球墨高镍耐蚀合金铸铁）。图 2-33 所示的是含 20%Ni 元素的石墨系奥氏体铸铁的成长性与其他铸铁的比较。

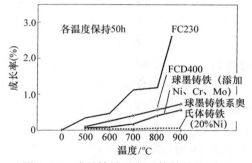

图 2-33 球墨铸铁系奥氏体铸铁的成长

（iii）耐热铸钢 近年来，汽车发动机高性能化、燃油消耗率、排放气体净化等方面的性能提升使得排气温度呈现出越来越高的趋势，最高可达 1170K 以上，在这种高温环境下，排气歧管及增压器壳体相对于排气系统零部件，从耐热变形性、耐热裂纹性及耐氧化性等角度来看，采用传统的球墨铸铁是很难达到要求的，还需要开发出耐热性

更好的铸铁材料。实际上，以质量分数16% ~ 18% Cr 元素的铁素体系耐热铸钢应用得最多。

但是，如果是在超过相变点的更高温环境下使用，铁素体系耐热铸钢也无法满足热变形要求，在某研究报告中发表了采用奥氏体系耐热铸钢的案例。但是，当采用奥氏体系耐热铸钢来制造排气歧管等对耐热疲劳强度要求较高的零部件上时，与铁素体系耐热铸钢相比热膨胀率高，因此，在设计时必须考虑应力的均匀分布。

另外，最近的排气歧管采用了壁厚更薄（约 2.0mm）且耐热性及耐氧化性更优的铁素体系不锈钢板，其热容量小，在提升低温起动时的暖机性能的同时，能够实现轻量化目的，因此，在部分领域内可以代替铸铁、铸钢材料，并受到了众多的关注。

因此，不仅仅要开发成本低和切削性优良的耐热铸钢材料，还要同时重视材料薄壁化、流动性、制造工艺技术的开发，例如有人发表了采用真空铸造方法的研究报告。另外，汽车用柴油发动机的燃烧室经常处于高温具腐蚀性高的环境下，采用 Nimonic80 及 UMCO – 50、SCH21 等高温强度好的特殊耐腐蚀、耐热材料的实际案例有很多。对于像增压器中的叶轮来说，应用较多的是 IN-CO713C 等超耐热合金材料，制造方法一般采用尺寸精度高的精密铸造。

c. 耐磨性能

汽车上所使用的耐磨性铸造零部件需要满足发动机高性能化、小型化、动力传递系统的低摩擦性以及发动机性能提升的需求，因此，开发出了多种材料。

（i）TIG 熔融硬化 近年来，利用密度能量使铸造物表面再熔融硬化技术在材料的耐磨性方面取得了显著进步，例如，以前的凸轮轴的轮包部位多是采用冷模的纯铁化方法制造，与此相对应，如果采取再熔融硬化工艺，冷却速度与冷模相比要快得多，将产生极其细微的白口组织。图 2-34 所示的是维氏硬度达 700~800 的高硬度耐磨材料，而这种硬度的材料利用过去的冷模铸造是无法获得的。

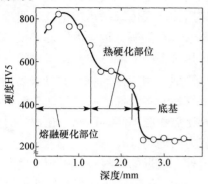

图 2-34　再熔融硬化法的硬度分布

（ii）高频淬火　高频淬火的目的是提高疲劳强度和耐磨损性能，在钢制汽车零部件上应用得最多，在凸轮轴、平衡轴等铸铁件上也有应用，材料一般都采用 FCD700。发动机多气门化带来了摇臂数量的增多，为了确保凸轮轴在高面压作用下具有足够的疲劳强度，经常在凸轮轴轮包部位采取高频淬火的工艺处理，以提高表面硬度。另外，为了提高平衡轴的轴颈部位的耐磨性，通常进行高频淬火处理。

铸造部件上的热应力及铸造时的残余应力容易使高频淬火后出现淬火裂纹、研削加工后出现裂纹现象，另外，根据产品的形状及热处理条件，有时还会出现疲劳强度下降的情况，应该从热处理条件、工艺管理等方面采取必要的解决措施。如果克服了这些难题，该种材料制成的零部件在汽车上的应用比例会更大，其用途会被进一步扩大。

（iii）高铬铸铁　通常，气门摇臂采用的材料是在 FC300、FCD700 或者在其中添加少量的合金元素而制成的。最近，伴随着轻量化、高性能化发动机的开发，对零部件的性能要求也越来越高，尤其是确保磨料磨损的耐磨性非常困难。作为一种代用材料，通过添加多量的 Cr 元素，使马氏体基体中

多余的 Cr 碳化物析出而形成的高铬铸铁已经被应用在气门摇臂、气门摇臂垫片等零部件上，制造方法一般采用精密铸造，但是在气门摇臂垫片中还采用了金属壳模的叠型铸箱铸造法。

2.2.5　铸铁、铸钢材料未来的课题

汽车与环境之间有着千丝万缕的关系，为了降低汽车排放量，低燃油消耗汽车、绿色汽车、零排放汽车（如电动汽车）等的开发正如火如荼地进行着。另外，从废弃物处理及地球环境保护的观点出发，以报废车辆的再循环利用为中心的各种活动也是当前急迫的任务。为迎合将来汽车的发展动向，在铸铁、铸钢等材料领域内也需要继续付出努力。

a. 燃油消耗率的改善和轻量化

最近，日本及美国正在讨论的汽车燃油法规所依据的理由之一就是抑制地球温暖化，CO_2 浓度的增加对地球环境平均温度的上升有着直接的影响。CO_2 是石油、煤、及汽车燃料如汽油等化石燃料在燃烧时产生的。日本所产生的 CO_2 量约占全世界的 4%，其中汽车产生的 CO_2 量约为 19%。因此，减少汽车燃油消耗对降低 CO_2 排量及节省能源都有着积极的影响。

车辆重量越轻则燃油消耗越少，减少1% 的车辆重量则可以提高 1% 的燃油消耗率，这一结论已经被证实。当然，该结果是在车辆大小、性能、装备等都不同的情况下得出的，如果采取完全相同的条件进行比较，得到的结果是减少 1% 的车辆重量则可以提高 0.5%~0.8% 的燃油消耗率，因此，对车辆的轻量化期望很高。汽车轻量化经常采用的方法是对零部件进行优化设计、改变材料、结构变更等，以实现小型化、集成化，除此以外还有使用高强度钢板以实现薄壁化结构、使用更轻的材料等。因此，对于铸铁、铸钢材料零部件，必须进行结构优化

设计，以实现薄壁化和去除多余的材料。为了实现上述目的，有必要大力推广净尺寸铸造制造工艺，该种工艺方法能够制造出传统铸造方法无法完成的形状更加复杂的结构，而且通过热处理和成分调整可以保证高强度、高刚度等性能。

b. 废弃物问题

今后在选择汽车材料时，材料的再循环利用将成为重要的参考因素。在汽车生产制造过程中及报废车辆处理时必须考虑到材料的再循环利用。铸铁材料虽然可以100%再次利用，但是从汽车整体来看，在以前的生产、使用的基础上再扩充到"使用完成车辆的再资源化"，完成汽车生命循环，必将是需要面对的课题。

另一方面，生产过程中的再循环对象包括铸造过程中发生的废弃物和铸造过程以外产生的废弃物两种。铸造过程中使用的工艺方案调整及将飞边等还原成铁片，可以保证接近100%的材料能够被再次利用。另外，铸芯所使用的砂型在回收再生处理后，也可以循环使用。使用吸尘器收集上来的垃圾及熔化炉渣等也可以作为制造水泥和砖的原材料而再次利用，因此，铸造工厂内95%的生产废弃物都可以被再次循环利用。

铸造过程以外也会产生废弃物，如冲压或者锻造工厂产生的钢屑及锻造余料，以及机械加工工厂产生的切削屑等。这些工厂内产生的铁屑可以作为发动机及底盘等零部件的铸造原材料重复循环利用，但是对于一些主要的原材料，如车辆防锈性能强化而采用的镀锌钢板、车辆轻量化设计而采用的高强度钢板等，这些废料在再次熔化时将会因熔化作业环境及不纯洁物质的混入而对铸造产品的质量带来影响，特别是以镀锌钢板为原材料进行熔化时，在预熔化工序中将产生锌的氧化物，在化铁炉中熔化后氧化物将附着在排气口及热交换器风扇上，会对烟道排烟及热交换效率产生影响。另外，在低频熔化时，锌的氧化物将产生白烟，使作业环境恶化，引起环境问题。如果锌的混入量再进一步增多，将会使铸造产品形成气穴，使产品质量恶化。

去除锌的有效方法有很多，如将镀锌钢板在大气环境中加热，使之形成既硬又脆的 $Fe-Zn$ 化合物，再进行喷丸清理，就可以将锌有效地清除。欧洲开发的 Rotary Furnace 是利用熔化炉的旋转使钢板表面的锌加速氧化，再利用陶瓷过滤器进行吸尘来完成脱锌处理。另外，还有更新的除锌方法，如将镀锌钢板残渣在真空环境中加热，使锌在金属状态下进行回收。除了镀锌钢板以外，高强度钢板内包含的各种添加合金元素所产生的影响会由于材料的种类及零部件形状不同而有所不同，对于转向节及摆臂等铁素体系材料，制造时的工艺管理尤其重要，需要关注的并不仅仅是铸造质量，成本也有很大的影响。因此，今后并不单单针对使用完成车辆，如铸铁主要原材料的钢板及其中包含的合金元素的有效利用及清除技术也是重点研究的对象。

[杉本繁利]

参 考 文 献

[1] 財団法人素形材センター：素形材年鑑，p. 41-73 (1993)
[2] 内野，佐々木，田中：自動車技術，Vol. 39，No. 8，p. 879，(1985)
[3] 水野，杉本：日本鋳物協会第 108 回全国講演大会概要集，p. 16 (1985)
[4] 川口，山口，田島ほか：自動車用鋳鉄部品の金型鋳造システムの開発，素形材，No. 12，p. 15-21 (1993)
[5] 小松，杉本，北川，谷村：鋳物，Vol. 51，No. 6，p. 345 (1979)
[6] 荒城，沼田：三菱重工技報，Vol. 5，No. 2，p. 63 (1968)
[7] 弦間，上野，鈴木：自動車排気系部品用オーステナイト系耐熱鋳鋼の開発，日本鋳物協会第 125 回全国講演大会概要集，p. 87 (1994)
[8] 佐藤，魚住，轟，中山：薄肉鋳鋼の生産技術開発，自動車技術会，学術講演会前刷集 945，p. 165-168 (1994)
[9] 野々山，中小原，福泉：日本鋳物協会第 110 回全国講演大会概要集，p. 15 (1986)
[10] 林壮一：軽金属使用による自動車部品の軽量化，鋳物，Vol. 64，No. 12，p. 864-869 (1992)
[11] 石野亨：回転溶解炉 最近の知見，鋳鍛造と熱処理，No. 10，p. 3-6 (1994)
[12] 岡田，竹内，林，山内：真空焼成による防錆鋼板再利用技術の開発，トヨタテクニカルレビュー，Vol. 44，p. 14-19 (1994)

2.3 铝合金

2.3.1 汽车铝合金化的进展和现状

a. 汽车铝合金化历史

汽车与铝合金之间的关系源远流长，1886 年在一个偶然的机会开始了铝合金在汽车上的应用，到 1900 年初已经成功地应用在发动机相关的铸造件、车身外板等零部件上。汽车的铝合金化取得飞跃式进展是 1973 年第一次石油危机之际，在全世界范围内出现了节省能源的呼声。对于汽车来说，减少燃油消耗成为当时最重要的课题，为了减轻汽车重量以达到降低燃油消耗的目的，铝合金开始在汽车上大规模使用，特别是基于美国 1975 年颁布的能源法（Energy Policy and Conservation Ac）制定的 CAFÉ（企业平均燃油消耗法规）和基于 1978 年制定的 CGT（汽油浪费税）颁布的燃油法规，汽车的铝合金化取得了飞速的进展。1976 年以后，在更大范围内开始了铝合金化应用。

另一方面，当时日本的小型车较多，并没有受到美国燃油消耗法规及轻量化、铝合金化的冲击，在量产车上实现车身外板的铝合金化是从 1985 年马自达 RX－7 开始的，在那之后，根据汽车大型化、高级化、高性能化等顾客需求的变化，以及安全对策强化

等，装饰件不断增加使得汽车重量也不断增加，为了减轻汽车的重量，铝合金化被大力推进，并且一直持续到现在。在第 1 章中已经介绍过，面向汽车的铝合金制品的需求如图 2-35 所示。在这十年间，铸造件、压铸件取得了显著进展，特别是明确了延伸率是延展性材料的重要性能。

b. 汽车铝合金化现状

日本的汽车铝合金化取得了显著进展，目前，铝材料的使用量约为 80～90kg/辆，使用率约占 6%～7%。全部使用量当中，以发动机、变速器等为中心的铸造件占了 80% 左右，发动机舱以外的车身板件及结构件的延展性铝合金材料还没有真正地开始应用。其中，铝合金冲压件在保险杠等部件上的应用受到了大量的关注，保险杠的安全标准是针对 5mile/h 的碰撞速度制定的，因此，主要采用 6000 系、7000 系中空型高强度铝合金，并设计成 "日" "目" 字形的薄壁结构。

这是充分发挥了铝合金易于制造复杂截面形状的冲压特性的案例，今后，类似于这样的用途还将不断扩大。目前，在 16 个车型上采用了铝合金保险杠，除此以外，ABS、安全气囊等安全性能相关的零部件上也增加了铝合金的使用量，"安全" 已经成为铝合金化的关键因素之一。

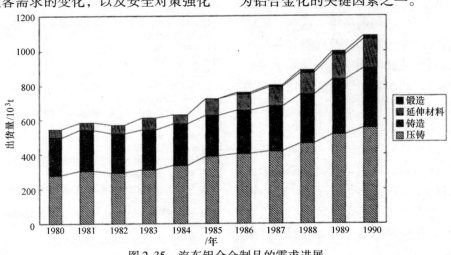

图 2-35 汽车铝合金制品的需求进展

弹簧对行驶稳定性和乘坐舒适性影响很大，一直以来减少弹簧的重量都是重要的课题，摆臂、连杆等零部件的锻铝化、高品质铸造化已经取得了部分进展，真正的扩大应用也刚刚开始。

热交换器也是铝合金材料的应用对象，空调压缩机、蒸发器基本完成了100%的铝合金化转变，目前正致力于高性能化、小型化、轻量化材料的开发。下一步，铝合金化应用范围将延伸到散热器、暖气风箱等零部件上，特别是散热器，美国已经实现了100%铝合金化（GM、Ford100、Chrysler的新车型达100%），而日本还不足30%，期待今后的进一步增加。

2.3.2　车身板件

a. 合金的特性及成形性

（i）5000 系合金　5000 系（铝－镁合金）合金作为车身板件，到目前为止日本应用得最多，该种板材能够达到钢板相同的强度级别，成形性和耐腐蚀性都表现出优良的特性。该合金的镁元素在铝基中的固熔量较多，以固熔体硬化来表示。图 2-36 所示为铝镁合金退火材料的镁含量和拉深性的关系。另外，随着镁含量的增加，抗拉强度和耐力的差变大，这种变化与加工硬化指数（n 值）及相同延深时的增加量相关。图 2-37 所示的是相对于变形量的 n 值的变化，

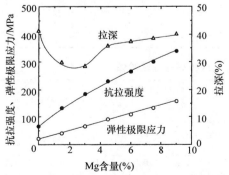

图 2-36　Mg 含量（质量分数）对 Al－Mg 合金退火材料力学性质的影响

随着镁含量的增加，n 的极大值具有在高变形量一侧得到的倾向。在日本，在镁含量约为 4.5% 合金中添加微量的铜或者锰元素，并已经实现了板材的批量生产。通过添加铜元素和 2% 拉深加工可以使耐力增加，在 170℃ 温度环境下即使加热 30min 也很难降低。近年来，还开发出了成形性更佳的含 5%～6% 镁元素的高镁合金。

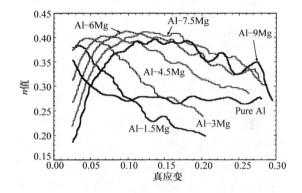

图 2-37　Mg 含量对 Al－Mg 合金 n 值变化的影响（初期应变速度：$3.3 \times 10^{-3}/s$）

另外，关于深度拉延性，通过冷轧和中间退火的组合处理，可以改变塑性变形比 r 的值。图 2-38 所示的是 $\bar{r}$ 值（各方向 r 值的平均值）和成形性之间的关系，随着 $\bar{r}$ 值的增加，拉深性得以提高，但是拉深性反而呈现出下降的趋势。

关于贯通性腐蚀，铝合金板的耐腐蚀性是现用钢板的 10 倍，如果不出现与钢及不锈钢的接触性腐蚀，铝合金则不会出现穿孔性腐蚀问题。

（ii）2000 系合金、6000 系合金　2000 系（铝－铜－镁系）合金、6000 系（铝－镁－硅系）合金通过淬火、退火处理可以得到高强度型热处理合金。6000 系合金根据烧结温度的调整，可以使耐力达到 150MPa 级别（图 2-39）。一般来说，时效硬化在 180～200℃ 附近会加速，在这个温

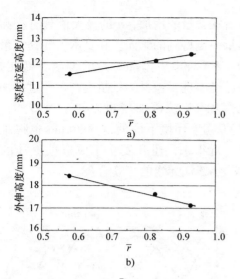

图 2-38 5128 合金的 $\bar{r}$ 值和成形高度的关系

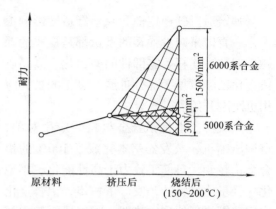

图 2-39 涂装烧结后弹性极限强度变化模式图
弹性极限强度的变化量因成分含量及烧结条件而
变化，5000 系合金也因 Cu 的含量而上升或下降

度范围内强度会急剧增加。近年来，在 170℃ 的涂装烧结温度下，进行了大量研究以增加材料的耐力。美国更加重视抗凹性，到目前为止，以 2000 系及 6000 系合金为中心开发了大量的类似材料。1985 年以后，美国将 2036 合金应用于 Lincoln Town Car 上，并且预计将有更多的乘用车使用 6111 型合金。在日本，为了解决耐丝状锈蚀性恶化的问题，添加铜元素的 6000 系合金成为不二选择。

（iii）成形性　关于汽车车身用板件的成形性，表 2-12 中显示的是各种合金的拉深特性值，表 2-13 中显示的是各种材料的极限拉深比、埃里克森值、隆起高度及极限开孔率。由于铝合金板材的成形性劣于 SPC 材料，因此，必须选择适当的润滑剂、润滑条件。在冲压成形过程中所采取的防裂措施中，使用高黏度油非常有效。在生产现场使用高黏度润滑油将会造成隆起性的问题，作为一种替代方法，经常使用固态润滑剂进行预涂处理。

表 2-12　汽车车身用铝合金板和冷轧钢板的拉深特性值

合金系 – 调质度	成分（质量分数%）	抗拉强度/（N/mm²）	弹性极限应力/（N/mm²）	拉深（%）	n 值	r 值
5000 系 – O 材	Al – 4.5Mg – Cu	270	140	30	0.30	0.67
	Al – 4.5Mg – Mn	270	130	28	0.30	0.70
	Al – 5.5Mg – Cu	280	130	33	0.30	0.70
6000 系 – T4 材	Al – 0.5Mg – 1.3Si	260	140	30	0.23	0.70
	Al – 0.7Mg – 0.8Si – Cu	280	150	28	0.23	0.70
冷轧钢板（SPC）	——	280 ~ 320	150 ~ 200	40 ~ 48	0.22 ~ 0.25	1.5 ~ 2.0

表 2-13　汽车车身用铝合金板和冷轧钢板成形性试验值

材质	板厚/mm	极限拉深比 LDR	埃氏值		隆起高度/mm					极限开孔率（%）	
			白色凡士林/mm	Johson 石蜡	日元 φ100	椭圆 58×94		椭圆 38×94		钻孔	冲孔
						0°	90°	0°	90°		
Al – 4.5Mg – Cu	1.0	2.07	9.4	10.2	30.2	21.2	21.0	15.2	15.1	50	35
Al – 4.5Mg – Mn	1.0	2.06	10.4	10.6	30.4	20.6	21.0	14.6	14.8	46	30
Al – 0.5Mg – 1.3Si	1.0	2.04	9.5	9.7	29.6	22.3	21.2	16.8	15.8	51	38
SPC	0.8	2.21	11.8	12.4	34.5	25.4	23.8	18.2	18.1	162	120
SPC	1.0	2.23	12.6	13.1	36.6	27.1	25.2	19.9	19.7	165	124

铝合金车身板材的弹性回弹与 SPCC 材料相比，弹性系数小、回弹量大。图 2-40 所示的是带状板两端部位处于受压状态、在中央位置用半径 55mm 的圆筒状冲头加载，使其产生一定高度隆起时的回弹量与材料中产生的拉应力的对应关系。当拉应力较小时，铝合金板材的弹性回弹量比 SPC 大，但是当拉应力变大时，铝合金板材的弹性回弹量变小。也就是说，在控制铝合金板材成形品的弹性回弹时，对成形时的拉深加以控制是有效的。

以上介绍的是铝合金车身板材的成形性与钢板的比较结果，如图 2-41 所示。

b. 连接

铝合金板材的焊接方法与钢板上适用的方法在本质上没有区别，其焊接方法大致可以分为压焊和熔焊 2 种，前者为点焊，后者则是惰性气体保护焊。

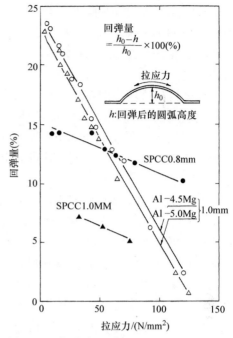

图 2-40　拉应力对圆弧弯曲回弹量的影响

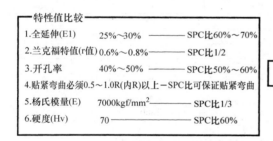

图 2-41　汽车板件用铝合金的成形特性与成形时的问题点

（i）点焊　铝合金材料与钢材相比热传导率和导电率都高，点焊时需要更大的电流和更短的通电时间。板厚相同的钢板之间以及铝合金板之间进行点焊时，后者所需要的电流约为前者的 3 倍，通电时间约为前者的 $1/7 \sim 1/8$。

铝合金材料定位焊用的电极通常使用 Cu - Cr、Cu - Cr - Zr 合金。铝合金板材定位焊用电极相关的问题也是修整间隔（电极寿命连续焊接可能次数），与钢板（软钢板：数万次，镀锌钢板：数千次）相比要短很多。在连续点焊试验中，焊接部位出现

强度下降现象，使焊接次数减少，电极与母材接触面的发热而引起的电极损耗会造成焊接部位焊接质量恶化的问题。

连续定位焊试验结果见表 2-14。对于合金板材来讲，最合适的焊接电流虽然有少许差异，但是不管是哪种情况，电极寿命能够达到 8000 次则认为是合格的。对于 Al - 4.5Mg - Cu 合金板材，如果在前处理工序中清除氧化膜，则能够提高焊接部位的强度，而且还可以减少焊接误差，这是由于去除氧化膜后，母材表面的氧化膜变薄，在母材与电极的接触面因接触抵抗而产生的发热

量减少，因此电极的损耗降低，焊接不良的现象也可以有效控制。为了提高连续焊接性，清除氧化膜（酸洗）证实是一种非常有效的方法。

铝合金板材所使用的焊接机应具有在短时间内提供大电流的功能，通过对电极寿命的改良，采用了高导电性的 Cu – Ag – O 合金电极，能够达到与镀锌钢板相同的电极寿命。

（ii）惰性气体保护焊　在铝合金板材焊接时，通常利用交流或者直流逆极性（DCEP：电极侧正极、母材侧负极）和氩气保护层对弧面的清洁功能，清除母材表面的氧化膜并防止熔融金属的氧化，从而得到完美的焊接质量。惰性气体保护焊一般包括2 种方式，一种是向钨电极通入交流电，向

电极和母材提供焊料（焊棒或者焊线）的TIG 焊接（Tungsten Inert Gas arc welding，TIG）；另一种是以焊料作为 DCEP 电极（电极线圈），电极线圈自动进给焊接的MIG 焊接（Metal Inert Gas arc welding，MIG）。

汽车车身板件用合金材料（板厚 1mm）的圆弧焊接部位的拉深特性见表 2-15。Al – Ag 系合金对接部位的接合效率为96% ~100%，Al – Ag – Si 系合金有加强焊缝时为91% ~93%；如果没有加强焊缝则为73% ~83%。由于 Al – Ag – Si 属于热处理型合金，焊接后熔接金属及焊接热影响部位的强度变低。但是，如果焊接后在 200℃条件下进行 30min 的涂装烘烤处理，则强度可以达到与母材相同的水平。

表 2-14　代表性汽车车身用铝合金板的连续焊接性

母材		Al – 4.5Mg – Cu	Al – 4.5Mg – Mn	Al – 0.5Mg – 1.3Si
拉深性质	弹性极限应力/MPa	132	127	141
	抗拉强度/MPa	261	265	264
	拉伸（%）	31	26	31
表面程度		SF		
前处理		无		
接触抵抗值		196	195	70
焊接电流		22	22	24
试验结果	电极寿命	800 次		
	拉断载荷/（N/点）	2790	2860	2530

表 2-15　对接焊部位的拉深性质（JIS Z 2201，5 号试验样件）

母材	电极线	加强焊缝	弹性极限应力/MPa	抗拉强度/MPa	拉深（%）	接头效率（%）	断裂位置
Al – 4.5Mg – Cu – O	5356	有削除	131	270	24L18	99	母材
			135	266		98	焊接金属
Al – 4.5Mg – Mn – O	5356	有削除	127	267	24	100	母材
			128	265	23	100	母材
Al – 0.5Mg – 1.3Si – T4	5356	有削除	139	241	13	91	母材
			144	211	7	80	端部熔接金属
	4043	有削除	142	244	13	93	母材
			140	192	5	73	焊接金属

最近，开发了不同种类、板厚、表面处理钢板之间的激光拼焊毛坯，冲压成形车身板件的工艺，在铝合金板材上也进行了类似

的研究。另外，还有其他的焊接和连接方法，如等离子电弧焊、螺柱焊、激光焊、压焊、爆炸焊、机械连接等，特别是机械连

接，很久以前就已经有了铆钉连接、坚固螺栓以及机械坚固等方法，都适用于铝合金构造物的组装。其中汽车车身板件用铝合金，在某些报告中指出更适用机械方法。除此以外，还有如粘接连接、胶接点焊等连接方法也在研究之中。

c. 表面处理

当汽车车身板件采用铝合金板材时，和钢板相同，保证耐腐蚀性是非常重要的课题。铝合金板材用于汽车车身之际，外观锈蚀，特别是丝状腐蚀等发生在涂层以下的腐蚀，会带来影响外观的问题。汽车车身板件用铝合金涂装基底处理，从成本及工艺性角度来看，汽车制造商都希望能采取和钢板同样的磷酸锌处理，因此进行了磷酸锌处理药剂的改良或者开发适合于该药剂的铝合金板材。

（i）涂装基底处理（磷酸锌处理）
磷酸锌处理是指使用包含磷酸、锌、氧化剂在内的溶液进行化学处理过程，汽车制造商常用于钢板基底处理。如果使用钢板磷酸处理液来处理铝合金板材，铝合金反应性低，只能析出少量的覆盖膜，溶入处理液中的铝离子会阻碍磷酸锌镀膜的形成。为了解决此类问题，在添加氟化物离子（F^-）以提高反应性的同时，还采取措施促使溶入到溶液中的铝离子沉淀、固化。

5000 系铝合金磷酸锌镀层厚与涂装后丝状锈蚀的关系如图 2-42 所示，磷酸锌镀膜厚度越厚，则丝状锈痕长度越短，由此可以得知，磷酸锌镀膜对丝状锈痕具有抑制作用。今后，还需要在耐水二次密封性提升的氟化物浓度管理、铝合金沉淀物定期清除等方面加大研究力度。

（ii）表面处理及耐腐蚀性与汽车用铝合金材料 铝合金板材表面受到污染的氧化膜对磷酸镀锌具有影响。图 2-43 所示的是 5000 系合金磷酸锌镀膜的比较案例，从图中可以了解到，在清除了氧化膜之后，可以生成均匀的磷酸锌镀膜。

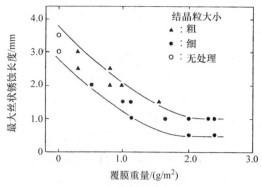

图 2-42　铝合金丝状锈蚀试验后最大丝状锈蚀
长度与磷酸锌覆膜量的关系

a)有加热氧化覆膜

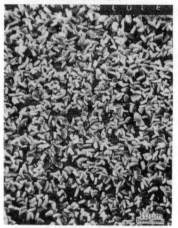

b)去除加热氧化覆膜

图 2-43　汽车车身板件用 5000 系铝合金上
磷酸锌覆膜 SEM 照片

对于比较适合于车身板件的 5000 系和
6000 系铝合金板材，Cu 的含量对磷酸锌镀层的生成具有较大的影响，Cu 的含量越高，则磷酸锌镀膜越容易生成。因此，对于 Cu 含量较少的合金，需要注意磷酸锌镀膜的生成不足问题。而对于 6000 系合金，添加 Cu 元素以后原材料自身的涂装耐腐蚀性大幅恶化，因此，要尽可能降低 Cu 的含量。另外，减少 Cu 的含量会引起磷酸锌电镀处理能力降低，因此，要充分注意磷酸锌工艺在 6000 系合金上的应用。

目前，多数汽车制造商采用的是 5000 系铝合金作为车身板材，并实施磷酸锌电镀处理。另外，通过在铝合金板材表面进行 Zn 系金属的电镀处理，可以确保铝合金板材磷酸锌工艺性和镀锌钢板同样的性能提升，这种镀锌铝合金板材已经实际应用于一部分汽车上。今后，还应该在 6000 系铝合金的应用、研磨部位的耐腐蚀性等方面持续关注。

2.3.3 铝合金冲压件的应用

铝合金型材是利用截面形状称为锻模的模具来控制生成的，形状自由度大，可以制造截面形状复杂的部件，甚至可以制造中空材料。已经有很多成功案例，如通过制造与冲压件最终形状相近的截面形状来降低机械加工费用，将中空型材应用于吸收撞击部件上等。表 2-16 中列出的是代表性的铝合金型材。

表 2-16 构造部件用挤压型材铝合金

合金系	合金名	调质度	代表性的力学性质			耐腐蚀性		焊接性[1]	挤压难度[2]
			σ_B/MPa	$\sigma_{0.2}$/MPa	σ/MPa	一般	SCC		
Al - Si - Mg 系 （6000 系）	6063	T5	185	145	12	◎	◎	○	A
	6 N 01	T5	275	245	12	◎	◎	○	A
	6061		310	275	12	○	◎	○	B
Al - Zn - Mg 系 （7000 系）	7003	T5	360	325	18	○	○	◎	C
	7 N 01	T5	380	315	17	○	○	◎	D

① ◎：非常好；○：好；△：略差；×：差。

② A：非常好；B、C、D：顺序变差。

（i）空间架构 目前主流的车身是承载式钢板结构，以轻量化为目的，铝合金制架构的实用化得到了快速推进，特别是海外的汽车制造商，已经有很多量产汽油车上的应用案例。铝合金架构的代表案例如图 2-44 所示。

铝合金架构上使用中空型冲压型材，因此刚度较高，同时大幅地减少了焊接数量，对车身轻量化和成本控制两方面都是有利的。铝合金架构的优点如下所述：

① 减少了零部件的数量。

② 拉链方式等特殊的连接方式可以省略焊接。

③ 撞击时的强度与现行的钢板结构相同。

④ 设备投资少（组装空间小、无模具费用）。

⑤ 车身重量可以减轻 30% ~ 40%。

⑥ 车身重量减轻后可带来一系列间接效果（组装工具小型化）。

⑦ 造型自由度大。

⑧ 循环再利用率高。

铝合金架构件上使用冲压型材，可通过螺纹连接、焊接、机械拼接等方式组装到一起。型材截面基本形状有"口"字形、"日"字形，是利用异形孔冲压模制造成而成的。原材料几乎全部是 6000 系合金（Al - Mg - Si）和 7000 系合金（Al - Zn - Mg）。另外，如图2-45 所示，除了汽车保险杠以外，还开展了利用塑性变形来吸收碰撞能量的研究。

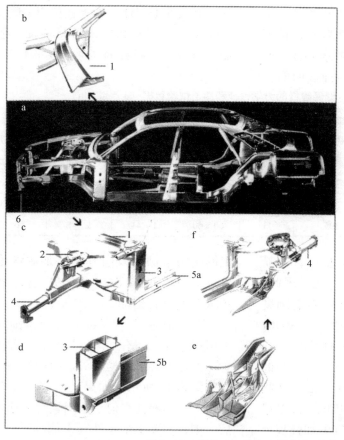

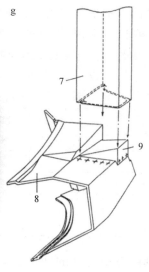

图 2-44 奥迪 A8 车身立体框架和接头

　　a）承载车架：以挤压型材和铸造材料为主，通过焊接组合而成。多数型材按照车身的外形通过三维弯曲加工而成。部件 6 为铝合金压铸前端板　b）下边梁　c）车身前部构造部分：部件 2 为铸造接头，部件 3 为挤压型材，部件 4 为筒状吸能单元，部件 5a 为外面包裹板件的车站槛　d）图 c 的扩大图：部件 3 的三孔型断面形状。部件 5b 为门槛部件（除去板件后的状态）　e）压铸连接部件　f）图 e 的压铸材料连接图　g）型材 7（之前为机械加工）和铸造接头 8 的倒角焊接。突出部件 9 很容易由部件位置决定。＋＋＋＋为倒角焊接位置

图 2-45　碰撞吸能后的变形状态

　　（ⅱ）保险杠加强件　在发生汽车撞物或者汽车之间相互撞击时，保险杠能够起到保护车身的作用，在对保险杠加强件进行轻量化的同时，还要求保证补强材料的加强作用和吸收撞击能量的作用。

　　以前的保险杠加强件都是通过高强度钢板的冲压、焊接、涂装等工序制造而成的，当采用铝合金成形板材制造保险杠加强件时，利用异形孔冲压法生产的中空型材是目前的主流，冲压型材通过弯曲、钻孔制造，其重量可达到钢材的 1/3 ~ 1/2，原材料几乎全部是 6000 系合金（Al – Mg – Si）和 7000 系合金（Al – Zn – Mg）。截面形状主

要有"日"字形、"目"字形和"田"字形，每种形状对碰撞时的能量吸收特性都不一样，因此，必须根据具体的要求来选择截面形状。表 2-17 中显示的是各种筒形的力学性能及冲击特性。如果在截面中间增加一根隔板，相对于 18% 的重量增加，强度增加了 34%，保险杠的变形减少了 1/3。

表 2-17   各种筒形保险杠的力学性能和冲击试验数据 （3.5mile/h）

截面形状	抗拉强度/（N/mm^2）	弹性极限应力/（N/mm^2）	延深/（%）	尺寸/mm×mm	重量比/□=1.0	保险杠强度/□=1.0	保险杠变形/□=1.0
▢	365	325	15	60×60	1.00	1.00	1.00
▤	350	315	14	60×60	1.18	1.34	0.34
▤	360	320	14	60×60	1.37	1.61	0.17
⊞	340	305	11	60×60	1.41	1.48	0.23

6000 系铝合金的冲压性能良好，容易制造较大型的部件，形状自由度大，因此，通过对截面形状精确分析，可以制造刚度高、碰撞能量吸收性好的加强梁。JISA6061 铝合金原材料的抗拉强度高达 310MPa，强度更高的铝合金材料仍然在开发之中。与此相对应，7000 系铝合金与 6000 系铝合金相比，容易获得更高的强度，形状也可以做得很小，因此，在轻量化且高强度的加强板上应用得较多。

（ⅲ）车门防撞梁   车辆发生侧面碰撞时，为了吸收碰撞时的能量，抑制车门向车室内的侵入以保证乘员的生存空间，在车门内部设置了车门防撞梁。车门防撞梁的主流材料是高强度钢管，当选择铝合金板材时，理由与保险杠加强板相同，是轻量化及截面形状的自由度的优势。但是，由于防撞梁要安装在车门内部，其大小会受到一定的限制，因此，在铝合金板材中，一般选择 7000 系高强度型材。

（ⅳ）传动轴   如果传动轴选择铝合金材料，重量比钢材约减少 30% ~ 40%，因此，振动水平也相应地降低了。GM 的雪佛兰车型、Ford 的 Aero Star 车型上都采用了铝合金传动轴。传动轴的材料一般选择 6061 铝合金，为了提高刚度，在 6061 铝合金中添加 20% 的 Al$_2$O$_3$ 颗粒，如DURALCAN

上的应用案例以及向其中添加碳纤维的案例。丰田汽车通常采用 6061 铝合金或者 2024 铝合金锻造品。

（ⅴ）其他   铝合金的应用范围除了以上所述之外，还有如座椅导轨、隔栅防护装置、顶篷支架、门槛梁等。门槛梁的应用案例如图 2-46 所示。如果采用钢材（右侧），需要 6 个零部件，但是采用铝合金冲压件以后，则只需要 1 个零件（左侧）。

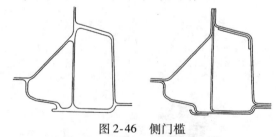

图 2-46   侧门槛

2.3.4   热交换器

a. 热交换器的铝合金化

在汽车上，发动机冷却系及空调等系统中使用了很多的热交换器，与其他产品中使用的热交换器相比，其对轻量化、小型化的要求很高。重量轻、热传导率高的铝合金材料非常适用于汽车用热交换器。事实上，日本从 1960 年就已经开始在空调上采用了铝合金材料，目前绝大部分汽车上的热交换器都是铝合金材料的，今后铝合金材料的应用范围必将进一步扩大。

根据不同的用途及制造方法，汽车热交换器具有各种各样的结构形式，如图 2-47 所示。汽车对应的社会状况、汽车对应的需求、铝合金焊接技术及汽车用铝合金热交换器的变迁见表 2-18。

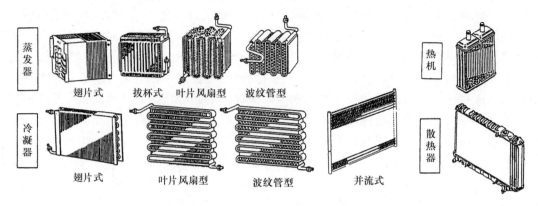

图 2-47　汽车用热交换器的类型

表 2-18　根据社会环境、汽车需求和连接技术，汽车用铝合金热交换器的发展

年　代	1970	1975	1980	1985	1990	1995
社 会 环 境	第1次石油危机 公害问题	第2次石油危机 北美燃油法规：1次	贸易摩擦日元汇率升高对美输出自主法规	地球环境保护氟利昂法规	国内经济衰退，日元汇率升高 北美燃油法规：2次	
汽车走向	排放对策	轻量化燃油经济性提升		高性能高级化	轻量化燃油经济性提升 经济性	
钎焊	助焊剂 焰炬 浸渍 炉中 钎焊剂	部件维修 蒸发器等 压缩机等		散热器 压缩机		
	无助焊剂 高度真空 低度真空 VAW	蒸发器等 压缩机等	压缩机等			
热交换器	散热器 压缩机 蒸发器	叶片式 蛇纹形 翅形叶片 蛇纹形		波纹状叶片 并流式 叠片式		

为实现铝合金材料在热交换器上的应用，必须确保管与散热片、管和管板之间的连接技术。铝合金材料的连接技术出现了两次创造性变革。第一次是 1975 年左右逐渐实用化的无钎剂钎焊方法，无钎剂钎焊方法需要有真空或者惰性环境而必须设置较大型的设备，到目前为止困扰浸焊或者炉铜焊的难题——助焊剂蒸发引起的环境污染、设备腐蚀以及钎焊后的助焊剂清除等问题已经得到了解决，确保了高工艺性、高品质的焊接产品；第二次是 1978 年发表的 NOCOLOCK 钎焊法，由于用氟化物系助焊剂取代了以前的氯化物系助焊剂，因此，无需清洗钎焊后留下来的残渣，对设备的损伤也减轻了，可

以在一定程度上缓解对钎焊环境的限制，使用简单的设备即可以完成焊接，已经达到了与无钎剂钎焊方法同样的应用程度。

（i）冷凝器、蒸发器　1960 年代前期，汽车空调用冷凝器及蒸发器已经开始采用铝合金材料。冷凝器有全铝合金材料的叶片风扇型及波纹管风扇型，蒸发器有铜管与铝合金风扇机械连接而成的翅片型。波纹管风扇型冷凝器是由加工成波纹状的钎焊片风扇材料和加工成蛇状的多孔冲压管材，使用氯化物助焊剂，利用铜炉或者浸焊等方法连接而成。在那之后，于 20 世纪 70 年代后期产量大幅增加，冷凝器、蒸发器的主流变成了波纹管风扇型。再接下来到了 80 年代后期，热交换性能更好的叠片型冷凝器逐渐经过了测试并得到迅速普及。另一方面，冷凝器以热交换性能提升和小型轻量化为导向，于 1988 年提出了同时使用小型多孔冲压材料的并流型方案，由于该种方式可以减少冷却介质的使用量，随着氟利昂限制法规的不断强化，具有代替氟利昂的趋势，今后将得到更进一步的推广。

（ii）散热器　散热器的铝合金化是美国从 1950 年开始推广并盛行的，1960 年以后利用浸焊的叠片型及炉铜焊的管带波纹型散热器在一部分跑车上开始了试用，但是，连接及耐腐蚀性方面还存在不足，还没有达到普及的条件。20 世纪 70 年代后期，欧洲正式在小型车上试制了机械扩管型叶片风扇，几乎在同一时期，将外面包裹了一层钎材的焊接扁平管通过钎焊连接而成的管带风扇型散热器在大型车上正式开始使用，两者都是依靠管内部的防冻液来防腐的。80 年代美国的管带型散热器得到了快速推广，而日本则对管内部的腐蚀性具有很强的畏惧心理，从钎材/芯材/Al－Zn 牺牲阳极材的三层金属包裹材料到扁平焊接管的 NOCOLOK 钎焊的使用，直到 1987 年才实现了实用化，在那之后渐渐地开始普及。

b. 铝制热交换器用材料

（i）散热片材料　波纹管型散热器的散热片一般由以 A3003 为芯材的钎焊金属片和 A1050 管材的组合而成，管材多是将铝合金多孔冲压型材弯曲成蛇形而成的。如图 2-48 所示，相对于管材，散热片材料的自然电极电位高，在电偶作用下管材的腐蚀有被促进的趋势，因此，尝试赋予叶片牺牲阳极效果，在叶片材料中添加锌元素是最常用的方法。在非无钎剂钎焊方法当中，当不需要很高的真空度时，将含有锌元素的合金作为叶片材料，就可以抑制管材的腐蚀。另一方面，对于需要较高真空度的真空钎焊法，蒸汽压较高的锌在钎焊加热过程中几乎全部从叶片材料中蒸发掉，而在真空环境中则不易蒸发，引起公害及制造方面阻碍的机会很少，一般将锡及铟元素添加到叶片材料中，使之产生牺牲阳极效果。

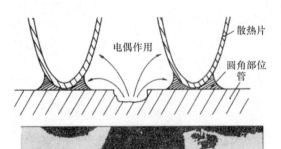

部　　　位	电位(V，相对于 SCE)
散热片	-0.690
管外部圆角部位	-0.694
管外部叶片与叶片间	-0.762

图 2-48　5 个月内贯通腐蚀截面和各部位的自然电极电位

$\begin{bmatrix} 管材：A1050；叶片芯材：A3003 \\ 钎焊方法：VAW 法 \end{bmatrix}$

采用冲压管材的波纹状叶片型冷凝器及蒸发器，为了能够顺利进行钎焊，其叶片材料一般采用钎焊金属片。为了保证焊接性，必须使叶片材料与管材接触，因此，实际焊接操作时需要使用工装夹具等施加压力。对于蛇状管结构上需要较高的推力，在实施钎焊时经常会出现屈曲变形现象。另外，钎焊对芯材料具有腐蚀作用，有时会发生钎焊不足而引起焊接不良现象，造成耐屈曲性降低。上述现象均与钎焊金属片的制造条件有关，如图 2-49 所示，母材为软化材料或者高加工性材料显示出较好的钎焊特性，而低加工性的材料则屈曲性降低，容易发生腐蚀，这是由于高加工性材料在钎焊加热过程中出现了完全再结晶，而低加工性材料中存在结晶不完全的亚结晶颗粒，使钎焊的浸透速度变慢，引起耐屈曲性降低。通过优化钎焊金属片的制造条件，可以提高叶片材料的钎焊稳定性。

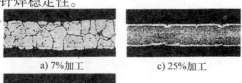

a) 7%加工　　　c) 25%加工

b) 16%加工　　　200μm

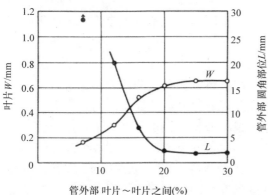

图 2-49　最终压延度对钎接金属片材料的积钎性和下垂性的影响

[热轧·冷轧→中间退火→冷轧]
[643K，1h，0.16mm]

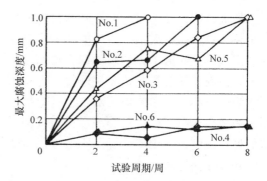

No.	管材	芯材
1	A1050	A3003
2	A1050	Al−0.3%Mn−0.2%Cu
3	Al−0.3%Mn−0.2%Cu	A3003
4	Al−0.3%Mn−0.2%Cu	Al−1.2%Mn−0.7%Zn
5	A3003	A3003
6	A3003	Al−1.2%Mn−0.7%Zn

图 2-50　各种 VAW 钎焊冷凝器半环形铁心的腐蚀试验结果

试验：浸渍 30 min（313K，3% NaCl）
↓　　↑
干燥 30min（323K）

（ii）冷凝器管材料　如上所述，当把叶片当做牺牲阳极用时，调整腐蚀体管材的自然电极电位是非常重要的。从铝自然电极电位及添加锰和铜对自身耐腐蚀性影响的相关基础研究中可以得知，含有 0.1% ~ 0.5%锰和铜元素（质量分数）的铝合金具有良好的自身防腐蚀性和较高的自然电极电位。如图 2-51 所示，如果使用含有少量锰及铜元素的合金管材，并与含锌元素的 Al − Mn 合金钎焊料组合应用，就能够得到很好的耐腐蚀性。

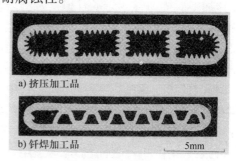

a) 挤压加工品

b) 钎焊加工品　　　5mm

图 2-51　各种市售并行式冷凝器的管截面

如上所述，通过对管材及叶片材料成分的调整，虽然能够大幅提高冷凝器的耐腐蚀性，但是，在蛇形单元的两侧存在弯曲加工部分，由于该部分与叶片无法连接，得不到牺牲阳极效果。为了确保该部位也具有牺牲阳极的效果，可以在管材冲压后进行锌圆弧熔射处理，同时使用不需要高真空度的NOCOLOK无钎剂钎焊。

目前，冷凝器正在逐渐由蛇形向性能更高的并流行转变。市场上销售的并流型冷凝器管材的截面如图2-51所示。以前的蛇形冷凝器的管厚约为5mm，而并流型冷凝器的管厚可以减小到2～3mm，同时管壁的厚度可以从原来的1mm减少到0.5mm。冷凝器管材能够促进冷却介质的冷凝和冷凝液的排除，通过采用多孔管材可以确保较大的冷却介质流通面积。基于以上优点，可以采用与以前的蛇形管相同的冲压工艺（图2-51a），在钎焊金属片制成的焊接管内部插入叶片，就能够得到多孔管的制造方法（图2-51b）。

（iii）蒸发器材料　蒸发器一般布置在车室内，从外界空气或者道路上的加速腐蚀介质的附着量很少，常常存在冷凝水，过于严酷的使用环境将会引起与冷凝器同样的腐蚀问题。蛇形蒸发器和冷凝器具有相同的制造方法，可以在叶片和管材之间形成良好的牺牲阳极效果，因此，具有很好的耐腐蚀性。

叠片型蒸发器是用冲压成形钎焊金属片多层体加工而成的管，为了获得良好的耐腐蚀性可以考虑和钎料之间的电池作用，因此必须对芯材本身的耐腐蚀性加以改良。通过控制手段来减少芯材中的铁及硅元素的含量，确认耐腐蚀性得到了提高。向芯材中添加铜元素，钎焊加热使表层形成铜元素的浓度分配梯度，使自然电极电位处于高位，该方法可以改善和钎料之间的电池作用。另外，向芯材中添加钛元素可以提高耐腐蚀性，这种方式在叠片型蒸发器中也非常有效。

（iv）散热器材料　当初，散热器铝合金化之际最大的担心是腐蚀问题，虽然主要依靠外部涂装防腐蚀材料，但是，在钎焊加热过程中Al－Mn系材料中会产生晶粒腐蚀现象，因此，必须在管内部布置牺牲阳极层。

在管材外部已经通过牺牲阳极叶片找到了防腐蚀方法，而管内部耐腐蚀性的提升成为了急需解决的课题。作为一种实用性的真空钎焊方法，研究开发了在添加了纯铝、铟、锡等元素的内层表面的铝clad（阿尔克拉德纯铝覆面的硬铝合金）方法。1987年报告的NOCOLOK方法是日本国内实用化的真正开始，利用该方法制造管带式叶片型散热器之际，充分发挥其常压下即可钎焊的有利点，确保了Al－Zn铝clad内表面的耐腐蚀性。利用这种方式，在日本国内终于实现了散热器的铝合金化。

早些时候，内表面添加了牺牲阳极后，镁合金在钎焊加热过程中会扩散，和芯材中的硅元素形成Mg_2Si，就能够获得强度达165MPa以上的管材。由于镁合金未到达钎料位置，阻碍了NOCOLOK钎焊，通过减少芯材中铜的含量可以抑制晶粒腐蚀。

c. 今后的课题

汽车用热交换器以小型化、轻量化需求为背景，到目前为止大部分的热交换均已经实现了铝合金化，推进了高性能化进展。今后，在材料方面存在的课题是在不损失耐腐蚀性及疲劳强度等必要特性的前提下，尽可能实现小型化、轻量化。汽车用热交换器和铝合金材料到今天已经实现各个部件的厚度减少了20%～30%，这并不仅仅依靠材料强度的升级，还包括在现行材料强度的基础上对结构设计进行重新评估所得到的成果。今后，在轻量化的基础上再加上降低成本的需求，进一步的薄壁化设计必将是发展趋势。因此，过去没有得到充分重视的疲劳强度分析一定会越来越重要。散热器材料如果以高强度为发展方向，则会带来芯材处出现晶粒腐蚀的问题，因此高强度、高耐腐蚀性是一对相互矛盾的性能要求。

今后，预计材料的薄壁化将是主要的发展方向，首先需要面对的是前面介绍过的薄壁材料的钎焊稳定性问题。因此，为了尽快实现薄壁化结构，必须在低温钎焊、高强度材料应用等方面加大研究力度。

2.3.5 其他部件

（i）发动机部件　汽车上使用的铝合金材料大部分应用于发动机及其周边的零部件上，这些部件当中，铸造件数量具有压倒性优势。占发动机总重量约 25% 的气缸体如果能够实现轻量化则能发挥更佳的效果，因此气缸体的铝合金化得到了大力推进。以前铸造一体化构造的进气歧管也开始采用延伸性管材和铸造品焊接结构，在实现了轻量化的同时，空气的流动变得顺畅，发动机性能得以提升，该种类型的进气歧管已经取得了实用性进展。

（ii）悬架部件　悬架系统零部件的轻量化对提升行驶性能非常有效，车轮、下摆臂、上摆臂、副车架、制动钳等零部件均已经实现了铝合金化。由于悬架系统零部件属于重要的安全保证部件，要求具有较高的刚度、强度、韧性及耐腐蚀性，以锻造件为中心取得了实用性推广。最近，上摆臂、制动钳等零部件逐渐开始采用铸锻方法制造。铸锻工艺相比于以前的铸造方法，抗拉强度和延伸性都有提升，达到了与锻造品性能接近的水平。

一体式铝合金轮圈的使用量就高达 80% 以上，制造方法几乎全部为铸造，最近一体式锻造品正在增多。以前的两体式铝合金轮圈制造方法主要是铸锻圆盘上进行闪光对焊→滚压成形幅板焊接或者螺栓联接而成；三体式铝合金轮圈主要是采用旋压加工

成型，外部和内部分割为两部分，再通过幅板连接到一起。

两体式或者三体式铝合金轮圈所使用的材料主要是 5052、5154、5454 系合金，不管是哪种材料都以抑制应力腐蚀裂纹为出发点，添加了 3.5% 以下含量的镁。幅板一般使用 6061 系合金，这种材料就没有应力腐蚀裂纹的问题，但是，轮圈成形后，为了得到较高的强度而必须进行固熔、退火处理，由于必须对淬火过程中产生的变形进行处理，其使用范围受到了限制。

（iii）安全气囊　在安全气囊中铝合金材料主要用在充气装置上，充气装置所使用的材料通常包括三类，钢板冲压加工、铝合金锻造及切削加工、铝合金冲压型材。从连接的可靠性方面来看，铝合金锻造件通过摩擦压接、或者电子梁焊接而成的比率较高。另外，冲压型材制造的装置通常用在容量较大的前排乘员处安全气囊上。从气体爆炸时的耐高压性和冷轧工艺性角度来看，锻造件主要采用 5056 系铝镁合金。6061 - T6 材料比较适用于批量生产的前排乘员处冲压型材制造的装置。

（iv）防抱死制动装置（ABS）　动作执行器的壳体上广泛使用铝合金材料。动作执行器是基于控制单元的指令，对制动压力进行增减调整的装置，根据循环型、可变容积型等具体结构的不同特性要求来选择合适的铝合金材料。对于使用 2014 - T6、2024 - T4 材料等热轧品的循环型动作执行器，耐压强度是主要指标，此类合金的耐腐蚀性略差，通常需要在切削加工后进行铬酸盐处理等表面处理。另外，对于可变容积型动作执行器，由于带有转动部分，对于耐磨损性的要求很高，通常使用 AC2B、AC4C - T6 铸造材料，以及经过耐酸处理的 6061、6262 - T6 等冲压材料。

（v）转向助力泵　转向助力泵是利用油压来辅助转向操纵的装置，其主要部件中

的壳体、后壳体等部分，要求具有较高的耐高压性、耐磨损性，因此，以前的壳体使用的材料都是以铸铁为主，如今为了实现轻量化目的而采用了 ADC12 – T6 等铸铝材料。

另外，后壳体要求更高的耐高压、耐磨损性，如图 2-52 所示，其形状也非常复杂，通常采用热轧锻造改良的铝 – 共晶硅系合金，可以获得很好的完全性能。

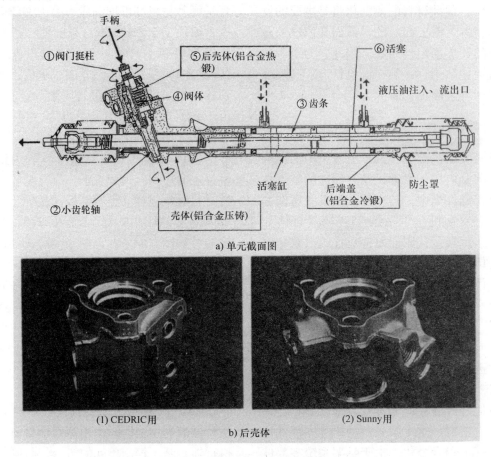

a) 单元截面图

(1) CEDRIC用
(2) Sunny用

b) 后壳体

图 2-52　转向助力泵壳体

在耐磨损性较好的铝合金中，常用的有 4032、A390 以及 ADC12 等含硅元素较多的材料，合金中的结晶以及初晶硅相能够确保具有较高的耐磨损性。另外，这些合金当中硅的含量达 6% ~20%，线膨胀系数小，切削性好，同时还可以添加铜、镁等元素，以提高强度。

（vi）空调压缩机　随着小型化、轻量化需求的增多，空调压缩机的铝合金化应用案例逐渐多了起来，如图 2-53 所示，在斜板式空调压缩机上实现了 80% 的铝合金化

应用率。空调压缩机用铝合金需要具有耐压性，高速旋转时的斜板等需要具有较高的弯曲疲劳强度和耐磨损性。因此，为了满足上述性能要求，目前的检修阀等耐高压部位一般使用 2011、2017 – T6 热轧材料以及 ADC12 – T6 等锻造材料，斜板、活塞等转动部件则使用 A390、4032 – T6 等高硅系合金热轧锻造件。

另外，在滚动式压缩机中，对耐磨损性要求较高的滚子一般使用 AC8C – T6 等固熔锻造件或者高硅合金热轧锻造件。

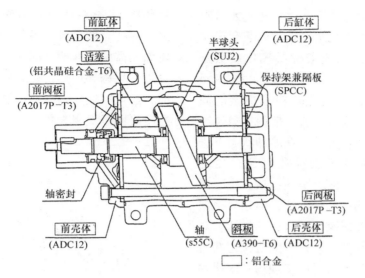

图 2-53 板斜式 10 缸压缩机

（vii）货车用部件 自 1994 年开始，日本的道路交通法对卡车过载法规进行了强化，这是以减少车辆过载而引起的事故为目的，对于违章车辆的货主、运输公司、驾驶人都制定了比以前更加严厉的处罚条例。最近，为了进一步减少事故的发生率，又规定了强制安装安全装置，如为了保护环境而强制要求安装排气净化装置、制定噪声法规等，随着各种必要装置的安装，车辆重量又呈现出增加的趋势。

汽车总重量是在安全标准的基础上制定的，占汽车总重量绝大部分的车身重量如果能够减轻，那么载重量也会随之增加。在装备重量增加的部分中，以增加装载量和控制费用为目的，铝合金的应用推进了车身的轻量化进展。

以下是有望实用推广的铝合金部件。

1）架构类（纵梁、地板、车架、侧栏板中间立柱等）。

2）装卸货辅助装置（升降机、天车、滑车等）。

3）完全装置（侧防撞梁、后保险杠、ABS 等）。

4）底盘、货车部件（铝合金轮圈、横梁、座椅悬挂支架、空气罐、燃油箱、散热器、中冷器、变速器壳体、发动机气缸体、发动机悬置支架等）。

2.3.6 铝合金系新材料

a. 急速冷凝粉末冶金

急速冷凝粉末冶金（Power met Al lurgy，PM 合金）和铝合金（ingotmet Al lurgy，IM 合金）相比，由于熔炼方法不同，具有金相组织细小、合金元素可以过饱和固熔、微观偏析减少、可以制造高浓度合金等特征。为了提高铝合金的性能，在这方面的研究开发非常活跃。

（i）制造过程

1）急速冷凝法：为了提高液态物体凝固时的冷却速度，必须使液态物体中包含的热量快速散失掉以加速凝固过程。因此，一般方法是使液体变成细小的颗粒，利用冷却状态的金属体或者模具使液滴表面的热量散失掉。铝合金的主流方式是利用特殊气体，特别是空气的雾化法，该种方法具有优秀的工艺性能。一般来说，空气雾化法的冷却速度可以达到 $10^2 \sim 10^4 \mathrm{K/s}$。

2）固化、成型法：一般来说，铝合金

57

粉末表面被氧化膜覆盖着，另外还有水分吸附在上面。由于在固化成型前清除氧化膜非常困难，必须在固化成型时将氧化膜分割开，以保证金属粉末之间的连接。图2-54所示的是代表性的急速冷凝粉末冶金的固化、成型方法。粉末挤压法一般使用急速冷凝铝合金粉末，将合金粉末在冷却状态下进行挤压（有时压粉工序会省略）、脱气处理后，提供给热挤压工序。脱气包括真空下或者大气环境下加热等多种方法，但是要根据最终产品的特性要求来选择合适的方法。对于形状复杂的三维产品，粉末锻造法也在研究、开发当中，该方法可以实现粉末固化和三维形状的净尺寸成型，因此可以降低机械加工费用和减少材料的加工余量。

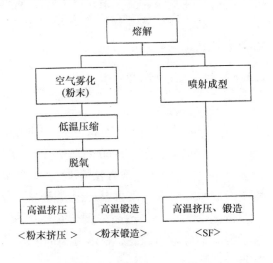

图2-54　主要的固化、成型工艺

3）喷射成型法：近年来，在利用急速冷凝法来获得气门形状的方法当中，喷射成型法（Spray Forming，SF）受到了大量的关注。图2-55所示的是SF法的凝固原理模式。如果向金属液流中吹入氮气，处于半熔融状态的喷雾在收集器表面产生冲突、堆积，堆积层逐渐增厚就形成了初期形状。冷却速度可以达到$10^2 \sim 10^3 K/s$，由于喷射条件不同而具有较大的差异。SF材料是可以获得致密的气门形状的惰性材料，与PM材

料相比SF材料中氧或者氢的含量非常少，是一种高品质材料。另外，由于它的结构致密而无需脱气处理，即使是在挤压工序中也可以利用诱导加热，在省略了若干工序的同时，还可以最大限度地抑制因加热而引起的急冷凝固组织粗大化。

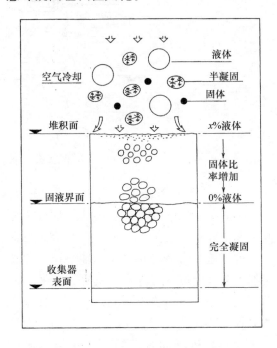

图2-55　SF法的凝固机理（英国Osprey Metals公司提供）

（ii）PM合金特性

1）耐磨耗性合金：铝 – 硅系合金被当做铸造材料及延伸性材料，在工业上被广泛应用。IM法中如果增加硅的添加量，初晶硅颗粒将变得粗大，使机械性能及加工性恶化。如果将铝 – 硅系合金应用于急冷凝固方法则可以确保初晶硅颗粒细小化。图2-56所示的是过共晶铝 – 硅系合金挤压材料的微观组织，可以看到PM合金中硅颗粒明显变小。

随着硅含量的增加，线膨胀系数几乎呈直线降低，杨氏模量增大。另外，在硅含量增加的同时，提升了耐磨性能。铝 – 硅二元合金的粉末挤压材料的拉伸强度仅为

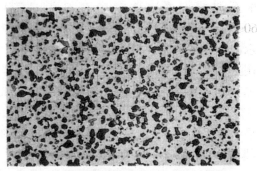

a) P/M合金(Al-20Si-2Cu-1Mg)

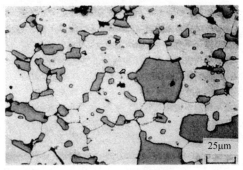

b) I/M合金(A390)

图 2-56 过共晶 Al-Si 合金的微观组织

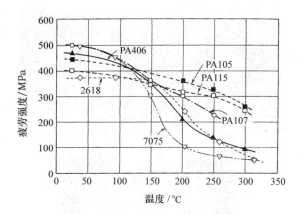

图 2-57 各种合金在不同温度下的
疲劳强度（保持 100h 后）

200MPa 左右，添加铜、镁元素以利用时效硬化可以改善常温状态下的强度，或者添加百分之几的铁、锰、镍等迁移性金属，以提高耐热性能。

2）耐热合金：迁移性金属在铝中完全不会固溶，扩散速度较小，会和铝形成金属化合物。根据急速冷凝法，如果使迁移性金属和铝产生的金属化合物呈细微分散，就可以提高铝合金的耐热性能。通常将铁、镍、锰等作为迁移性金属而添加到急速冷凝铝合金中。图 2-57 所示的是铝-铁系合金等的高温拉伸强度。

3）高强度合金：铝-锌-镁系 7075 合金是高强度铝合金中最具代表性的一种，在急速冷凝法中，保证锌元素的高浓度化，或者添加 1% 左右的 V、Zr 等元素，还可以进一步提高强度。

（iii）应用　日本国内是从 1980 年左右开始研究、开发急速冷凝铝合金的，并成功

应用于汽车、家电产品上。汽车空调用压缩机的转子（图 2-58）及叶片就是急速冷凝铝-硅系合金的代表应用案例。这种材料要求具有较高的耐磨性、低线性膨胀系数、高刚度、高强度等性能，通常选择 Al-17～20% Si-4～8%（Fe+Ni+Mn）-Cu-Mg 合金元素。另外，Al-17% Si-6% Fe 系合金通常用于一部分汽车增压器的转子上（图 2-59）。

图 2-58 汽车空调用压缩机转子

发动机上的零部件，特别是连杆、气门、保持器、缸套等，虽然目前是以钢材为主，但是随着对轻量化及燃油消耗率性能要求的不断强化，急速冷凝铝合金的应用也在研讨之中。

b. 超级塑性材料

超级塑性是指如果在某种条件下出现变形，在保持低应力的前提下，表现出异常大

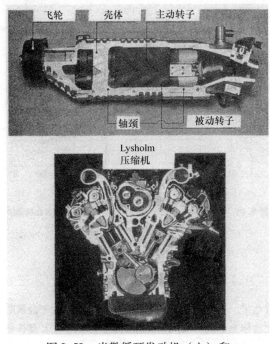

图 2-59 米勒循环发动机（上）和
Lysholm 压缩机（下）

的延伸性现象。铝合金在高温（400～600℃）时具有几倍的延伸率。表 2-19 中显示的是各种超塑性铝系材料性能的比较。利用这种超塑性材料来制造一体化汽车零部件的案例有很多。在超塑性材料的一体化加工方法中，仅利用阳模、阴模中的一个即可成形，过去需要利用多个零部件组装而成的零部件，实行一体化成形加工后，节省了模具、工时等费用，具有成本低的优点。图 2-60 所示的是利用超塑性 7475 铝合金制造车门的案例。在以前的钣金冲压成形和铆接方法中，共包括 45 个零件和 400 个铆钉，而超塑性材料的一体化加工方法仅需要 3 个零件和 80 个铆钉，重量减轻了 15%，成本降低了 30%。但是与常温下的挤压成形相比，一体化加工方法所花费的时间要多，因此比较适合于品种多、零部件少的产品上。

表 2-19　各种铝合金系超塑性材料性能的比较

合金	机械性质			超塑性特性		
	弹性极限应力/（N/mm）²	抗拉强度/（N/mm）²	延深（%）	最佳成形温度/℃	最大延伸（%）	变形速度/s⁻¹
Al－78% Zn	200	250	60	250	1500	10^{-2}
Al－5% Zn－5% Ca	158	180	12	550	600	10^{-2}
2004（T6）	300	420	8	470	1600	10^{-3}
Supral 220（T6）	450	510	6	450	1100	10^{-3}
7475（T6）	470	550	15	516	1000	10^{-4}
8090（Al－Li）	367	441	5	500	875	10^{-3}
SiC/2124	—	—	—	525	300	10^{-1}
Neopral（Al－Mg）	334	172	25	500	800	10^{-3}
P/M 7475＋0.7% Zr	558	647	15	520	600	10^{-1}
IN 90211	—	—	—	475	550	10

2.3.7　今后的发展方向

与汽车相关的环境、燃油消耗、地球温暖化、大气污染、循环再利用、安全性等条件越来越严厉，向重视节能、省资源、与环境协调性的汽车制造体系的转变变得越来越

急迫。欧美从 21 世纪汽车制造的根本出发而进行的研究开发活动已经超越国界，正以合作开发的形式在大力推广当中。

在欧洲各国参与的研究开发网络 EU-REKA 的基础上，开展了 MOSAIC 项目（Material Optimization for a Structural Automo-

（传统工艺）

图 2-60　超塑性 7475 合金成形的案例

tive with an Innovation Concept）、PIV 项目、BRITE – ERAM 项目和 SINTEF 项目等，以开发 21 世纪轻量化汽车为目的，取得了大量的、有效的成果。MOSAIC 项目的概念是利用铝合金框架结构、塑性复合材料车身外板来制造车身，与现行汽车相比大约减重 20% ~ 25%，减少设备投资约 10% ~ 15%。其他项目也都是以铝合金框架结构为前提而开展研究的。

美国也开展了两个较大的项目。一个是加里福尼亚州的 CALSTART 项目，大气污染急剧恶化的加里福尼亚州单独颁布了预防大气污染条件，并于 1990 年进行了修订，对低公害车、低燃油消耗相关的法规进行了强化，其中，要求 1998 年零排放汽车（Zero Emmission Vehicle，ZEV）的销量不低于 2%（最近，修订为 2003 年不低于 10%）。在该项目中，以开发电动汽车为目的，到 2010 年止力争将排放水平达到 1990 年的 80% 作为大气污染改善目标。目前试制的车身是利用铝合金挤压型材制造的空间框架结构，车身外板由塑料制造，白车身、底盘、悬架、制动盘、座椅框架等主要结构部件也大多采用铝合金。另外一个项目是 1993 年 2 月由总统提议的由政府和美国汽车工业界

共同执行的 PNGV（Partnership for a New Generation of Vehicle）项目，这是一个预算为 1 兆日元、周期为 10 年的大项目，该项目的目标是制造清洁、燃油消耗率为目前水平 3 倍、达 80mile/gal 的新一代汽车。以 1994 年为基准，车身减重 50%、动力总成减重 10%、燃油系统减重 55%、底盘减重 50%，而且车辆的总重量减少 40%，达到 889kg 的指标。项目中还明确了铝合金材料在轻量化、循环再利用方面的重要作用。今后，在开发 21 世纪轻量化汽车活动当中，汽车铝合金化必将得到越来越高的重视。

［吉田英雄］

参 考 文 献

[1] 内田秀俊，吉田英雄：Al-Mg 合金の延性に及ぼす n 値の影響，軽金属，Vol. 45，No. 4，p. 193（1995）

[2] S. Hirano, H. Uchida and H. Yoshida：Anisotropy in Mechanical Properties of Al-4.5%Mg Alloy Sheet, The 4th International Conference on Aluminum Alloys, Georgia Institute of Technology, Atlanta, GA, p. 362（1994）

[3] 吉田英雄，平野清一：自動車ボディ用アルミニウム合金板の特性，住友軽金属技報，Vol. 32，No. 1，p. 20（1991）

[4] 竹島義雄，疋田達也，宇都秀之：自動車ボディ用アルミニウム合金板の成形性，住友軽金属技報，Vol. 32，No. 1，p. 39（1991）

[5] 宮岡博也，藤川澄夫：NSX オールアルミボディでのプレス成形，プレス技術，Vol. 29，No. 4，p. 54（1991）

[6] 難波圭三，佐野啓路，水越秀雄，長谷川義文：自動車ボディ用アルミニウム合金板の接合，住友軽金属技報，Vol. 32，No. 1，p. 56（1991）

[7] 長谷川義文，清谷明弘，伊藤秀男，宇佐美勉，小山高弘：自動車ボディ用アルミニウム合金板の表面処理，住友軽金属技報，Vol. 32，No. 1，p. 74（1991）

[8] 熊谷正樹，佐野啓路，永田公二，難波圭三：アルミニウム合金板抵抗スポット溶接用 STAR 電極の開発，住友軽金属技報，Vol. 35，No. 3，4，p. 145（1994）

[9] 臼田松男：最近の自動車鋼板の成形加工技術，製鉄研究，第 337 号，p. 1（1990）

[10] E. R. Pickering, M. A. Glagola, R. M. Ramage and G. A. Taylor：Production and Performance of High Speed GTA Welded Aluminum Tailored Blanks, SAE Paper, 950722（1995）

[11] たとえば，F. R. Hoch：Joining of Aluminum Alloys 6009/6010, SAE Paper 780396（1978）

[12] 松岡潤一郎：自動車における接着の実施例，表面技術，Vol. 40，p. 1199（1989）

[13] S. McCleary and F. Hulting：Weldbonding of Aluminum Automotive Body Sheet, SAE Paper 950715（1995）

[14] O. Furumura, H. Ishii and S. Tanaka：Phosphate Treatment for Car Bodies with Aluminum Alloy Parts, 日本パーカライジング技報，Vol. 5，p. 8（1992）

[15] 前田靖治，鈴木勝，今村勉，出口武典，片山喜一郎：Zn-Al

系溶融めっき鋼板のリン酸塩皮膜形成に及ぼす Al の影響，日新製鋼技報，Vol. 51，p. 39（1984）

[16] 鶴野招弘，豊瀬喜久郎，藤本日出男：自動車ボディ用アルミニウム合金のリン酸亜鉛処理特性および耐食性，神戸製鋼技報，Vol. 42，p. 41（1992）

[17] 清谷明弘，伊藤秀男，小山高弘，西尾正浩：アルミニウム合金表面に生成したリン酸亜鉛皮膜について，住友軽金属技報，Vol. 31, No. 4，p. 255（1990）

[18] 小山高弘，長谷川義文：自動車ボディ用アルミニムウ合金板の塗装耐食性，住友軽金属技報，Vol. 33, No. 2，p. 92（1992）

[19] A. Koewius：Aluminium-Spaceframe-Technologie, ALUMINIUM, p. 144（1994）

[20] 軽金属協会編：自動車のアルミ化技術ガイド，材料編，p. 29（1993）

[21] 前田龍，上野誠三，宇田克彦，松岡建：古河電工時報，No. 92，p. 50（1993）

[22] 小松泰典，伴恵介，村岡康雄，矢羽々隆憲，安永晋拓，塩川誠：NSX オールアルミニウムボディの開発，HONDA R&D Technical Review, Vol. 3，p. 27（1991）

[23] 石丸典生，三浦達夫：耐食性にすぐれたカーエアコン，軽金属，Vol. 33, No. 3，p. 157（1983）

[24] 竹内佳三，磯部保明：軽金属学会第 39 回シンポジウム，p. 19（1991）

[25] 川瀬寛：アルミニウムのろう付，軽金属，Vol. 36, No. 8，p. 514（1986）

[26] 蓮井浩：自動車用ラジエータおよびクーラーのアルミ利用，Al-ある，Sept., p. 12（1970）

[27] 金子正丈：自動車産業と結び付く真空ろう付けプロセス，Al-ある，Jul., p. 49（1973）

[28] W. E. Cooke, T. E. Wright, J. A. Hirschfield：Furance Brazing of Aluminum with a Non-Corrosive Flux, SAE Paper 780300（1978）

[29] 浅野祐一郎：熱交換器分野でアルミニウムはどのように使われているか，Al-ある，Nov., p. 3（1972）

[30] 萩原理樹，若松千代治：市販カークーラー・コンデンサについての二，三の調査結果，住友軽金属技報，Vol. 26, No. 1，p. 45（1985）

[31] I. Kurosawa and I. Noguchi：Development of A High Efficiency Evaporator Core Using New Refrigerant Flow, SAE Paper 870030（1987）

[32] T. Ohara and T. Takahashi：High Performance Evaporator Development, SAE Paper 880047（1988）

[33] C. E. Goodremote, L. A. Guntly and N. F. Costello：Compact Air Cooled Air Conditioning Condenser, SAE Paper 880445（1988）

[34] A. Sugihara and H. G. Lukas：Performance of Parallel Flow Condensers in Vehicular Applications, SAE Paper 900597（1990）

[35] 川瀬寛：自動車用ラジエータのアルミ化状況，Al-ある，Sept., p. 18（1980）

[36] 「海外のアルミニウム製ラジエータ技術調査報告書」，軽金属協会（1987）

[37] Y. Ando, I. Nita, M. Uramoto, H. Ochiai and T. Fujiyoshi：Development of Aluminum Radiators Using the Nocolok Brazing Process, SAE Paper 870180（1987）

[38] 福井利安，入江宏，池田洋，田部善一：アルミニウムのろう付け技術の進歩，住友軽金属技報，Vol. 21, No. 2，p. 114（1980）

[39] M. Hagiwara, Y. Baba, Z. Tanabe, T. Miura, Y. Hasegawa and K. Iijima：Development of Corrosion Resistant Aluminum

Heat Exchanger, Part 1, SAE Paper 860080（1986）

[40] 当摩建，工藤元，竹内庸：Al-0.1 ％ Sn 合金の電気化学的性質に及ぼす微量亜鉛含有の効果，軽金属，Vol. 34, No. 3，p. 157（1984）

[41] 田部善一，馬場義雄，宇野照生，萩原理樹：真空ろう付け用アルミニウム犠牲陽極フィン材の開発，住友軽金属技報，Vol. 27, No. 1，p. 1（1986）

[42] 鈴木寿，伊藤吾朗，小山克己：ブレージングシートのろう付時の変形と芯材の組織との関係，軽金属，Vol. 34, No. 12，p. 708（1984）

[43] 山内重徳，加藤健志：ブレージングシート低加工材のろうの浸食に及ぼす析出物分散状態の影響，住友軽金属技報，Vol. 32, No. 3，p. 163（1991）

[44] 池田洋，田部善一：不活性雰囲気ろう付けによるアルミニウム製自動車用熱交換器，住友軽金属技報，Vol. 23, No. 4，p. 142（1982）

[45] K. Ishikawa, H. Kawase, H. Koyama, K. Negura and M. Nonogaki：Development of Pitting Corrosion Resistant Condenser with Zinc-Arc-Spray Extruded Multicavity Tubing, SAE Paper 910592（1991）

[46] K. Iijima, T. Miura, Y. Hasegawa, Y. Baba, Z. Tanabe and M. Hagiwara：Development of Corrosion Resistant Aluminum Heat Exchanger, Part 2, SAE Paper 860081（1986）

[47] S. Yamauchi, Y. Shoji, K. Kato, Y. Suzuki, K. Takeuchi and Y. Isobe：Deveopment of Corrosion Resistant Brazing Sheet for Drawn Cup Type Evaporators, Part 1, SAE Paper 930148（1993）

[48] 正路美房，田部善一：ブレージングシートの腐食挙動に及ぼす板表層部の銅の濃度分布の影響，住友軽金属技報，Vol. 30, No. 1，p. 8（1989）

[49] K. D. Wade and D. H. Scott：Development of an Improved Aluminum Vaccum Brazing Core Alloy, Aliminum Alloys, Physical and Mechanical Properties Vol. 2, Engineering Materials Advisory Service Ltd., p. 1141（1986）

[50] 川瀬寛，山口元由，石川和徳：真空加熱後における Al-Sn および Al-In アルクラッド材の陰極防食効果，軽金属，Vol. 29, No. 11，p. 505（1979）

[51] 海部昌治，藤本日出男，竹本政男：Al-Mn 系合金の粒界腐食感受性におよぼすろう付け加熱後の冷却加熱条件および化学組成の影響，R & D 神戸製鋼技報，Vol. 32, No. 2，p. 3（1988）

[52] 自動車のアルミ化技術ガイド，材料編（第 3 版），(社)軽金属協会，p. 42（1995）

[53] 鋤本己信，大塚達雄，松崎光治，秋鈞釣：チューブタイプエアインテークマニホールド（AIM）の開発と実用化，軽金属，Vol. 45, No. 4，p. 214（1995）

[54] 島宏：自動車用ホイール，軽金属，Vol. 41, No. 2，p. 136（1991）

[55] 自動車技術ハンドブック（設計編），自動車技術会，p. 350（1991）

[56] 青木和彦：ブレーキ，山海堂，p. 125（1987）

[57] 小島久義，羽室憲，上野完治，神尾一，伊藤忠直：パワーステアリング用，耐圧，耐摩耗アルミニウム鍛造部品の開発と実用化，軽金属，Vol. 42, No. 3，p. 168（1992）

[58] 中山尚三，倉橋正幸，竹中健二：カーエアコンコンプレッサー用アルミニウム合金鍛造ピストンの開発，軽金属，Vol. 40, No. 4，p. 312（1990）

[59] アルミエージ，日本アルミニウム連盟，130 号（1995）

[60] 林哲也，鍛冶俊彦，武田義信，小谷雄介，明智清明：粉末鍛造アルミニウム合金部材の開発，住友電気，Vol. 140，p. 121

[61] 佐野秀男，時実直樹，大久保喜正，渋江和久：急冷凝固アルミニウム合金の実用化，住友軽金属技報，Vol.35，No.3，p. 83（1994）

[62] 渋江和久：急冷凝固アルミニウム合金，軽金属，Vol.39，No.11，p.850（1989）

[63] 明智清明，藤原敏男，林哲也，武田義信：アルミニウム粉末合金ロータの開発，住友電気，Vol.136，p.188（1990）

[64] 椎名治男：第40回シンポジウム"P/M アルミニウム合金の最近の進歩"，東京，軽金属学会，p.35（1992）

[65] 小池精一，窪田隆一，市川政夫，馬場剛志，高橋和也，三浦啓二：急冷凝固 Al-6Cr-3Fe-2Zr 合金の高温強度特性，HONDA R&D Technical Review, Vol.4, p.128（1992）

[66] 吉田英雄，田中宏樹，土田信：航空機用アルミニウム合金の最近の研究，その2.超塑性合金とその成形，住友軽金属技報，Vol.29，No.1，p.58（1988）

[67] T. Tuzuku, A. Takahashi and A. Sakamoto：Superplasticity in Advanced Materials（ICSAM-91）ed. by S. Hori, M. Tokizane and N. Furushiro, JSRS, p.611（1991）

[68] 細見彌重：21世紀に向けての軽量車の開発・自動車のアルミ化，金属，Vol.65，p.24（1995）

[69] ASM News, Structural Materials Challenges for the Next Generation Vehicle, Advanced Materials & Processes, p.105（1995）

2.4 树脂材料

2.4.1 概述

1992 年日本国内的塑料产品产量为 $1258 \times 10^4 t$，约占世界总产量（$10280 \times 10^4 t$）的 12.2%。在构成汽车的材料中，塑料产品所占的比重大幅增加，已由 1973 年的 3.5% 增加到 1992 年的 7.3%。

如果研究汽车上所使用的各种树脂材料的构成比例，可以了解到相对于氯基树脂材料的减少，具有良好成型性、复合化带来的高性能化、循环再利用适应性及成本优势等聚丙烯树脂及高机能树脂取得了显著的增加。今后，通过材料技术革新和汽车市场需求相互结合，对树脂材料的应用范围必将进一步扩大。

另一方面，随着人们生活方式的改变，汽车已经不再是单一的移动工具，更多的时候是将它当做日常生活中不可缺少的活动空间，因此对舒适性、便利性有着更高要求。如果来定义 21 世纪的汽车，其实还有很多不明确的地方，至少在汽车本来的使用功能

的基础上，还期待着在解决环境问题上做出一定的贡献。从另外一个角度来看，追求汽车的便利性和解决环境问题是相互对立的，为了解决这些问题必须在技术上有重大的突破。

展望 21 世纪的汽车，大致包括以下两个重点关注领域：

① 地球环境保护对策。

② 市场走向（循环再利用、低燃油消耗、低成本等）对策。

以上述内容为经线，以汽车（材料）的技术进步、深化为纬线，根据两者的紧密交叉，可以推测所追求的 21 世纪的汽车应该是怎么样的状态。

当在解决遇到的问题时，材料技术应该担负更大的职责，甚至可以说在选择 21 世纪汽车发展方向上材料技术发挥了重大的作用。

a. 地球环境保护对策

汽车是由钢、铝、塑料等品种繁多的材料和各种规格的零部件组合而成的，其中，塑料是在石油危机后基于节能（低燃油消耗）化的需求，当然也包括轻量化需求而发展起来的，因为它具有良好的成型性，产品形状有很高的自由度，零部件一体化带来工时的消减，成本优势以及良好的防锈性能等因素，使得塑料产品在汽车的应用越来越广。

另一方面，随着汽车产量的急剧增加和生活质量的改善而带来了大量的排放物，地球范围内的自然环境问题已经开始对人们的生活产生了恶劣的影响。

具体地讲，主要体现在以下几个方面。

① 以汽车为首，各种产业废弃物产量增加以达处理极限。

② 化石燃料燃烧时产生的 CO_2 引起的地球温暖化。

③ 空调冷却介质、人造橡胶以及清洗金属零部件使用的特殊氟利昂化合物对臭氧

层的破坏。

④ 汽车排放物中的 NO_x、SO_x 等物质引起的酸雨。

针对上述这些课题而设定了各种各样的法规，对于每一个相关的汽车制造商、零部件制造商、原材料制造商，都需要单独或者共同努力来解决这些问题。

面向 21 世纪新纪元，需要尽早解决这些问题，重新取得社会对汽车文化的信任，这是汽车相关技术人员的职责。

b. 汽车市场发展对策

和地球环境保护相同，汽车行业对市场发展趋势的预测和对应成为重要的课题，从材料开发、零部件开发的角度来讲，主要包括以下几个项目。

① 选择易于循环再利用材料、零部件、结构。

② 对降低燃油消耗的车身轻量化。

③ 总成本削减。

④ 安全性提升（预防安全、碰撞安全）。

⑤ 舒适性。

⑥ 材料统一和全局化。

（i）循环利用　今后材料开发中最重要的环节可以说是循环再利用，已经从设计阶段开始考虑如下几方面的要素：①易于循环再利用材料；②家族材料（Family Material）产品开发；③易拆解结构；④材料的标识等。

材料的循环再利用典型案例如 VW 的保险杠材料（PP/EPDM/云母），旧保险杠被回收以后，再添加 20% 左右的同等材料，制成新的保险杠，然后安装到小型车 Polo 上。

家族材料零部件的开发已经逐渐统一为聚丙烯系，并开始关注循环再利用性的提高。具体地讲，表皮采用 TPO（过去为 PVC）、中间材料为发泡聚丙烯、芯材为聚丙烯（ABS）的全聚烯烃系内板、车门饰板

等已经被开发出来了。

1991 年上市的新型 CIVIC 车型在设计上采取了大量的变更方案，以保证保险杠的易拆解性，同时大幅消减了零部件及螺栓数目。另一方面，材料制造商（DEP）也在 1992 年的 SAE 上提出了易于拆解设计（DFD：Design For Disassembly），并做出了概念模型。

将来，可循环再利用材料的应用一定会越来越多，而那些无法循环使用的材料最终将会被淘汰。

（ii）低燃油消耗、轻量化　与循环利用同等重要，低燃油消耗也是一个重要的课题，而其中材料的轻量化所占据的比例最大。举一些对轻量化贡献较大的项目案例，如：①材料变更（钢→铝，钢→树脂）；②零部件合理化、消减、一体化等新构造；③薄壁化（高刚度、高流动）；④中空化（气体辅助、喷射）等。

最近的案例如丰田于 1993 年推出的跑车"斯普拉"，通过新材料和新制造工艺来驱动设计，成功减重 100kg。在这 100kg 当中的 60kg 是通过材料变更实现的，剩余的 40kg 是通过设计变更或者零部件的消减实现的。特别是轻量化材料取得的效果更大，燃油箱由钢板冲压件变更为高密度聚乙烯制品（通过密封处理以防止燃料泄漏），仅此项变更就实现了减重 4kg。

另外，一体化、集成化设计使高压气体辅助成型的应用范围得以进一步扩大。在用 Simplies 法制成的马自达 93 款兰迪斯的保险杠上，采用了高压气体辅助成型，在内表面设置较粗的垂直筋而实现了薄壁化结构设计，结果前保险杠减重 37%，后保险杠减重 24%。

（iii）降成本　1994 年新模型的关键词"低价格化"是以适当价格为绝对条件，作为降低成本的措施通常包括：①通过材料高性能化、品牌统一化向低成本材料的转换；

②部件一体化、结构和形状优化以实现零部件、工时的消减；③高工艺性（成型循环、自动化、加工余量）；④低成本成型加工技术（低压、低合模、低成本模具）；⑤技术标准重新评估等。

向低成本材料变更的代表案例，如保险杠从 RIM 聚乙烯到 PP，内饰材料从 ABS 到 PP 等，特别是丰田的 PP 系超级烯烃聚合物（TSOP）在高级车上的应用，通过材料设计概念变更实现了传统保险杠材料的替换，是一个非常有意义的案例。

关于低成本加工技术，在前面已经介绍过马自达兰迪斯前保险杠减重 40%，后保险杠减重 24% 的成功案例，所使用的成型设备的合模压力由 3800t 降为 2600t，实现了低合模压力工艺。

从材料的技术标准来看，如果过度追求高功能、高性能品质，则会造成品质过剩。在钢材、塑料材料中，从用户、原材料制造商两方面着手，通过产品标准的调整和品牌统一，以实现低成本制造。

（iv）安全对策　日本的汽车普及率已经超过 90 辆/100 户，汽车已经成为人们日常生活中不可缺少的一部分。但是，自从 1987 年以来汽车事故造成的死亡人数急剧增加，最近的 5 年间，每年死亡人数均在 11000 人以上。再者，以日本为代表的一些国家的老年化发展越来越快，到 2000 年 65 岁以上的人口达 16% 以上，对老龄驾驶人和女性驾驶人的关怀将成为重要的课题，因此，在将来建立高龄者和女性安全而且愉快地驾驶汽车的环境非常重要，具体来讲：

1) 提高碰撞时的安全性：①可变形车身；②车门防撞梁；③座椅安全带；④双安全气囊；⑤SIPS（侧面碰撞保护）等。

2) 提升碰撞预防性能：①ABS（制动防抱死系统）；②TCS（牵引力控制系统）；③4WD（四轮驱动）；④4WS（四轮操舵）；⑤导航系统等。提高安全性能的同时还要考

虑成本控制，因此建立标准化流程的任务越来越急迫。

（v）舒适性追求　汽车要适应市场的需求，而且这些需求变得越来越多样化，其中对舒适性的追求和成本控制之间具有微妙的平衡关系而显得非常敏感。①人们对乘坐性的关注是第一位的，从以人为本的观念出发，提高乘坐环境舒适性的思想表现得很强势。具体地讲，内饰品进一步提升的高级车及 RV 车（Recreation Vehicle，周末旅游汽车）需求量不断增加。②汽车的乘坐舒适性是指双叉臂悬架、多连杆悬架、超扁平轮胎等结构。对舒适性的追求是永无止境的，同时还必须考虑成本因素，最终将出现两极分化，一是低成本、满足生活需求的基本车，另一个是追求舒适性、安全性能高的高级车。

（vi）材料统一和全球材料供给体系进行材料开发时，重要的一点是尽可能在同系零部件上使用相同的材料（材料统一），通过大批量生产以降低成本，提高循环再利用率。另外，随着最近日本国内产业空洞化，汽车制造商开始将产业向海外转移，在现生产地获得、使用与日本国内相同的材料，满足循环再利用的要求，大力推进材料的全球化布局。换句话说，要求材料开发与世界范围内的汽车开发、生产、销售保持一致的，这样的工作在日系汽车企业中已经当做基本的材料认定标准，但是在日本国内的材料研究部门还没有实施。

c. 今后的汽车材料开发

前面已经介绍过：地球环境保护的对策和市场走向的对策。

协调和解决这些课题所需要的技术壁垒非常高，如果倾向于其中的一方，则很容易造成另一方恶化的局面，而这也是在现实工作中经常遇到。

过去，随着汽车排放净化要求而飞速发展的催化技术开发取得了飞跃式发展，材料

行业也同样，在制定面向 21 世纪的材料目标时，对材料技术本身所负担的职责要求很高，可以说材料技术是汽车产业发展的先遣部队。

今后材料开发的重点包括以下多个方面。

（i）设计参与　该部分工作已经开展了一部分，汽车制造商、零部件制造商、材料制造商从设计阶段就参与到开发过程中，以达到降低成本和提高研发速度的目的。

（ii）目标设定　通过参与研发过程，进行目标设定型的材料开发，技术积累、信息共享及扩大得以实现，开发过程得以高效地推进，但是，该过程不是对以前的材料加以改型，而是在概念设计的基础上进行全新的材料开发。

（iii）材料统一化、全球化　以循环再利用、轻量化、低成本等为基本理念，根据世界通用技术、世界标准来实现材料统一化、全球化。

（iv）材料设计技术提升　在材料革新开发过程中，最为重要的内容包括：①微观结构分析；②灵活运用 CAE 技术。前者可以对材料性能的提升进行科学的、定量的预测，后者则可以利用计算机进行虚拟的催化器开发、材料设计、产品设计、模具设计等。

（v）新加工工艺运用　将材料制造成一定形状的零部件需要必要的加工技术，加工技术如果不控制产品的内部结构则无法发挥材料的性能。前面介绍过，加工技术对轻量化、低成本化的贡献非常大。当然并不是仅指将来的新技术，与传统技术的有机结合才更加有意义。

（vi）产学研合作　产学研三个部门应该至少在环境、材料、计算机控制、电动车、安全等五个领域全面开展合作。从今以后的发展方向一定是汽车制造商或者产学研共同参与，以大项目的形式在每个基本领域内开展共同研究。

2.4.2　内饰材料

a. 概述

汽车零部件的树脂化在内饰件上进展最快，事实上，如果从车身内侧观察每一个零部件，可以注意到零部件多是由高分子材料构成的。

之所以选择高分子材料，是基于以下理由，与金属材料相比具有①形状自由度；②表面的质感；③轻量化；④易加工性等多个优点。目前，汽车内饰材料上所使用的高分子材料约占汽车总重的 5%。

特别是近年来，基于对①低成本化；②功能化（轻量化、耐碰撞性、耐热性、创意性）；③循环再利用性的追求，聚丙烯材料和工程塑料的应用案例越来越多。

另一方面，内饰部件的树脂化时代已经结束，今后应该根据①安全法规（如侧面碰撞法规等）；②环境法规（如蒸发性有机物质法规等）；③消费者观念的改变，在积极进行材料置换、加工方法换代的同时，还要融入汽车制造商的设计理念来进行材料开发。

b. 材料的一般动向

（i）聚丙烯（PP）　目前，各汽车制造商的要求和 PP 材料的革新技术相辅相成，已经将很多零部件材料实现了 PP 化。PP 原材料的革新技术包括以下几项基本内容：①高刚度化（提高立构规整性、调整分子量分布、添加成核剂）（图 2-61）；②耐碰撞性提升（弹性体成分优化、微观散布）；③高流动性（保持刚度和耐碰撞性），在开发过程中，根据混炼技术（无机物质、弹性成分的分布状态优化）进行了各种变性技术的革新（图 2-62）。

可以预测将来的 PP 原材料发展动向将会有很大的变化，选择实现高刚度化的手段（催化器开发、流程开发）时必定会遇到很

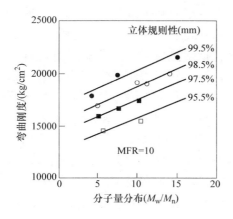

图2-61 PP立方体规则性、分子量分布和刚度的关系

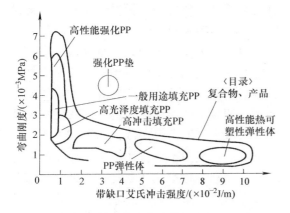

图2-62 聚丙烯系聚合体及其复合材料和合金

多困难，最重要的是要兼顾到低成本化需求。另外，复合材料的设计技术也像超级烯烃聚合物那样进入了"纳米级控制"时代，可以预测越来越高度化的发展趋势。还可以进一步预测软质聚氯乙烯、通用工程塑料等换代材料的革新性制造方法。

（ii）聚氯乙烯（PVC） PVC是一种很特殊的树脂，能够制造从软质（抗弯弹性模量数十MPa）到硬质（抗弯弹性模量3000MPa）的各种不同性能的材料。在汽车行业，利用混炼加工、粉末凝塑加工得到的产品即可了解其特征，特别是表面饰纹复制性、饰纹保持性、耐划痕性等优秀，这些特性在皮革行业得到了充分的利用，其产量的30%左右被用在汽车上。汽车上的仪表板、

车门、座椅等部件的表皮大多数使用的是PVC树脂材料。另外，汽车上还大量使用了外表覆盖PVC树脂材料的电线。

（iii）聚氨酯（PU） 作为发泡剂使用的氟利昂材料是目前急需解决的难题，到1995年底止要全面废除特殊氟利昂，在硬质泡沫领域内正在研究向HCFC材料的转换。另一方面，在软质泡沫领域内，通过水发泡、HCFC或者二氯甲烷的组合应用，已经基本上解决了特殊氟利昂全面废止而带来的难题。但是，当环境对二氯甲烷要求很严格时，将会出现无法使用二氯甲烷的情况，通过提高热模泡沫聚丙烯乙二醇的OH值已经确定了解决方向，但是目前还没有达到汽车制造商所要求的硬度。另外，该树脂材料作为涂料的主要成分，1992年的消耗量约为 $11 \times 10^4 t$ ，还有一部分被当做内饰部件的涂面漆使用。

（iv）ABS树脂（ABS） 材料开发过程中应该重点关注的技术是汽车行业所要求的高耐热性，作为第三成分的 α - 甲基苯乙烯的代替材料，马来酰亚胺变性成为主流。另外，各种高分子合金（如：PC/ABS、PBT/ABS、PA/ABS等）的改进也取得了较大的进展。目前采用ABS树脂的内饰部件以仪表板、仪表组件为主，这些部件有的也采用PP树脂，期待今后更进一步的技术革新。

（v）通用工程塑料 接下来介绍一下内饰件上常用的几种材料，包括变性聚苯醚（PPE）、聚缩醛（PAC）、聚碳酸酯（PC）、聚酰胺（PA）。1992年变性PPE的实际销量约为 $7.4 \times 10^4 t$ ，其中用于汽车的部分约为 $2 \times 10^4 t$ ，在内饰件当中，仪表板是最大的产品。该变性PPE是PPE和PS系的合金，是相溶系合金系中代表性的材料。目前，关于结晶性高分子材料和非相溶系合金的研究开发正值高峰期，已经开发出了PPE/PA、PPE/PBT、PPE/PPS等材料。另

外，非卤化物的不燃材料具有特殊性质，在今后的不燃性产品开发中将发挥重要的作用。除变性PPE以外，上述的工程塑料和金属具有一定范围内的竞争关系，特别是和非金属之间，有很多的相互代替的案例。PAC具有良好的耐磨性、滑动性、耐润滑性，常常用在车门锁的齿条、安全带的锁止部件等。PC材料具有优秀的透明性和耐热性，和丙烯酸树脂相互竞争，常用于计量盘壳体等零部件上，当对耐划痕性有很高的要求时，可以在产品表面涂装其他材料。

c. 不同零部件材料的动向

内饰件中的仪表板、座椅、顶盖、地板和车门内饰板等可以划分到表层类部件中，现对其目前的现状及今后的材料选择方向及加工方法等内容加以总结。

（i）仪表板　仪表板由芯材、基材（表皮）、装饰材、表皮材等部分构成，包括整个外表面覆盖表皮材料的全衬型、部分覆盖表皮材料的半衬型和只有基材的无衬型共三种。大致来讲，全衬型主要用在中级车~高级车上，半衬型用在中级车上，无衬型用在中级车~大众车上。

用在车速表或者计量器类部件上的芯材，为了起到支撑作用，通常选择具有一定刚度和阻尼特性的材料，如玻璃纤维强化丙烯腈-苯乙烯树脂（AS-GF）、玻璃纤维强化ABS树脂（ABS-GF）、玻璃纤维强化PPE（PPE-GF）、玻璃纤维矿物强化聚丙烯（PP-GMF）等。另外，仪表板属于尺寸较长的部件，安装刚度（-30~110℃温度范围内的尺寸稳定性、低反弹、低收缩性）也是一项重要的特性要求。

根据结构的不同而对基材的特性要求是不同的，各汽车制造商要求的弯曲弹性模量大致为2000~4000MPa范围内。为了满足日本国内的安全规格、FMVSS（联邦车辆安全法规：Federal Motor Vehicle Safety Standards）及其他国家的各种安全法规，要求具有较高的耐碰撞性，因此，必须选择艾氏冲击强度达200J/m以上的材料。其他方面还包括耐热性、表面硬度（耐划痕）、尺寸稳定性、良好的外观等重要因素。仪表板所采用的材料包括丝状PP填充材料、ABS树脂、变性PPE等。现阶段对低成本化（与车型对应的品质）、循环再利用性（材料统一、易拆解设计等）的要求很高，丝状PP填充材料的应用范围正在不断地扩大。

各种类型仪表板的制造方法大致总结如下。

1）全衬型仪表板：其表皮大多是以聚氯乙烯粉末为原材料，利用冷凝模塑工艺制成的。将冷凝模塑制成的衬垫芯材一起放到模具内，在表皮和芯材之间注入氨甲酸酯，使之加热、发泡后而得到产品。氨甲酸酯材料制成的该类产品主要用在垫片上，其触感和表面的装饰性都很好，是一种高级的仪表板，20世纪80年代在高级车上开始应用，并且其应用范围不断扩大。但是到现在，由于半衬型和无衬型仪表板的推广而逐渐地减少了全衬型仪表板的应用。

2）半衬型仪表板：多数半衬型仪表板的表皮是压制而成的，内表面使用真空成型的层状垫片，和预先喷射成型的基材通过加热连接在一起。其表皮材料和发泡体虽然大多使用软质PVC，但是当基材为丝状填充PP材料时，表皮和发泡体上用得较多的是聚烯烃系原材料。其理由如下：①发泡体和基材、表皮和发泡体之间的黏接性；②循环利用性（材料统一化），但是和PVC材料相比其性价比较低，表皮在真空成型时，因受热而使得纹理流动性及耐划痕性方面还存在问题。因此，仅仅是将材料换成聚烯烃是无法解决问题的，还需要开发新的加工方法和尝试其他代替材料。车门内饰材料将在之后介绍，但是值得一提的是，利用低压成型的在模具内部插入的成型工艺取得了较大的进展。

3）无衬型仪表板：无衬型仪表板通常是采用注射成型的方法制造的，GE 等公司还提出了中空成型的概念。充分利用真空成型的优点可以同时制造出导管类部件。该种类型仪表板的基材表面没有表皮覆盖，因此表面的品质相当的好（应该达到上述半衬型仪表板的级别）。由于该产品对耐碰撞性、耐高温性及刚度有很高的要求，和其他内饰件不同，有时不得不牺牲成型流动性，由于产品的外形较大，一般需要设置多个浇注口，因此，很容易出现连接线痕或者部分光斑，多数情况下在其表面涂一层氨甲酸酯系的涂料来解决这一问题。目前，这种基材还可以选择变性 PPE、ABS 树脂、丝状填充 PP 等，但是变性 PPE 的耐热性、结霜性（因材料而引起的玻璃结霜）、ABS 树脂的耐热性、前风窗玻璃的反射性和结霜性、丝状填充 PP 的结霜性等方面还存在瑕疵，在

解决这些问题之前还不能大面积推广使用。

目前，在一部分仪表板的制造过程中采用了气体辅助注射成型工艺，并受到了广泛关注。气体辅助注射成型工艺已经在各个公司取得了实用化，在日本国内，旭化成 AGI（图 2-63）、三菱 Simples、Batten Felt、出光 GAIN 等公司已经进行了实际生产，但是只有 AGI 公司成功地生产出了仪表板产品并搭载到到汽车上了。气体辅助注射成型工艺具有很多的优点，如为避免出现瑕疵，被称为气体通道的厚壁筋对树脂的流动性有促进作用，只需要一处浇注口就可以完成浇注等。因此，连接线痕的发生率低，外观性能也较好，同时通过设置厚壁筋，还可以提高产品表面的刚度，其缺点是需要较大的设备投资。通过实行产品一体化和削减组装工时等措施，可促进该工艺方法在更大范围内推广使用。

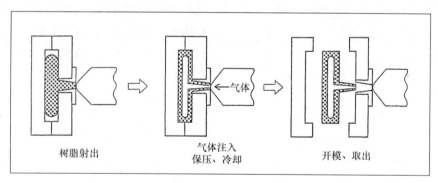

树脂射出　　　　气体注入　　　　开模、取出
　　　　　　　保压、冷却

图 2-63　AGI 成型的工艺概念图

（ⅱ）座椅　高分子材料一般用在表皮、坐垫以及一部分芯材上。表皮材料要求具有较好的质感、耐久性（耐磨、倒毛、退色）等，应该根据具体的车辆款式和风格来选择最合适的材料及纺织形式。

聚酯系纤维材料在日本国内的使用量最大，而美国则更多选择尼龙纤维，欧洲更倾向于选择聚酯纤维、尼龙、丙烯纤维，这是由于各个国家的气候适应性要求不同所导致的。

另外，还积极开展了多项新的工艺开发，如在表皮中添加导电性材料以提高舒适性（图 2-64）、防潮等。表皮材料除了常用的纤维材料以外，还包括聚氯乙烯皮革、人造皮革、天然皮革等，根据车辆风格及消费者的需求有多种选择。

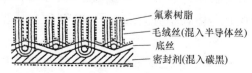

　　　　　　　　　　　　氟素树脂
　　　　　　　　　　　　毛绒丝(混入半导体丝)
　　　　　　　　　　　　底丝
　　　　　　　　　　　　密封剂(混入碳黑)

图 2-64　多功能（防静电、防污染）坐垫

为了提高乘员的乘坐舒适性而开发了各种各样的坐垫材料。从原材料上来看绝大多数是氨甲酸酯系材料，但是从通气性和防潮角度来考虑，最初的施尔生液使用的是以氨甲酸酯为黏合剂的聚酯纤维，而奔驰公司则是以橡胶作为黏合剂，使用的原材料是椰子的植物纤维。使用软质人造橡胶来制造坐垫的方法大致可以分为"热硫化"和"冷硫化"两种。后者相对于前者的热处理温度（50~60℃）低，设备投资少，在生产线附近就可以生产等有利条件。基于以上原因，材料制造商已经开发出来低密度 HR（High Resiliency）橡胶。加工方法上也需要考虑乘坐舒适性需求。图 2-65 所示的是改变其中一个座椅的发泡状态，通过密度变化来调整硬度。

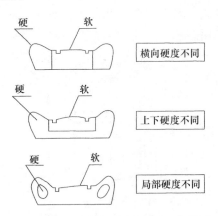

图 2-65　不同硬度泡沫的状态

PU 材料虽然一直很稳定地被当做坐垫材料使用，但是一部分材料在燃烧时所产生的气体是有毒的，有人在考虑采用地铁上的不燃座椅材料。座椅骨架及座椅后背通常是金属制造，也有的案例中使用了塑料。马自达使用玻璃纤维化环氧树脂材料来制造座椅骨架，成功地将座椅重量减少了 50%；丰田则在分体式座椅上采用了 PP 制中空成型座椅后靠背。

将来应重点关注的因素包括安全、环境、商品性（舒适性）等，对于安全性能，需要考虑到正面障碍物碰撞、侧面碰撞、后面碰撞等安全对策，奔驰公司提出了在座椅内设置安全气囊的方案。另外，现阶段 RV 车正在不断增多，对能够很方便放倒的单人座椅的需求越来越多，为了达到这一目的，可以将座椅靠背设计成一体式，使其具有平板的作用。

（iii）顶盖　顶盖包括成型顶盖（冲压成型顶盖通过嵌入固定）、粘贴顶盖（在顶盖上粘贴垫片材）、悬吊顶盖（表皮材料部分固定在顶盖上、呈悬吊状态）等三种。在 1987 年的构成比例中，成型顶盖占70%，现阶段呈现出增加的趋势（图 2-66），因此，本节中将以成型顶盖为例加以说明。成型顶盖由基材和表皮构成，基材通常使用发泡 PP、发泡 PU、玻璃纤维、瓦楞纸、树脂制蜂窝结构体、发泡变性 PPE 等，而表皮材料则常用编织物、无纺布、TPO（热可塑性聚丙烯高弹体）、软质 PVC 等，应根据具体的车型款式和风格来选择。欧美多选择发泡 PU 作为基材，编织物、无纺布作为表皮材料。

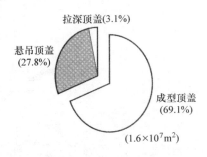

图 2-66　汽车顶盖材料的使用比例

基材要求具有轻量化、循环再利用性、成型性（冲压成型时的浓度拉伸性）、高刚度、耐热性、吸音性等。现对目前采用较多的发泡 PP 基材加以叙述，通常，发泡 PP 基材是由 PP 中玻璃纤维及有机纤维混合在一起，从而得到发泡状态的片状材料，之后利用热冲压使表皮产生积层，然后得到所需要的形状，最终制成顶盖成品。上述的纤维分散状态及片材截面方向的倾斜化（夹层构造）（图2-67）等方面需要进行精心调整。今后，预测还将开发出发泡率及发泡/表皮同时成型的方案。另外，为了改善耐候性，编织物质将从尼龙类材料向聚酯类材料上转移。

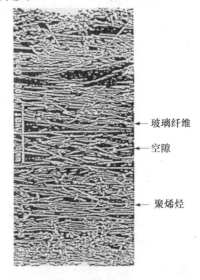

图2-67　热可塑性轻量复合材料的截面

（ⅳ）车门内饰　车门内饰的形态大致包括：①平板式；②一体式（肘靠一体化）；③分体式。一般来说，平板式多用于大众车上，一体式多用于中、高级车上，分体式多用于高级车上。车门内饰是由基材/垫片/表皮、基材/表皮、基材/涂装、基材等多个组合而成。基材主要是丝状填充PP、耐碰撞PP、热硬化树脂（苯酚或者氨甲酸酯/木粉）、ABS树脂等，垫片材料根据表皮材料的组合而变化，但用得较多的是发泡PVC、软质PVC。

从车门内饰板树脂化的历史来看，当初采用的是ABS树脂、热硬化树脂等，后来渐渐地替换为PP系材料。这个转变过程是与汽车制造商对轻量化（薄壁化）、低成本化、材料统一（循环再利用性）的需求和材料技术革新有关的。典型的一体成型内饰板制造方法是利用注射成型法制造基材，采取压光工艺制造表皮，或者在表皮上粘贴一层发泡材料，然后将表皮插入到基材中，利用真空成型法在基材上形成积层。目前的加工方法，包括内饰板的制造方法，其关键技术是插入注射成型表皮的一体化成型法（图2-68）。另一方面，为了应对侧面碰撞安全法规，需要重新评估设计标准，是在基材上采取措施，还是在吸收碰撞能量的部件上想办法。今后的技术走向将更倾向于形状变更和优化。

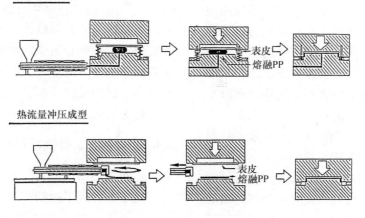

图2-68　表皮插入体成型法

d. 今后的课题

今后，在内饰材料设计和制造中需要面对的课题包括材料统一、国际化、循环利用、材料设计技术。下面将详细介绍。

（i）材料统一　材料统一的目的是以大量生产为前提实现低成本化，这也和材料的循环利用有关。前面已经介绍过，针对各汽车制造商对每个零部件的要求，材料制造商研发出了各种各样的材料，帮助整个汽车产业取得了今天的业绩；另一方面，用户定制规格增加过快，使得材料价格上升，这是一个恶性循环。这里谈论的不是对单个部件特性要求的差异，不管怎么说，设定统一的规格、减少材料种类的重要时代已经来临。但这并不意味着简单地降低设计标准，而是通过材料规格统一使得每个特性得以提升，给使用方和供货方提供讨论的空间，设定统一标准并推进技术开发，以保持在国际上的领先地位。

（ii）国际化　过去，汽车制造商指责材料制造商"没有跟上国际化发展步伐"，但是这种评价并没有反映出真实的情况。欧美的材料制造商的开发方法和日本有着很大的差异，日本的作法是"无微不至地照顾、贴身服务"，结果使开发经费过高，不得不面对材料价格过高的局面。材料制造商已经意识到这一点，并已经采取措施来纠正。另一方面，为了与汽车产业的海外扩张步伐保持一致，日本的树脂材料制造商也在积极地筹备海外产业布局。这是一种在产品使用地直接供货的方式，虽然没有人对此持反对意见，但是为了防止日本的产业空洞化，材料开发的软实力还是应该留在日本，不管采取哪种措施，今后都应该在材料制造商和汽车制造商之间搭建沟通的桥梁。

（iii）循环利用　介绍一些实际中材料再循环加工方法的案例，例如夹层结构的成型方法，核心使用的是可循环利用的材料，表皮使用的是原始材料，此时的物理性质如图 2-69 所示。从图中的物理参数可以了解到各个部分都选择了最合适的材料，但是从加工方法上来看，需要新的设备投资，还有表皮/核心部余量控制困难等课题需要解决，

从材料上来讲，前面介绍过的材料统一能够提供有效的解决思路。

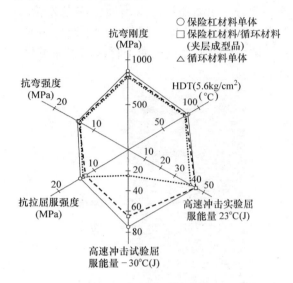

图 2-69　夹层式成型品（使用循环材料）的物理性质

（iv）材料设计技术　从广义上来讲，目前汽车上所使用的材料多是高分子合金，如果将这种高分子合金划分为"聚合体混合物""块、接枝聚合物""IPN"等几类，过去所进行的开发在每个分类中都取得了较大的进展，但是达到最终的理想状态的材料开发案例却非常之少。也就是说，例如，即使是作为丝状填充 PP 原材料的耐碰撞 PP 结构，虽然在一定程度上已经建立了微观结晶、非晶体、橡胶分散构造的观察技术，为了实现一定刚度和耐碰撞性的性能平衡，正在尝试微观的结构优化，但是还没有完成技术定型。目前已经开展了很多工作，期待今后会有更新的成果。

2.4.3　外板件、外饰材料

a. 概述

汽车上实现了树脂化的最大部件是车身外板，历史上真正的应用始于 1984 年 GM的佛艾罗车上，在那之后还在其他的一些车型上使用了树脂材料。但是，和钢板相比，树脂材料存在成本、工艺性、涂装（尺寸

精度）等方面的问题，因此目前还没有真正地大面积推广使用。也就是说，目前的实用范围还仅限于对耐热、刚度具有较高要求的外板水平部位使用的不饱和聚丙烯、以尿素树脂为基材的 SMC 以及对耐热性、耐碰撞性要求较高的垂直部位上使用的 PPE/PA、PC/PBT、PC/ABS 等工程塑料。

另外，外饰件还包括保险杠、格栅、装饰件、空气动力学部件、轮罩等。开始的保险杠都是钢材制造的，但是自从 5mile 法规颁布以来，则以氨甲酸酯 RMI、R-RIM 材料为主流。在欧洲，氨甲酸酯 RIM、SMC、PC/PBT、变性 PPE 等多样化材料都在使用，变性 PPE 材料应用最广。在日本，为了应对美国市场，提供外观优良的产品，在高级车上使用了氨甲酸酯 RIM，最近又开发出了高性能保险杠，并在高级车上开始了 PP 化应用。

b. 外板件、外饰材料的动向

（i）外板件材料　树脂在外板上批量应用是从 1984 年推出的本田 CRX 上使用 PC/PBT 开始的，接下来于 1987 年上市的 Be-1 的前翼子板上使用了 PPE/PA 合金，和钢板同时烘烤、涂装，展现了个性造型的同时，还受到了众多的关注。在那之后，日产的 PAO、1991 年的 Figaro 等相继使用了树脂材料。马自达也在轻型汽车 AZ-1 上采用了全树脂材料制造的外板。

1989 年，GM 在 APV 微型 VAN 上大量采用了 SMC 材料，并引发了热议。接下来 1990 年 10 月 GM 新推出的 Saturn 车型上也采用了大量的树脂外板，和以前的树脂外板不同，全部为热可塑性工程塑料，具体地讲，前翼子板和后角窗板使用的是 PPE/PA，车门外板使用的是 PC/ABS。

表 2-20 中显示的是树脂材料外板的应用案例。对刚度要求较高的发动机舱盖、顶盖使用的是 SMC 或者钢板，而对于耐碰撞性要求较高的翼子板及车门外板使用的则是 PPE/PA、PC/PBT、PC/ABS 等高性能工程塑料。

表 2-20　外板件树脂材料应用的案例

汽车制造商	车型	开发年代	水平部位零件		垂直部位零件	
			发动机舱盖	顶盖	翼子板	车门
GM	Fiero	1984	SMC	SMC	尿素 RIM	尿烷 R-RIM
本田	PARDA CRX	1984	—	—	PC/PBT	—
日产	Be-1	1987	—	—	PPE/PA	—
BMW	Z-1	1988	环氧树脂 RTM	环氧树脂 RTM	PC/PBT	PC/PBT
日产	PAO	1989	SMC	—	PPE/PA	—
GM	APVminiVan	1989	SMC	SMC	R-RIM	SMC
GM	Saturn	1990	—	—	PPE/PA	PC/ABS
马自达	AZ-1	1992	SMC	—	尿素 RIM	SMC

外板材料应具备的特性包括刚度（弯曲弹性）、耐碰撞性、尺寸精度、外观商品性、工艺性、成本等项内容。目前的状态是每一种材料都是一边在解决内部存在的问题，一边加紧开发之中。例如，SMC 材料除了对轻量化（密度低）和表面外观质量有要求以外，在耐碰撞方面，在不降低刚度的前提下，通过嵌段共聚工艺对不饱和聚酯硬质部分和聚氨酯软质部分进行了改良。翼子板及保险杠上使用的氨甲酸酯 R-RIM 材料本身也进行了改良，开发出了具有良好低温耐碰撞性、成型性、循环再利用性的尿素树脂。水平位置部件一般要求使用强度更高的 SMC 等热硬化性树脂材料。以前，从外

观、成型性、循环利用性等性能方面考虑，对热硬化性树脂在外板上应用的将来存在质疑，对此进行了大量的技术改进，树脂材料已经成为水平位置的首选。同钢材相比，树脂材料在生产数量、造型、专长等方面都具有明显的优势，充分发挥这些优点，今后其使用范围必将进一步扩大。

另外，工程塑料合金在垂直部位部件的应用上也具有明显优势，特别是在其他材料难以成型的具有独一无二形状的车型上的应用。今后，随着用户需求的多样化发展，生产个性化工程塑料外板的数量必将不断增多。为了满足今后大批量生产需求，在不降低性能的前提下期待着成本更低的 PP 系合金材料的出现。

（ii）外饰件材料

（1）保险杠：保险杠采用的材料最初都是钢材，最近基于轻量化、造型自由度、安全性、防锈等方面考虑，塑料化取得了飞速进展。特别是出于成本、轻量化、循环利用等性能要求，从 1977 年的 Fiat 和 Focus wagon 等车型上开始采用变性 PP 材料制保险杠，并呈现出不断增加的趋势。最近，造型及部件一体化（前阻风板等）设计使得平均重量增加了约两倍，以成型性为代表的物理性质改进也正在进行当中。

如果按照碰撞能量吸收级别来划分保险杠，则可以分为面向北美的高速碰撞类型和面向北美以外（日本、欧洲等）的低速碰撞类型 2 种。在 1971 年美国颁布的安全标准 FMVSS. No. 215 的基础上，于 1979 年又颁布了 PART581 Phase-Ⅱ。法规规定，以 8km/h（5mile/h）的速度发生碰撞时，车身及保险杠不允许出现损伤，保险杠表面的凹陷应该低于 9.5mm、永久变形量在 19mm 以下。

下面，对 5mile/h 保险杠、2.5mile/h 保险杠的开发动向加以介绍。

1）5mile/h 保险杠。为了吸收发生碰撞时的高速碰撞能量，保险杠一般由本体、吸能块、加强板等部分构成。吸能块大致可以分为机械液压减振块和氨甲酸酯或 PP 发泡制蜂窝状结构。液压减振块由于结构复杂而且价格高，通常只用在造型难度较高的一部分跑车上。而氨甲酸酯或 PP 材料制发泡体型置于减振块在本体和加强板之间，起到吸收碰撞能量的作用，由于结构简单、重量轻、成本低，已经成为高速碰撞保险杠的主流。

从造型方面来看，对于保险杠的要求包括：①成型收缩；②加热收缩；③线膨胀系数；④烘烤温度；⑤耐划痕性；⑥表面光滑性；⑦涂装性等方面。从功能方面来看，对于保险杠的要求包括：①抗凹性；②高速面碰撞；③拉断时拉伸率；④弯曲刚度；⑤耐热、耐湿性；⑥加工安全性等方面。特别是为了满足高速碰撞性、复原性、耐划痕性等性能要求，开始在 5mile/h 保险杠上采用的是氨甲酸酯 RIM 材料。现在受到聚烯烃材料的挤压，虽然其应用范围不断缩小，但是仍然在使用。

另外，氨甲酸酯系高弹性材料在生产、重量、循环再利用等方面具有明显的优势，材料的改良也在不断进行中，正在逐渐取代氨甲酸酯 RIM 材料。这种转变起源于 1980 年代后期，基于产品质量、生产性、循环再利用性及低成本化的需求而开发出来了新一代氨甲酸酯系高弹性材料。

2）2.5mile/h 保险杠（低速碰撞保险杠）。低速碰撞保险杠在日本及欧洲的乘用车上应用得较多，一般来说，是一种即使不安装碰撞能量吸收机构（材料）也能够满足轻微碰撞要求的保险杠。PC 材料在尺寸稳定性、刚度方面优秀，PPE/PA 合金材料在线涂装性较好，但是从成本、成型性、循环再利用等方面来看，使用最多的还是变性 PPE 材料。特别是最近利用空气辅助成型工艺制成的高刚度变性 PP（抗弯弹性模量：

1471MPa）表皮，省略了加强板，实现了轻量化和低成本需求。

（2）散热器格栅：散热器格栅要求具有耐热、耐冲击、刚度、耐候性、尺寸稳定性等性能。以前通过各种表面处理很容易加工成型的 ABS 树脂应用得较多，最近从造型的角度出发，开始使用透明的 PMMA 及 PC 材料。为了应对发动机舱内高温环境，以提高耐候性，马来酰亚胺、变性 ABS 及 PC/ABS 材料也在使用。

（3）侧面装饰件：它是安装在车身侧面下部防止车身划伤的部件，要求具有尺寸稳定、耐划伤等特性。为了防止钢板件的划伤，从造型的角度出发其首选材料包括聚氨酸酯 RIM、变性 PP、TPO、PC/PBT 等。

（4）后扰流器：其大致包括直接安装在车身上的平坦型和与车身保持一定距离的尾翼型。当初，其主要材料是半硬质 PUR，但是从刚度、尺寸精度、外观质量等方面考虑，变性 PPE、ABS 等热可塑性树脂及 SMC、硬质 PUR 等热硬化树脂的应用越来越多。现阶段，基于生产性和轻量化目的，PUR 和 SMC 的应用在逐渐减少，循环再利用性及少量生产性等因素使得变性 PPE、ABS 等热可塑性吹塑成型件成为主流，但是轻量化后的 SMC 材料仍在使用。

（5）轮罩：根据在车轮上安装方式和尺寸大小大致轮罩可以分为全罩、半罩和中央罩 3 种。随着汽车 FF（前置前驱）化进展，车辆前部重量增加，制动时的发热量增大，车轮罩部位局部温度有可能上升至130～150℃，因此对耐热性具有很高的要求。因此，必须使用变性 PPE、PA6、PPE/PA 合金等高耐热性工程塑料，其中，应用最多的是变性 PPE 材料。

c. 外板件、外饰材料的发展方向

（i）外板件材料　以欧美为中心的地区 SMC 材料在水平外板上使用得最多，这是由于材料制造商和汽车制造商对以前的

SMC 的表面观外（A 级）、轻量化（密度低）、耐冲击等特性进行了持续的改良。另外，从成型性、循环再利用性、成本等观点出发，对应用于水平部位部件的热可塑性材料也进行了大量研究。具体地讲，GE 公司以纤维强化热可塑性树脂垫为原材料，利用如 α-1 那样的新装置进行了压缩刻印成型，成功地制造出达到 A 级外观质量的外板产品。

表 2-21　超级烯烃聚合物的物理性质

项目		超级烯烃聚合物	橡胶变性聚丙烯
比重		0.98	0.97
熔融指数（g/10 分）		18	9
抗拉强度	23℃	21	17
破裂伸长	23℃	500＜	500＜
抗弯强度	23℃	25	20
	23℃	9	7
抗弯刚度	23℃	1500	1000
	23℃	500	350
维氏冲击强度	23℃	500	500
	23℃	70	70
加热变形温度		120	100
脆化温度		-40	-40
洛氏硬度		65	35
热山凹陷		6	9

另外，杜邦公司在玻璃纤维无纺布中浸入 PET 树脂，开发出了取代 SMC 的 XTC-垫，据称这种材料可以用来制造发动机舱盖、顶盖、行李箱盖等水平部件，与可循环再利用的 SMC 材料相比，重量减轻了 15%，并且具备表面光滑的 A 级外观质量，还可以在 200℃×30min 的高温涂装环境中表现出优秀的耐热性。

（ii）外饰材料　外饰件虽然是各种各样，但是将来的使用量将大幅增加，对技术革新影响非常大的应该算是保险杠，下面将对保险杠及相关材料加以叙述。

影响保险杠走向的因素包括：①碰撞法

规；②燃油法规（轻量化、空气动力学特性）；③地球环境问题（TCE、VOC、循环利用）；④式样（与车身一体化）；⑤发动机冷却条件；⑥耐久性（耐腐蚀性）；⑦维修费用（部件更换费用）；⑧生产性（省工）；⑨总成本等，特别是碰撞法规、燃油法规、循环利用、式样等需求带来的大型化、统一化和外观品质的提高，与车身结合在一起的一体式保险杠一定会越来越多。

另外，从材料的角度来看，废弃、循环利用性、轻量化、外观质量等需求使向热可塑性材料的转换趋势不断增大。如果对TPO中的EPR进行适当的分子设计，使橡胶微粒变细小，在成型过程中表现为拉伸状态的形态，根据这种方法在不添加无机丝材的情况下开发了低线膨胀系数的TPO材料。

另外，在异于以前的非晶态连续相概念的基础上，控制纳米级分子构造的高性能超级烯烃聚合物成功地实现了实用化（表2-21）。像这种经过品质改良的TPO材料、高性能变性PP材料出现以来，烯烃系TPO材料、高性能变性PP必将成为主流。但是，在欧洲碰撞法规中存在着要求较低的项目（2.5mile/h），基于轻量化（与梁一体化、薄壁化）、涂装性考虑，硬质保险杠罩壳（PC/PBT合金）的采用量不断增加，在不久的将来，必将取代循环利用性和生产性方面存在问题的RIM聚氨酸酯，另外，对于价格虽高但生产性得到优化的尿素树脂RIM也是值得期待的。对于PP系材料，在轻量化、耐划伤性能方面优秀而且可以应对5mile/h法规的PP系合金或者反应器TPO也将很快推出。特别是根据分类生产方法直接整合的新烯烃聚合物的开发及利用多段混炼法制成的高性能材料低成本生产方法的开发，将很快投入使用。

另外，1995年随着1，1，1-三氯乙烷（TCE）废止及溶剂法规的颁布，无TCE成分保险杠材料的开发被全力推进。三氯乙烷

的蒸汽清洗效果大致可以分为两类：①洗掉表面的油污；②使ERP橡胶膨润、蚀刻，使底漆或者涂料容易嵌入，以提高涂膜的密封性。

最近纤维强化材料方面也取得了很大的进步，开发了以各种热可塑性材料为基体并混入液晶聚合物的液晶聚合物FRP，保险杠加强板等的开发也因此而加快了。液晶底漆和基体颗粒干混，利用二轴同向挤压机一边混炼一边拉伸。但是，目前还存在较大的改进空间，期待着今后开发出更新的复合材料。

d. 今后的课题

外板所使用的材料从最初的钢板到各种各样竞争材料的出现，呈现出百家争鸣的局面。今后，对汽车的需求将分化为低价格量产车和个性定制车2个走向，随着燃油法规的不断强化而带来的轻量化、可循环再利用、电动汽车以及实现自动驾驶等社会条件中，选择外板材料过程中还将出现尝试性错误。不管是哪一种情况，都并不意味着仅仅依靠一种材料的简单堆积，还需要汽车制造商、材料制造商等各方面坚持不懈的努力，在各个领域内选择最合适的材料。

汽车上较大的外装饰部件是保险杠。

现阶段的材料虽然取得了较大的进步，但是并不是说已经满足了需要。特别是对于将来的材料循环再利用、轻量化、低成本化需求，仍然期待着热可塑性烯烃聚合物的进一步实用化推广。根据金属茂合物催化剂的PP高刚度化、EPR的纳米级微观结构控制、多段化混炼技术以及反应器的TPO等低成本、高性能材料的开发将很快投入实用当中。

在加工技术方面，低压力低能耗的低压注射成型及吹塑成型技术有望在短期内实现。特别是气体辅助注射成型工艺、轻量化和结构加强的中空结构等，都是适应时代需求而开发出来的新技术。

今后在产品设计过程中，最关键的是以造型为基础，融合材料、加工技术，实现多功能、低成本、轻量化、高性能指标。

2.4.4 功能（结构）部件材料

a. 概述

本项中，将对发动机系统零部件、燃油系统零部件、电子零部件的材料以及大量采用的强化纤维复合材料的将来走向加以叙述。

发动机系统零部件配置密度大、工作环境温度高、系统振动以及与各种化学液体接触使得使用环境恶劣，对零部件的可靠性要求很高，因此零部件的树脂化难度很大。另外，还要考虑到很多零部件要求具有较高的刚度、强度以及加工精度，特别是和金属材料相比增加壁厚的空间很小，因此在很多经济性开发案例中都会遇到障碍。

今后有望实现树脂化的大型零部件包括进气歧管、发动机舱盖支撑板、缓冲器支撑板等，在欧美已经开始采用经济性、可靠性较高的复合材料，日本也已经接近实用化。

燃油系统零部件包括燃油箱、燃油注入管等部分，由于排放法规强化而使用的酒精、含 MTBE 燃料以及能够应对新 SHED 法规的新材料及新加工方法（表面处理等）的开发任务是当务之急。

电子系统零部件呈现出两极分化状态，由于线束保持架、插接器（PA、PBT）等与发动机比较接近，因此对耐热性要求较高，一般采用耐热性好的 PA 系合金，而对于距发动机稍远的位置则可以采用较为经济的 PPMF（无机丝状填充 PP），BMC 制前照灯反光镜及继电器极板等，从循环再利用的角度出发，已经将其中的一部分改为工程塑料。

下面首先对强化纤维材料进行全面概述，然后再分别介绍这些材料的开发动向。

b. 强化纤维复合材料

强化纤维复合材料根据基体划分可以包括热硬化树脂和热可塑性树脂 2 种，前者的典型代表如 SMC（Sheet Molding Compound）和 BMC（Bulk Molding Compound）.

最近，随着对环境问题、材料的循环再利用问题越来越多的关注，发动机舱盖支撑板及前照灯反光镜等在材料循环利用、废弃物处理等方面存在困难的部件上，正在将其材料由 SMC 或者 BMC 向热可塑性树脂材料（主要是工程塑料）切换（也许是出于对热可塑性材料的短成型循环、高韧性的偏好）。

另一方面，如果按照填充的纤维种类对强化纤维复合材料进行分类的话，则可以分为玻璃纤维（GF）系和碳纤维（CF）系两种。当然，除这 2 种以外还包括如各种陶瓷纤维系、钛酸钾系纤维系、硼纤维系、聚芳基酰胺纤维和其他金属纤维等，由于这些纤维的使用范围、使用量极其有限，本书不对其进行介绍。

汽车上使用的复合材料对经济性要求较高，现阶段用得最多的是 GF 系材料。GF 系纤维还可以细分为连续纤维、玻璃毡席、长纤维、短纤维等多个种类，一般需要根据特性要求、成型形状、成型方法等来甄别使用，特别是对于热可塑性树脂材料，充分发挥基体的可循环利用性的同时，通过大幅提高短纤维比来制成长纤维填充材料，对耐冲击性及耐润滑性所代表的疲劳特性提升具有非常好的效果（图 2-70），因此受到众多关注，开展了大量研究开发活动，并且已经有一部分被实际应用。另外，应该充分发挥长纤维填充材料的特征，综合利用市场份额较低的压缩成型（GF 损耗少）及注射、压缩成型，积极开展汽车零部件的研发。

GF 系填充可塑性材料还存在很多问题需要解决，如成型性低、成型品的粗糙表面使得外观质量差、滑动性不好、二次加工性

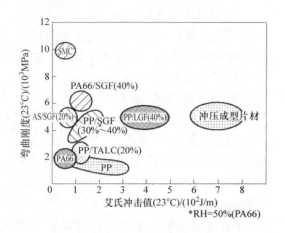

图 2-70　各种材料的弹性刚度和冲击强度的关系

LGF：玻璃长纤维

SGF：玻璃短纤维

（电镀、涂装、连接等）差，为了解决这些问题而开发出了成型性、外观质量和滑动性均佳的材料，如变速器继电器极板上使用的聚酰胺 66/GF 系材料。

GF 填充热可塑性材料还存在各向异性的不足之外，通过树脂构成成分、成型模具设计等方面对其进行了改良。

上述复合材料有望应用在一些较大型的零部件上，如驱动轴（FRP）、进气歧管（PA66/GF）、发动机舱盖支撑板（PA/GF或者 PP/GF）、缓冲器支撑板（PP/GF）、油轨（一部分实用化）等。

c. 发动机零部件材料

发动机及其附件通常工作在高温、高压条件下，需要在很长的周期内保持性能稳定，对于树脂材料来说是非常不合适的环境，但是零部件树脂化的确能够带来很多有利因素，经过开拓思路和优化分析，进行了大量尝试研究，最终克服了种种困难，取得了很多实用化进展。

汽车造型的斜头型化、发动机的高性能化，使得发动机舱内的温度不断上升，对树脂材料越来越不利，但是人们还在投入大量的人力和物力去开展树脂材料的研发，其理由如下：①树脂化能降低燃油消耗；②充分利用树脂材料的成型性优势，实现零部件的统一化、一体化；③设计自由度增加；④省略后续加工，工期缩短；⑤良好的隔振性能，能有效预防噪声；⑥良好的隔热性能，使发动机效率提高。

今后在材料标准方面也要改变以传统材料为基础进行对比的观念，应该以更新、更实用的角度来重新评估。随着新材料的开发和不断取得的成绩、材料评价技术的进步、CAE 模拟手段的灵活运用对支持的高度设计，今后树脂材料的应用必将进一步扩大。今后在发动机零部件上可以采用的树脂材料除了目前应用较多的 PA66、PBT 等以外，还要从成本、成型性、物理性质等多个方面来综合考虑，持续增加更多种类的复合材料（图 2-71）。

下面，将对发动机系统零部件的树脂化进展情况加以介绍。

（i）发动机机体组

1）缸体：1994 年美国的 Polymoter Research 公司开发了能在 260℃ 的高温下连续使用、以芳香族聚酰胺酰亚胺树脂为主体、大幅减重的轻量化发动机，之后利用 GF 强化酚基树脂试制出了样机，但是距离量产化还需要较长的时间。

2）油底壳：以降噪为目的、在两层钢板中间夹一层聚酯树脂的夹层结构材料由于内部摩擦损失大，使该材料能够有效降低振动、噪声，除此之外，完全的树脂化零部件在耐热性、高温刚度、润滑、耐冲击性等方面表现优秀，如长纤维 GF 强化 PET 冲压成型品已经有实际应用的案例。对汽车轻量化贡献较大的树脂材料的应用今后一定会不断增加。

3）摇臂室盖：这是一个树脂材料应用较多的大型零部件，有报告中指出该种材料对降低噪声也有很好的效果，另外对轻量化也有显著的贡献，但是金属制摇臂室盖仍然有一定的使用比例。在一些案例中，混合使

用了玻璃纤维和矿物纤维，能够很好地平衡刚度和成型时的反弹变形，其中应用最多的是特殊发泡等级的聚酰胺 66。和铸铝材料

的成本竞争是决定是否扩大材料替换应用范围的关键，因此还应该提高相关部件的一体化、遮音性材料开发等的能力。

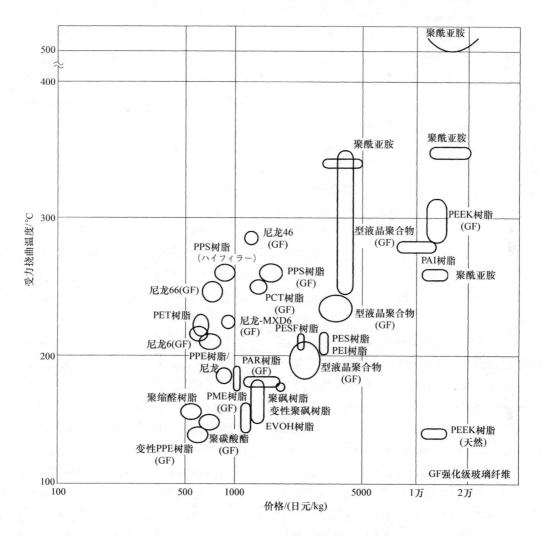

图 2-71 受力挠曲温度（1.8MPa 载荷）与价格

4）凸轮轴带齿卷盘：其特点是轻量化后转动惯量降低，在使用范围内能够有效预防共振的发生，在一部分高级汽车的发动机上采用了 GF 强化酚基树脂，预计今后的使用量将不断增加。

（ii）进排气系统

1）进气歧管：由于进气歧管是形状复杂的三维零件，通常使用铸铝合金制造，近年来以 BMW 公司为首，多家汽车公司开发

出了树脂材料的进气歧管。采用树脂材料后内表面变得更加光滑，使进气阻力减小，另外树脂材料的隔热性很好，能够有效地提高发动机的升功率，同时还实现了轻量化的目的（比铝合金减重 40% ~ 50%）。但是有效的加工方法是被称为熔芯法和铁芯法，它是以低熔点金属为型芯，在成型后加热熔化流出，进而得到中空的特殊形状的产品，和一般的注射成型工艺相比需要更多的设备投

资，经过计算得知其成本大约与铸铝合金相当。

因此，今后最主要的课题是降低成本，有人提出了降低金属熔点，利用水系介质来溶出回收型芯的方法，以及在水溶性树脂材料中使用型芯的方法，今后期待着更有效的方法。另外，对于柴油发动机而言，对进气歧管的形状要求较为简单，利用二次成型的振动溶出、连接成中空形状的方法在成本方面最具优势，已经在欧洲实现了实用化应用。日本也有综合利用三维吹塑成型和注射成型制造出树脂材料进气歧管的成功案例，预计作为树脂化最大的主题之一，其使用范围和使用量一定会急剧增加。从材料角度来看，处于领先地位的欧美所应用的主流为强化玻璃纤维聚酰酯66，具有良好的成型流动性、表面光泽度、耐润滑油特性和耐振动疲劳特性等优点。

2）空气滤清器：基于轻量化和削减零部件数目需求，已经取得了显著的树脂化进展，如在前端口部位使用了玻璃纤维或者滑石强化聚烯烃材料，对耐热性要求较高的部位使用了强化玻璃纤维聚烯烃，今后对遮音性较好的材料也会有很大的需求。

3）增压器：压缩机侧的温度不是很高，是最有可能采用工程塑料的部位。最近，在一些案例中，使用碳纤维强化聚烯烃/聚酰酯材料制造了叶轮，减小了重量，增压器的效率也得以提升。

4）排放对策部件：排放气体再循环系统中所使用的EGR阀门对耐热性、耐化学药剂性要求较高，通常可采用PPS、PBT材料。

（iii）冷却系统

1）散热器：散热器的树脂化程度很高，几乎全部是用强化玻璃纤维聚酰胺66制造的，但是有部分车辆为了解决冬季路面

上的融雪剂带来的腐蚀破坏而采用了聚酰胺6·12和6·10调配材料制成的散热器。对于目前在用的成熟产品来说，今后最大的课题是采取有效的措施来降低成本。

2）冷却液泵：出于轻量化及防锈的目的，到目前为止一直采用铸铁制造的叶轮，已经在一些案例中换用强化玻璃纤维酚基树脂制造，预计今后热可塑性树脂材料也会逐渐开始应用。

3）温度自动调节器壳体：为了降低成本和减轻重量，已经开始采用GF强化PA66材料。

d.燃油系统材料

燃油系统由燃油箱、燃油泵、燃油输送管、形成混合气的燃油喷射装置等部分构成，其中主要由树脂材料制造的部件包括燃油箱、燃油注入管、燃油管、油轨、炭罐等，下面将对这些零部件进行介绍。

（i）燃油箱 以前的燃油箱都是由钢板制造的，之后随着形状自由度的要求提高，为了有效地利用有限的空间，在轻量化、耐腐蚀性、碰撞安全等方面均具有明显优势的吹塑成型法制造的树脂燃油箱正在逐渐代替钢板燃油箱。

树脂燃油箱所使用的材料主要是高分子、高密度聚乙烯（HDPE），这种材料能够很好地解决耐冲击性及吹塑成型时的下垂问题。但是，聚乙烯材料制成的燃油箱很容易出现燃油渗漏现象。单独的HDPE材料很难满足美国的SHED法规（车辆整体碳化氢蒸发量法规），因此研究出了很多阻隔的方法，并已经实用化（表2-22）。欧美一般以喷氟或者SO_3气体处理方法为中心，日本则从作业环境安全角度出发，选择的是对汽油蒸发有阻挡作用的PA树脂作为中间层的多层法，或者在成型时使PA树脂以薄片状分散在聚乙烯材料内部的密封法。

表 2-22 GT 防止渗透技术

种类	处理方法	模式图
SO₃ 处理	· 箱体成型后 SO₃ 气吹 · 硫化后用 NH₃ 中和	SO₃ 处理层(约10μm) —SO₃-NH₄- PE层
F₂ 处理	· 箱体成型时用 F₂ 气吹	F₂ 处理层(<0.1μm) -F PE层
多层	· PE 和极性聚合物（尼龙）做成多层结构	←PE层 ←黏接层 ←阻挡层
密封层	· PE/黏接剂/尼龙混合而成 · 成型时将尼龙在偏平配置	←涂层 ←PE层
涂装	· 成型后，在箱内表面涂层（必须前处理）	←涂层 ←PE层

对环境问题的关注越来越高，美国以法律形式规定了碳化氢类气体向大气的蒸发量。为了满足该法规的要求，必须保证气体蒸发量减少到之前的 1/10。另外，随着排放法规的不断强化，MTBE（甲基特丁基醚）、甲醇、乙醇等混合而成的含氧燃料也在开始使用。MTBE 的影响虽然很小，但是乙醇却使过去的渗漏法规的阻挡能力大幅降低。含氧燃料虽然不是新法规涉及的试验燃料，但是包含这些成分的燃料是否适合新法规，成为树脂燃油箱最大的课题。相对于 PA 树脂，使用阻挡乙醇－酒精混合燃料蒸发性能更好的 EVOH 多层燃油箱以及经过喷氟处理的改良技术等也正在研究当中。

（ⅱ）燃油注入管、燃油箱盖　燃油注入管是连接燃油注入口和燃油箱的管路，通过橡胶垫与燃油箱本体连接在一起，现阶段主要是使用经过表面处理的钢板制造的，但

是基于轻量化、耐腐蚀性提升、降低成本等方面的需求，树脂化研究正在进行当中。为了降低成本和防止通过橡胶部件的燃油渗漏，通常将树脂燃油箱的燃油注入管和燃油箱本体做成一体。当使用乙醇等含氧燃料时，对金属制过滤管的耐腐蚀性要求更加严格，而这一点也是促进树脂化进展的因素之一。材料及成型方法一般选择高密度聚乙烯的吹塑成型及 PA12 的挤压成型的波纹管。其用途和燃油箱相同，都是为了确保能够满足美国新法规中关于燃油渗漏的要求。

燃油箱盖的树脂化也取得了较大的进展，燃油箱盖与金属部件直接接触的部位对耐磨性要求较高，因此一般选择聚缩醛，上部的把手部位一般选择 PA6、PA66 材料。

（ⅲ）燃油管　以前的燃油管一般都是橡胶材料制造的，随着燃油喷射系统的普及，出现了高温燃油会在系统内部循环、容

易生成包含过氧化氢在内的老化燃油（即通常所说的酸性汽油）、燃油中混入乙醇或者 MTBE 而使橡胶老化等问题，为了解决这些问题，在使用含氟橡胶的同时，还可以使用 PA 系树脂制造的燃油管。从材料的柔软性、耐热性、耐药剂性等角度出发，一般选择 PA11、PA12、PA12·12、PA6 等材料。燃油管也同样，需要极力控制乙醇燃料从管道向外蒸发，含氟树脂制造的多层管开发正在进行中。

（iv）油轨　油轨是将燃料分配给燃油喷射装置即喷油器的管道，所用的材料通常是经过防锈处理的铝管或者钢管。树脂油轨除了在成本、耐腐蚀性方面比金属更具优势以外，同时它的热传导率低，在受到发动机辐射热时不容易出现汽阻现象，因此树脂油轨的研究正在大力推进之中。强化玻璃纤维 PA66 油轨已实用化，液晶聚合物树脂油轨也在研发当中。

（v）炭罐　炭罐是临时吸收从燃油箱蒸发出来的燃油蒸气的装置，是将活性炭放置在 PA66 或者 PA6 等材料制成的壳体中构成的。随着燃油蒸发量法规的不断强化，炭罐有越来越大的发展趋势，大型炭罐一般用强化 PA66 等高强度材料制成。

e. 电子零部件材料

由于树脂材料具有良好的绝缘性能，因此从很久以前就开始用来制造电子零部件，例如，各种电线的绝缘层（PVC）、插接器（PA、PBT）、接线块（PBT）、分电器盖（PBT）、各种夹板和坚固件（PA、PP）、线束护皮（PA、PUR、PC）、蓄电池盖（PP）等。随着汽车配置的高度化、电子化，配线零部件在不断地增加，带来了重量增加和组装工程复杂化的问题，今后对轻量化及成本控制的要求会越来越高，因此需要采取必要的措施，如减少电子零部件的数量、高度集成化和小型化设计，开发低价格、高成型性材料，对于功能部件将金属改成树脂材料

等。由于控制系统的复杂化及信息量的不断增多，可以预测光纤应用和各种传感器类的多样化发展趋势，高性能树脂材料的应用必将越来越多。

下面将对主要电子部件的树脂化进展及动向加以叙述。

（i）起动机　过去是以 PA 为主流材料，由于存在吸水时的尺寸精度和连接时的啮合声问题，已经替换为 PBT 材料。近年来对耐冲击性、耐热性越来越重视，开展了 PA 树脂材料的研究，特别是芳香族 PA 及其合金、PA66、PP、PE 不吸水树脂合金等各种各样的材料，预计今后将开辟一个新的市场。

（ii）线束保护装置　电线在工作过程中需要避开发动机的高温及与其他部件的摩擦，过去都是使用 PA66 超耐冲击或者 PP 材料，基于降成本的需求，对设计标准进行了重新评估，在减少零部件数量、选择便宜材料等方面进行了尝试。

（iii）电动机的驱动部件　刮水器电动机外罩及齿轮箱（PBT）、电动车窗齿轮外罩（酚）、车门锁扫行器（POM）等各种电子部件已经成为标准配置，今后以轻量化和降成本为目标，将大力推进树脂代替金属材料的进展。

（iv）灯类　过去前照灯的配光镜都是用强化 PP 材料制成的，反光镜使用强化不饱和聚酯材料，克服了金属材料不可能实现的设计难题，对汽车设计的灵活性做出了突出的贡献。凸透镜最先在两轮车上开始应用，最初采用的材料是 PC 树脂，从 1986 年真正开始应用到乘用车上。为了提高耐划伤性，在其表面形成一层硬化膜，满足了法规需求，解决了传统的玻璃凸透镜重量大、成型性差、透光度低等缺点，正逐渐成为主流模式。

另外，像前面介绍的反光镜那样，虽然 BMC 材料是主流选择，出于环境问题对应

及省略反射面铝蒸镀底基漆目的，各个灯具制造公司均采用了热可塑性树脂材料，在欧洲已经批量生产了 PA 夹层结构和 PPS 材料，芳香族 PA 等其他高耐热性热可塑性树脂的研究将是今后重点关注的对象。

（v）发电机 在欧洲发电机取得了实用性进展，外罩、转子、定子铁心绕线管等已经采用了 PA 材料，日本也取得了实用化进展，电刷架已经由 PPS 取代了原来的热硬化树脂，对提高生产性和降低成本做出了贡献。

（vi）传感器类 燃油喷射系统的空气流量计对耐热性、尺寸稳定性要求较高，一般采用无机丝状强化 PBT，闭环控制传感器要求具有低的线膨胀系数，因此一般采用薄壁成型性较好的 LCP（液晶聚合物），排气传感器对耐热性、耐腐蚀性要求较高，一般采用 PTFE。

f. 今后的课题

前面介绍了不同零部件的材料现状和发展动向，在日本，迎来了泡沫经济破裂、内外价格差引起的产业空洞化、美国产业及经济复苏、亚洲的快速经济增长等严酷的变革时代，汽车所在的环境也在不断发生变化。

在这种形势下，功能零部件材料需要面对的课题之一是降低价格。加上材料制造商的努力，成型加工从业者和汽车制造商在宏观范围内开展合理化生产（缩短成型循环、降低不良生产率、重新评估剩余品质、物流合理化等）是非常有必要的。

另外，在材料的功能化方面，经济性、功能性优良的新聚合物出现的可能性较小，当然在现存的材料之间通过混合、合金化、变性以及以其为基础的复合化研究活动正在开发之中。如以分子复合材料为例，它是一种在聚合物基体中使层状硅酸盐以接近无限膨润状态细微分散的材料，其特征是，即使是少量添加（如 4wt% ~6wt%），也能够达到和含 30% ~40% 填充剂的传统材料同等的弯曲弹性、热变形温度等（表 2-23）。以 PA 为基础的材料已经用在一部分正时链罩盖上，真正的应用刚刚开始。在进行材料

表 2-23 分子复合材料的特性

项目	样件 -1	样件 -2	样件 -3	尼龙 6	强化尼龙 6
密度/（kg/dm³）	1. 14	1. 15	1. 16	1. 13	1. 42
抗拉强度/MPa	88	93	94	76	73
破裂伸长（%）	6	4	4	>150	3
弯曲强度/MPa	149	165	169	131	131
弯曲刚度/MPa	4050	5270	5670	3070	5870
热变形温度（1.8MPa）/℃	131	143	153	70	151

开发时，控制材料的 1 次结构、弄清 2 次结构（形态）及界面相互作用原理、考虑材料及零部件性能等因素来开展成型加工方法（压缩成型、注射压缩成型、气体辅助成型、高循环注射成型、低压注射成型等）的开发，以及在零部件合理化设计、品质设计方面和降低原材料价格一样，材料制造商、成型加工从业者、汽车制造商等三位一体的开发模式是不可欠缺的。

［保田哲男］

参 考 文 献

[1] 日本自動車工業会
[2] NIKKEI NEW MATERIALS, No. 102, p. 26-35 (1991)
[3] NIKKEI NEW MATERIALS, No. 109, p. 53-57 (1992)
[4] NIKKEI NEW MATERIALS, No. 107, p. 43-50 (1991)
[5] NIKKEI NEW MATERIALS, No. 101, p. 43-49 (1991)
[6] NIKKEI MATERIALS & TECHNOLOGY, No. 134, p. 24-27 (1993)
[7] プラスチックエージ, Nov, p.130-138 (1994)
[8] NIKKEI MATERIALS & TECHNOLOGY, No. 135, p. 44 (1993)
[9] 山田, 荒木, 梅本：自動車技術, Vol. 45, No. 6, p. 68 (1991)
[10] 「設計技術者のためのやさしい自動車材料」, 日経 BP 社, p. 90 (1993)
[11] 山路, 中村, 原：プラスチックスエージ, Mar, p. 198 (1992)

[12] 山路，中村，原：プラスチックスエージ，Mar, p. 195 (1992)

[13] 田中，森，野村，西尾：Polymer Preprints, Japan, Vol. 42, No. 11, p. 4855-4857 (1993)

[14] T. Inoue, et al.：Macromolecules, Vol. 25, p. 5229 (1992)；Polymer Preprints, Japan, Vol. 42, p. 3839 (1993)

[15] 鷲山，野村，西尾：Polymer Preprints, Japan, Vol. 43, No. 9, p. 2924-2925 (1994)

[16] NIKKEI NEW MATERIALS, No. 89, p. 73-80 (1990)

[17] NIKKEI MATERIALS & TECHNOLOGY, No. 134, p. 61-67 (1993)

[18] NIKKEI MATERIALS & TECHNOLOGY, No. 135, p. 44-47 (1993)

[19] NIKKEI NEW MATERIALS, No. 89, p. 73-80 (1990)

[20] NIKKEI MATERIALS & TECHNOLOGY, No. 129, p. 58-66 (1993)

[21] NIKKEI MATERIALS & TECHNOLOGY, No. 125, p. 27-31 (1993)

[22] NIKKEI MATERIALS & TECHNOLOGY, No. 135, p. 53-58 (1993)

[23] 工業用熱可塑性樹脂技術連絡会編，新・エンプラの本，p. 16 (1993)

[24] NIKKEI MATERIALS & TECHNOLOGY BOOKS, やさしい自動車材料, p. 209

[25] NIKKEI MECHANICAL, p. 40 (1985. 1. 14)

[26] Automotive Industries, Vol. 38, May (1988)

[27] NIKKEI MATERIALS & TECHNOLOGY BOOKS, やさしい自動車材料, p. 53

[28] 工業用熱可塑性樹脂技術連絡会編，新・エンプラの本，p. 60 (1993)

[29] NIKKEI MATERIALS & TECHNOLOGY, p. 42 (1993. 1)

[30] 水尾ほか：プラスチックス，Vol. 43, No. 7, p. 68

[31] 三谷：プラスチックエージ，p. 149 (1992. 10)

[32] 務川ほか：自動車技術，Vol. 48, No. 5 (1994)

[33] 飯尾ほか：自動車技術，Vol. 48, No. 5 (1994)

[34] 工業用熱可塑性樹脂技術連絡会編，エンプラの本，p. 66 (1989)

[35] NIKKEI MATERIAL & TECHNOLOGY BOOKS, やさしい自動車材料, p. 82

[36] 東レリサーチセンター編：自動車材料の新展開，p. 427 (1988)

[37] 安江ほか：成形加工，Vol. 7, No. 5, p. 273 (1995)

2.5 橡胶材料

2.5.1 概述

一般的橡胶材料是在使用温度范围内具有一定刚度的柔软高分子物质，是有机、无机物质固体材料中最软的一种（图2-72）。充分发挥橡胶材料的特征，它可广泛地应用在汽车零部件上，如对气体及液体进行密封的密封圈或垫类、输送气体及液体的管类、传递动力的带类、利于防振的轮胎及防振材料，以及在和金属、树脂、玻璃、陶瓷等刚度较高的零部件相互接触部位充当缓冲垫等，据统计，橡胶零部件约占汽车总重量的

5%。在选择橡胶材料时，其选择标准实际上多种多样，通常是随着每款汽车的设计思想、使用条件、润滑油及燃料等条件而变化的，应该根据每个零部件的功能来选择。

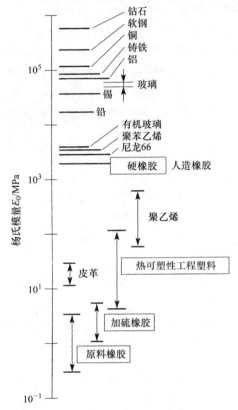

图 2-72 有机、无机材料的杨氏模量

本节中将对汽车上使用橡胶材料的部位、应用案例及将来的发展动向加以介绍。另外，热可塑性高弹体材料是介于橡胶及塑料之间的一种物质，也将对其进行专项讨论。

2.5.2 汽车用橡胶材料的分类

按照 IISRP（国际合成橡胶提供协会）的规定，根据化学结构和制造方法对各种橡胶材料的名称编制了详细的规则，并列在ISO1629 中。

SAE（美国汽车协会）J200 根据耐热和耐油两个基本性能对汽车用橡胶材料进行了分类。橡胶材料的基本性能还包括如拉伸

强度、延伸性、硬度、压缩永久变形等，除此以外的性能通过追加项目进行分类。在日本，也采取了同样的分类方法，并在JISK6403中以规格化的形式加以强制要求。图 2-73 所示的是按照 SAEJ200 进行分类、并列出的聚合物，以及今后将追加进来的聚合物。对于 NBR 及 ACM 等混合橡胶介绍了单体构成、基于桥接结构的复数耐热度类型

及耐油性等级等内容。耐油性为 A 级的橡胶材料，一般用在不要求耐油性的轮胎及水系部件上；E～K 级相当的橡胶材料多用在润滑系统中；H～K 级相当的橡胶材料多用在燃油系统中。另外，EPDM 及 IIR 根据加硫系、主锁的二重结合量，特别是当耐热性列出了多个时，为了方便，选择最高的耐热度来展示。

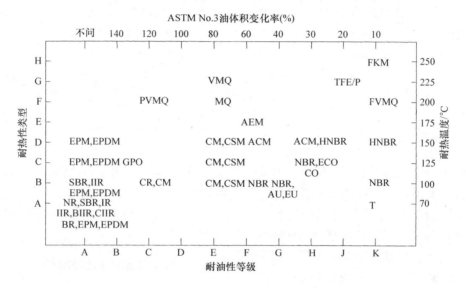

图 2-73　橡胶的耐热性类型和耐油性等级

2.5.3　热可塑性高弹体

自从 1958 年 A. V. Tobolsky 在理论上证明了热可塑性高弹体存在以来，已经开发出了多个种类，并将其定位为介于橡胶和塑料之间的一种新型材料，最近，甚至呈现出代替一部分橡胶材料的趋势。主要的 TPE 见表 2-24，其发展过程主要分三个阶段。第一阶段为 1958 年～1967 年出现的 SBS、TPU 及 TPVC 橡胶；第二阶段为 1968～1978年的 TPO、在 SBS 中添加了 TPEE 或者氢元素的 SEBS；目前为第三阶段，开发出了TPAE、氟系及加硫 TOP 等。如果按照制造方法来划分，则可以分为丁腈系（SBS、SIS、SEBS）、尿烷系（TPU）、酯系（TPEE）、氨基系（TPAE）、氟系等，属于

较硬的硬链段和较软的软链段的块状重合体类型；而烯烃系（TPO）、氯化乙烯基系（TPVC）则是软链段橡胶和硬链段树树脂的混合型；添加动态硫的 TPO 则是一种混合类型的新概念，使橡胶成分在动态流动的同时加以混合的方法，一般称为聚合合金型。

TPE 在高温条件下可以塑化，可以很容易实现塑料产品的加工成型，呈现出常温下加硫橡胶的性质。一般来说，为了最大限度地利用橡胶的特性，架桥（加硫）反应是不可缺少的，在几乎所有的橡胶产品制造过程中，都包含架桥工艺。近年来，为了满足越来越严格的降成本的需求，省略架桥工艺的 TPE 利用技术的开发显得越来越重要，实际上，已经在一些案例中实现了部分零部

表 2-24 主要 TPE 的种类

分类	约束样式	硬质相	软质相	等级	制造方法
苯乙烯类（SBC）	冻结相	PS	BR 或者 IR	通用	负离子聚合
			氢添加 BR 氢添加 IR	通用/ 工程塑料	聚合反应
烯烃类（TPO）	结晶相	PE、PP	EPDM EPM	通用/ 准通用	混合
氯化烯类（TPVC）	氢结合及结晶相	结晶 PVC 以外	非结晶 PVC	通用	混合
尿烷类（TPU）	氢结合及结晶相	氯化烯构造	聚酯或者聚醚	工程塑料	加聚
酸类（TPEE）	结晶相	聚酯	聚醚或者聚酯	工程塑料	聚合
酰胺类（TPAE）	氢结合及结晶相	聚酰胺	聚醚或者聚酯	工程塑料	聚合
RB	结晶相	间同 1、2BR	非结晶 BR	通用	配位负离子聚合
IR	结晶相	转换 1、4IR	非结晶 IR	通用	配位负离子聚合
氟	结晶相	氟树脂	氟橡胶	工程塑料	自由基聚合

件的橡胶材料替换。另外，从轻量化的观点出发，TPE 对于加硫橡胶是有利的，但是 TPE 在高温、低温、溶剂环境下或者使用周期较长的情况下，无法维持稳定的橡胶弹性。在选择材料时，必须掌握哪种功能需要哪种材料，因此，需要根据具体的情况区分使用 TPE 和加硫橡胶。与加硫橡胶相比，其优点和缺点如下所述。

（i）优点

① 可以利用塑料成型设备快速加工，省略了加硫工艺（除架桥连接橡胶成分以外）。

② 即使不添加加强材料也能够得到和加硫橡胶相同的强度特性，很容易实现产品的轻量化。

③ 制造过程中产生的梁可以重复利用，产品的余屑通过和原始材料的混合，尽管等级略有下降，但是还是可以重复利用。

④ 接近于较软的加硫橡胶和较硬的塑料，通过原材料化学成分的调整，可以设计制造各种各样的弹性体。

（ii）缺点

① 高温时的塑性变较大。

② 温度上升会使物理性质降低，耐热性差。

③ 如果约束相不是结晶相，则耐溶剂性较差。

④ 残留变形大，容易发生应力缓和和蠕变现象。

2.5.4 汽车零部件和橡胶材料

橡胶材料和汽车之间的关系是从 19 世纪后半期 J. B. Dunlop 发明了充气轮胎并应用到汽车上开始的。一直以来，橡胶材料的优秀弹性使它应用在各种各样的零部件上。目前，汽车上的橡胶零部件主要有轮胎、密封圈、密封垫、气缸垫、隔膜、软管、传动带、防振零件等。但是，天然橡胶无法在所有的使用环境下保持弹性，另外它作为工业产品的质量也无法保持良好的稳定性，因此而开发了各种各样的合成橡胶材料。

由于橡胶是一种有机化合物，以橡胶为材料进行产品设计时，必须考虑其寿命。当对产品的寿命预测不是很完善时，橡胶材料零部件很容易发生问题。美国要求橡胶零部件的使用寿命为 50000mile，基于寿命预测的强烈需求，随着材料技术的进步，橡胶材料的高机能化取得了很大的进展，橡胶产品的耐久性得到了大幅提升，当然还希望更高精度的寿命预测手段。另外，在排放法规对应方面，根据橡胶材料的高机能化进展，汽车零部件的高功能化也取得了相应的进步，从一些社会需求的对应案例中即可以了解。橡胶作为一种工业材料，和汽车工业的发展是密不可分的。

另一方面，目前的汽车行业需要面对的课题大致可能分为"环境问题""需求多样化""社会环境"等三部分。解决环境问题的主要措施如代用氟利昂、代用燃料、燃料的低挥发性、噪声、循环利用等。需求多样化是指汽车的高性能化发展，期间的关键是

提升耐热橡胶的耐久性和可靠性。另外从安全性的角度来看，轮胎上的橡胶材料起着最大的作用。社会环境问题也非常重要，欧美成功地开发出了廉价汽车，近期的日元汇率不断升高，这些因素都给日本汽车在国际上的竞争带来了困难。其中，零部件的共有化、过剩品质的重新评估等，都是在降成本及合理使用方面进行技术研究的。

2.5.5 汽车主要橡胶零部件材料的动向

表 2-25 中显示的是汽车上的主要橡胶零部件，下面将对其中的高端技术加以介绍。

表 2-25 汽车用主要橡胶零部件材料

零部件名		材料
轮胎	胎壁	E–SBR、S–SBR、NR、IR
	布帘	NR、BR、IR
外饰、内饰、窗框	挡雨条	EPDM、TPEE
	玻璃挡水条	EPDM、PB
空气、水、制动系统	进气管	PB、CR
	散热器软管	EPDM
	制动软管	SBR/NR/CR、SBR/CR、EPDM
润滑油	曲轴密封圈	FKM、ACM、VMQ
	气门油封	FKM
	气缸垫	NBR、ACM
	A/T 润滑油冷却软管	ACM、AEM
	变速器密封垫	NBR、ACM
	P/S 软管	NBR/CR、HNBR/CSM、ACM、CSM
	P/S 润滑油密封圈	NBR、ACM
燃油系统	燃油管	FKM/NBR/GECO、FKM/ECO/GECO、NBR/CR、PB/CSM
	排放控制软管	NBR/CR、PB/CSM、ECO、ACM
	空气滤软管	PB、FKM/PB、FKM/ECO
	隔膜类	FKM、FVMQ、HNBR、ECO、NBR
防振	发动机悬置	NR（SBR，BR）
	燃油箱隔振垫	PB、HNBR
密封圈	CVJ 密封圈	CR、TPEE
	齿条密封圈	CR
压缩机	A/C 软管	Ny/IIR/EPDM
	A/C 密封圈	HNBR
传动带	正时带	HNBR、CR
	辅助机构传动带	CR

PB NBR/PVC。

a. 轮胎用材料

轮胎上使用的材料通常包括 NR、IR、BR、SBR 等，图 2-73 所示的是耐油性和耐热性的等级。近年来轮胎的开发动向见表 2-26。在这些性能当中，有很多是相互对立的，满足所有的特性要求是非常困难的，因此，在开发轮胎用材料之际，必须考虑各项要求特性的提升和相互对立关系的克服。在开发节省燃油轮胎用橡胶材料时，需要从涉及环境问题的节能角度出发，如降低滚动阻力和主动安全措施，特别是要求不断强化的防湿滑性能，对于这一相互矛盾的关系必须加以克服。

表 2-26　轮胎的课题和橡胶性能

轮胎的课题	橡胶性能
节油	滚动阻力低（回弹性高）
高速性能、操纵稳定性	高附着性能（回弹性低）
防滑轮胎	低温性能（冰雪性能）
耐久性能	耐磨性
轻量化	耐磨性
安全性能、全天候性能	滑动阻力高
轮胎的 UNF 性能	橡胶的加工性能

滚动阻力发生时的振动频率约为数十至 100Hz 左右的低频范围，将该频率换算成温度的话，则等效为 60℃ 左右。另外，车辆制动时的振动频率因接触地面的微小变化而分布在 $1.0 \times 10^4 \sim 1.0 \times 10^6$ Hz 的高频领域，同样地换算成温度的话，则相当于 0℃。因此，如图 2-74 所示，应根据各种要求，使所选择的聚合物确保能量损失（tanσ）在 60℃ 附近小、在 0℃ 附近大。能量损失是代表回弹性的典型参数，因此，聚合物的开发概念应如图 2-75 所示的那样。轮胎胎面选择的 SBR 橡胶就是按照这种理念，使用了很容易实现的微观结构设计，降低聚合物骨架在 0℃ 附近的回弹刚度，再利用末端变性方法，以提高 60℃ 附近的回弹刚度，其综合特性如图 2-76 所示，并与现用的 E -

SBR 进行了比较。这种橡胶材料分子结构优化的方法已经成功地应用于不管在什么季节都可以使用的全天候轮胎及不要求操纵性和高速稳定性的超性能轮胎材料上。

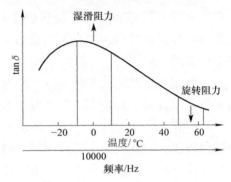

图 2-74　能量流（tanσ）与温度及频率的关系

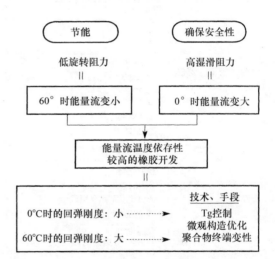

图 2-75　节油型橡胶的设计概念

b. 外饰、内饰和车窗用材料

外饰、内饰和车窗等处所使用的橡胶几乎不需要考虑耐油性，一般使用 NR、SBR、CR 等多种材料。但是，由于这些材料都要求具有一定的耐臭氧性及耐候性，因此大多使用 EPDM。外饰件中的车门密封条和以前相比对高温、长时间的耐久性有很高的要求，使聚合物产生低压缩永久变形的等级改良活动一时间开始盛行。另外一个开发方向是使用低成本的动态加硫 TPO。采用这种

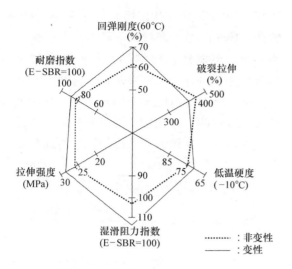

回弹刚度(60℃)
(%)

耐磨指数
(E-SBR=100)

破裂拉伸
(%)

拉伸强度
(MPa)

低温硬度
(-10℃)

湿滑阻力指数
(E-SBR=100)

·········: 非变性
———— : 变性

图2-76 终端变性 S-SBR 轮胎
胎壁材料的综合特性

TPE 的优势是可以自由着色和良好的再循环性。另外，考虑到耐石蜡性、降风噪能力、磨光工艺等因素，一部分特殊的外饰件采用了耐候性较好的 NBR/PVC 材料。

c. 进气系统、冷却系统和制动系统材料

进气系统中进气管的安装位置的不同，对防振特性、弯曲性、耐负压性、耐油性的要求也是不同的。不同的汽车对耐热性的要求也有差异，应该根据车型的具体要求，从 CR、NBR/PVC、EPDM、ECO、CM、ACM 等种类繁多的可选材料中选择最合适的。随着耐热性及耐油性大幅改良的 TPO 及 TPEE 材料的出现，为了实现轻量化及降低制造成本的目的，通过形状优化来提高防振性能，对上述材料的交换使用效果也进行了大量的研究。

冷却系统中有散热器软管及取暖器软管等部件多使用 SBR 或者加硫型 EPDM 材料，但是，随着发动机舱内温度及冷却液温度的不断上升，其中的一部分已经更换为过氧化物加硫型 EPDM 橡胶。

制动系统中的软管、密封圈等零部件多使用 SBR 橡胶，也有一部分特殊的密封圈使用 NBR 橡胶，当然，最重要的是耐热性

要求，EPDM 橡胶也开始使用，并且有逐渐扩大的趋势。

d. 润滑系统材料

如图 2-73 所示，润滑系统中所使用的橡胶材料主要考虑耐油性能，可选择的材料包括 B、C 直到 K 级的较大范围，一般是根据所接触的润滑油的种类来选择，其中，NBR、ACM、VMQ、FKM 用得较多，这些橡胶材料的物理性质及耐油性见表 2-27。另外，随着最近的所使用的环境温度的上升，润滑油中添加了如防氧化剂等多种物质。为了查明对高耐油度 H～K 级橡胶的影响，以 ASTM#2 润滑油为基础，添加 10% 的代表性添加剂和不溶解物质，一直到溶解极限为止，在 150℃、1 周时间的加速老化试验后，通过拉伸强度来评价（图2-77）。

表 2-27 耐油橡胶的基本特性

种类 常态物理性质	HNBR	FKM	VMQ	ACM	NBR
硬度/JIS A	72	70	71	70	70
拉伸强度/MPa	26.4	15.8	7.7	12.0	20.1
延伸/（%）	500	220	150	200	350
100% 拉伸强度/MPa	3.6	5.6	5.7	6.9	3.4
耐寒性					
脆化温度/℃	-39	-17	-70	-23	-38
体积变化率					
JIS#1 油	0	0	+4	+1	0
JIS#3 油	+20	+2	+53	+21	+20
发动机润滑油 5W-30	+4	+1	+25	+6	+5
变速器润滑油	+1	+1	NM	+5	+3
转向助力泵润滑油	+3	+2	NM	+5	+5
防冻液	+1	+5	+2	NM	+1

NBR 橡胶在浸渍前后都表现出了较高的强度，耐油性虽然也较好，但是，由于添加了一部分防氧化剂及耐磨剂而出现了硬化现象。ACM 橡胶虽然其本身的强度不是很

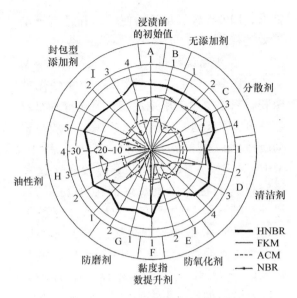

图 2-77 耐润滑油添加剂的比较

高，但是，清除掉一些极其稀少的添加剂后，也能够表现出稳定的耐添加剂特性。FKM 是一种耐热性、耐油性均较好的橡胶，遇到碱度高的琥珀酸亚胺等胺系分散剂会出现硬化。HNBR 橡胶对于磷酸锌系防氧化剂表现出轻微的老化现象，但其整体强度上升，是一种耐添加剂性优秀的橡胶材料。

长久以来变速器及发动机润滑油冷却软管内管一直使用的是 NBR、CR 橡胶。基于发动机的轻量化需求，对耐热性也提出了较高的要求，由于是温度较高的润滑油环境，使用较多的是 ACM 及 AEM 橡胶。对两者进行对比，AEM 橡胶的耐热性较好，而 ACM 橡胶的耐油性较好。这两者也有互补长短之处，最终还是要根据汽车制造商的设计思想来选择哪一种材料最合适。

转向助力器（Power steering，PS）装置中包含油压单元，必须配有防止漏油的密封圈和将系统连接到一起的软管。另外，以欧美为中心，滑润油（PSF）需要适应更高的温度，添加剂等的变更、变量也相应地取得了进步。以前使用较多的橡胶材料是 NBR，软管则使用 CSM 橡胶。对于使用环境温度较高的车辆，低压一侧常使用 ACM 橡胶，

高压一侧则使用 HNBR 橡胶。图 2-78 所示的是 2 种转向助力器软管在脉冲耐久试验中的耐热、可靠性比较结果，一种是内层为 NBR 橡胶、外层为 CR 橡胶的转向助力器软管，另外一种是内层为 HNBR、外层为 CSM 橡胶的转向助力器软管。可以了解到，通过变更材料，使软管的寿命得到了大幅提升。

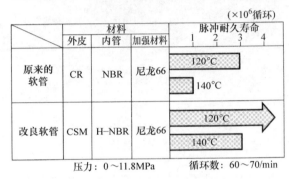

图 2-78 转向助力泵软管的高温耐久性

欧美的车用润滑油使用环境温度越来越高，有效的应对措施是变更 PSF 添加剂的种类、增加添加量，并将密封圈的材料替换成 HNBR 橡胶。

e. 燃油系统材料

如图 2-73 所示，燃油系统中使用的橡胶材料包括 H～K 级橡胶，密封圈类零件与发动机距离近，因此对于耐热性要求较高，而车身一侧的温度就没有那么高，但对耐臭氧性要求较高，在不同的设计方案中，可以选择 NBR、NBR/PVC、HNBR、FMVQ、FKM 等橡胶材料。当使用隔板式燃油泵时，长期以来一直使用 NBR 或者 NBR/PVC 橡胶，但是，由于发动机的热负荷越来越高，转而换用 HNBR 或者 FKM 橡胶。在使用电子控制式燃油喷射装置之前，燃油软管的内层一般采用 NBR 橡胶，但是，安装了电子控制式燃油喷射装置以后，燃油箱和发动机之间存在汽油的循环流动，会出现汽油氧化现象。如图 2-79 所示，FKM 和 HNBR 橡胶是极易使汽油老化的材料。对于耐老化及耐热性均要求较高的高压一侧，一般使用 FKM

橡胶，而低压一侧，由于不要求与 FKM 相当的耐热性，在一些案例中选择了具有同等耐汽油老化而且成本较低的 HNBR 橡胶，在另外一些案例中还选择了和高压侧相同的材料，应该根据汽车制造商的设计思想来选择合适的材料。使用化油器的车辆，到目前为止仍然在用 NBR 橡胶。

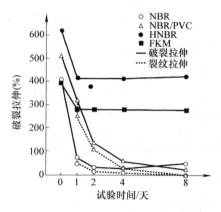

图 2-79　含有 70℃、0.5%wt 过氧化月桂酰的燃油 C 的耐汽油老化性（每天更换老化汽油）

美国在一些案例中采用了树脂燃油软管。目前，在实际使用的尼龙外皮上，覆盖一层 NBR 橡胶使其具有一定的弹性。后面在将要介绍的燃油渗透法规强化活动过程中，在一些设计方案中将树脂材料更换为氟系材料。对于这种情况，采用橡胶覆盖外皮的可能性更大。

另外，以美国的加里佛尼亚洲为首，较大型的城市都在致力于环境改善活动，汽车上渗漏出来的汽油量受到了严格的法规限制（新 SHED 法规），并且该法规逐渐向全美推广，欧洲及日本早晚也会受到涉及。作为最为有效的解决措施，使用防止燃油渗透能力最好的 FKM、尤其是三元 FKM 来制造燃油系统的内管，如燃油内管或者进油软管，证明其效果最佳。但是，三元 FKM 的耐寒性较差，材料的成本也较高。实际中经常是将壁厚减薄，并在背面粘贴 NBR、NBR/PVC、ECO 积层，这样既能满足性能要求，又能降低成本。

f. 防振材料

长久以来发动机悬置等防振材料一直使用的是 NR 橡胶。在此期间，对耐热性的要求一直存在，对 EPDM 及 GPO 橡胶材料的实用性进行了反复的研究工作。但是，尽管这些材料在耐热老性方面很优秀，而在动态特性及耐久性方面却无法与 NR 橡胶相比，因此，只在部分范围内有所应用，用得最多的还是 NR 橡胶。另外，为了改善车辆的乘坐舒适性，一般要求使用动态阻尼大、动态比例因子低的橡胶材料，但是在高分子玻璃化转变点对性能加以整理后发现，无法获得理想的材料。因此，为了解决这样的问题，利用橡胶来吸收振动冲击能量，利用液体移动而产生的共振现象，开发出了液压式悬置系统，以获得低频时的大衰减力和高频时的低动态刚度。

g. 防尘罩

防尘罩所使用的材料对耐臭氧性的要求是第一位的，然后再根据使用部位的不同，有时对耐屈曲性及耐油性也会有所要求。CVJ（等速万向节）防尘罩内部充满了润滑脂，因此对耐油性要求很高，另外，还会因车辆的动作而反复承受弯曲载荷，在必须具备一定的耐屈曲性的同时，对耐磨性的要求也较高。

为了确保一定的耐屈曲性及耐磨性，必须使用高强度材料，CVJ 防尘罩一般使用能够很好地平衡强度、耐候性及耐油性的 CR 橡胶材料。但是，因为使用位置距离发动机较近，随着发动机的高性能化及发动机舱内紧凑化发展，使得上述橡胶材料的使用环境温度不断上升，所以，必须开发耐候性、耐油性及耐热性均优于 NR 的橡胶材料。欧美及日本已经在部分范围内开始采用 CM 橡胶及有望实现轻量化的 TPEE 橡胶。

h. 空调系统材料

世界范围内的地球环境保护活动不断高涨，氟利昂引起的臭氧层破坏问题受到了各方的关注，结果氟利昂的使用在世界范围内受到了限制，1995 年已经全面废止了特殊氟利昂的使用。与此对应，空调用冷却介质已经由 HFC－134a 取代了 CFC－12。另外，压缩机上使用的润滑油也已经用聚亚氨基二醇（PAG）取代了原来的矿物油。随着上述变更，橡胶材料也必须相应地改变。虽然采用了丙烯腈含量较高的 NBR 橡胶，但是为了控制氟利昂的渗透，改为使用变性聚酰胺或者聚酰胺/EPDM 混合材料。另外，如果将润滑油改为 PAG，由于 PAG 易于吸收水分，通常会配置了第 2 层 IIR 橡胶，以抑制水分渗透。AC软管的构造图如图 2-80 所示。

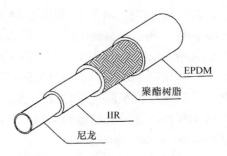

图 2-80　HFC－134a 用空调软管

长久以来，AC 系统的密封材料一直使用高腈 NBR 橡胶。如表 2-28 所示的那样，为了追求 2 类氟利昂的对策，当初满足标准的橡胶材料已经不再存在。但是，利用对每一种冷却介质都具有可靠性的橡胶材料的混合配置，这个问题已经得到了解决。其特性见表 2-29。

表 2-28　各种橡胶的耐油、耐冷却介质性

		腈、丁二烯橡胶 NBR	氢化腈、丁二烯橡胶 NBR	氟橡胶 FKM	乙烯、环氧丙烷橡胶 EPDM	异丁烯、异戊二烯橡胶
HFC－134a 系统	耐冷却介质性	△	△	×		
	耐油性（PAG）	○	○	○	○	○
CFC－12 系统	耐冷却介质性	○	○	×	×	×
	耐油性（矿物油）	○	○	○	×	×

表 2-29　两类氟利昂对应材料特性

			PBR	现 CFC－12 用	
				HNBR	NBR
HFC－134a 系统	耐冷却介质性	膨润性（60℃）	8%	14%	13%
		发泡性（150℃）	○	×	×
	耐油性（PAG）	膨润性（150℃）	5%	5%	5%
CFC－12 系统	耐冷却介质性	膨润性（60℃）	9%	9%	9%
		发泡性（150℃）	○	○	○
	耐油性（矿物油）	膨润性（150℃）	5%	5%	5%
耐热性（150℃寿命）			250h	250h	60h

i. 覆皮材料

软管的内部有流通液体，外部与空气直接接触，因此，软管的内部要求对流通液体具有良好耐久性，外部要求具有良好的耐候性，一般将覆盖的材料称为覆皮。最近，在选择性能更好的材料时，为了防止成本上升，只考虑耐流体性而采用了 FKM 或者 TPE 橡胶材料，也有的案例中只考虑橡胶材料的弹性来制作覆皮，像这种积层结构体的应用范围呈现不断扩大的趋势。

常用来制作覆皮的橡胶材料包括 CR、CM、CSM 等，如图 2-73 所示，耐油性多为 C～F 级，除此以外，特别是对于耐油性要求较高时，一般采用 NBR/PVC 或者 GECO 等 H 级以上的橡胶。当选用 ACM 或者 AEM

橡胶时，由于该材料具有一定的耐臭氧性，因此，几乎不用来制作覆皮。图 2-81 所示的是作为燃油软管覆皮材料的 CR、CSM、GECO 在浸油、烘燥后的动态臭氧试验结果。可以看到，ECO 与烯丙基缩水甘油醚（AGE）聚合而成的 GECO 具有优秀的耐臭氧性。

还有一部分案例中采用 EPDM 或者 TPO 橡胶材料。

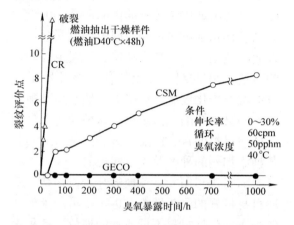

图 2-81　燃油抽出干燥样件的臭氧裂纹经时变化

j. 传动带材料

传动带使用的材料通常为 CR 橡胶，因为在机械强度、耐候性、耐油性等方面性能优秀，所以应用范围最广。但是，由于 CR 橡胶属于聚合锁链中不饱和型二重结合聚合物，当长期使用时，从化学稳定性角度来看，耐热性具有 110℃ 的使用极限。特别是齿型传动带对耐热性的要求很高，具有 125℃ 耐热标准的饱和型聚合物 CO、具有 150℃ 耐热标准的饱和型聚合物 ACM 橡胶从很久以前就被用来制造传动带，但是，由于这两种材料的机械强度不足，因此没有取得实用性进展。为了提高 NBR 橡胶的耐热性、耐久性而开发出来的 HNBR 橡胶，作为 CR 橡胶的下一代齿型传动带材料，其实际应用正在进展当中。

图 2-82 所示的是 CR 和 HNBR 橡胶作为齿型传动带材料的性能比较。HNBR 橡胶：①室温和高温（120℃）时的动态弹性系数差较小；②动态永久变形小；③热老化后的延伸变化小；④屈曲裂纹成长速度慢；⑤相对于润滑油的膨胀率小，因此，即使沾上了润滑油，其机械强度衰减量也很小，是齿型传动带的最佳材料。在传动带的台架试验中，与背面为 CR 橡胶材料的相比，HNBR 橡胶在相同耐久时间内的耐热温度提高了 40℃。另外，即使是在 $10 \times 10^4 km$ 以上的实车行驶试验中，HNBR 橡胶的寿命也达到了 CR 制品的 2 倍以上。除此之外，以欧美为中心，HNBR 橡胶还被用来制造辅助机构的 V 形传动带。

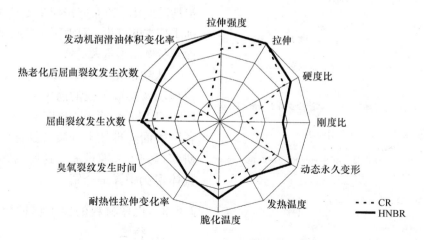

图 2-82　齿型传动带材料 CR、HNBR 代用特性的比较

2.5.6 小结

汽车上所使用的橡胶材料的发展方向大致可以分为3类。第一，到目前为止，为了满足持续的安全性、耐久性、流行性、舒适性等多方需求，而一直坚持高性能、高功能化发展；第二，针对近年来不断高涨的排放、氟利昂、噪声、循环利用等环境对策而采取的高性能化发展；第三，从整个国际大环境来看，基于VA的低成本、廉价材料的开发。

[中鸣一义、桥本欣郎]

参 考 文 献

[1] 日本ゴム協会編集・発行「ゴム技術の基礎」
[2] 橋本：内燃機関，Vol. 33，No. 7（1994）
[3] 久保：日本ゴム協会誌，Vol. 59，No. 8（1986）
[4] ゴムタイムス，Vol. 3，p. 13（1995）
[5] 遠藤：日本ゴム協会関東支部アドバンテックセミナー '95 講演要旨
[6] 日本ゴム協会編：ゴム工業便覧，19 章
[7] Legge, Rubber Division Acs, Ohio, Oct. （1988）
[8] Coran, Rubber Chemistry and Technology, p. 53（1980）
[9] 高分子学会：高分子新素材 One Point（1988）
[10] 大脇：ゴムタイムス，Vol. 1，p. 13（1992）
[11] J. R. Dunn：Elastomerics，Vol. 123，No. 1（1991）
[12] 都筑：日本ゴム協会誌，Vol. 62，No. 10（1989）
[13] 大庭：日本ゴム協会夏期講座，Vol. 7，p. 19（1989）
[14] 吉田：日本ゴム協会誌，Vol. 58，No. 3（1985）
[15] 村上：ゴムタイムス，Vol. 5，p. 13（1991）
[16] 森田ら：Rubber Industries，Vol. 30，No. 1（1994）
[17] 大脇：ポリファイル，No. 8（1992）
[18] 明間：ポリファイル，Vol. 29，No. 8（1992）
[19] 稲村：内燃機関，Vol. 33，No. 7（1994）
[20] ゴム技術フォーラム編：ゴム工業における技術予測－自動車タイヤを中心として（1990）
[21] Nagata：Rubber Chemistry and Technology，Vol. 60，p. 837（1987）
[22] 森ほか：JETI，Vol. 40，No. 7（1992）
[23] 大脇：日本ゴム協会東海支部秋季講演会資料4，No. 11，p. 13（1990）
[24] 前田：内燃機関，Vol. 33，No. 7（1994）
[25] 奥本：日本ゴム協会誌，Vol. 60，No. 8（1987）
[26] Vara et al.：Rubber Division, ACS and IRC, Orlando, Paper No. 13, Oct. （1993）
[27] Machlachlan, SAE Paper 790657
[28] 安部：日本ゴム協会誌，Vol. 64，No. 2（1991）
[29] 相馬ほか：自動車技術，Vol. 47，No. 1（1993）
[30] 奥本：機能材料，Vol. 3，No. 10（1983）
[31] Hashimoto et al.：Rubber Division ACS Ohio, Paper No. 3, Oct. （1988）

2.6　无机材料（玻璃）

2.6.1　汽车用玻璃的变迁

玻璃具有硬度高、光学透明的特征，因为非常适用于驾驶人和外界视觉连接窗口部位而被广泛使用。长期以来，对于汽车用玻璃的材料开发，当然最重要的还是加工方法的研究，在不变更基本材料成分的前提下，已经制造出适用于各个部位的产品。由于玻璃制品存在乘员保护和对周围环境安全保证方面的缺陷，作为解决玻璃制品安全性问题的对策，20世纪二三十年代相继开发了复合玻璃及钢化玻璃，克服了玻璃制品既脆又危险的最大缺陷，但是解决这种问题不是依靠玻璃材料的自身性能改进，而是通过调整各种添加剂的种类及含量实现的。

随着汽车用安全玻璃的开发，并结合玻璃自身良好的耐久性能，进一步巩固了玻璃作为车窗部件材料不可或缺的地位。各种表面造型也成为汽车玻璃开发的主流。在较小的玻璃上附加垂直方向的造型设计，基于空气动力学和造型等方面的需求，开始了各种各样形状的设计，四五十年代出现了大型、曲面形状玻璃，七八十年代又从二次曲面进化到复杂的三次曲面，玻璃形状发生了翻天覆地的变化。汽车内格的变化促进了玻璃成型加工技术的进步，对近年来开始流行的平滑表面车身做出了重大贡献。

从功能上来看，以60年代的防眩晕后窗玻璃及集成天线的前风窗玻璃为开端，从1980年以后，前风窗玻璃及后风窗玻璃的各种表面处理技术开展及复合材料商品化的研究得到了飞速进展，这些内容将在后面的具体案例中详细介绍。

2.6.2　汽车材料的要求特性和玻璃的基本特性

非金属材料手册中将玻璃定义为"常

温下为透明固体，在熔融时形成连续网络结构，冷却过程中黏度逐渐增大并硬化而不结晶的硅酸盐类非金属材料"，其特征是没有特定的原子分布规律。汽车上所使用的玻璃一般称为氢氧化钠石灰（二氧化硅）玻璃，其主要成分为 $Na_2O - CaO - SiO_2$，这种玻璃是目前应用范围最广的一种，其中 SiO_2 的构成比例约为70%，因此它决定了玻璃的基本特性。

关于玻璃的构造虽然有各种各样的理论解释，从原子级别的微观角度来看，在窄范围内和 SiO_2 结晶具有同样的规则性，但是另一方面，在大范围内则呈现出毫无规则的网络状结构，这种说法是目前最有说服力的一种（图2-83）。二氧化硅玻璃的主要成分是在 SiO_2 中添加了 Na_2O、K_2O、CaO 等物质，改变其熔融温度、黏度、密度、硬度等物理性质，使成型加工性得到了提升。下面对于汽车上所使用的玻璃的代表性特性和物理性质将进行简单地介绍。

○：O原子
●：Si原子

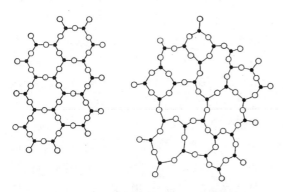

图2-83　SiO_2 结晶（左）和 SiO_2 玻璃（右）的2元构造模型

a. 透明性

材料的透明性能够保证车内乘员具有良好的视野，是最基本而且最重要的特性。本来玻璃在可视领域内对光线几乎没有吸收作用，但是通常混入铁元素等不纯洁物质，或者以吸收热量及着色为目的而添加迁移金属离子，以降低透过率。日本的法规（JISR3211 – 1992）中对可视光线透过率做出了规定，例如对于前风窗玻璃，除上上边框等区域以外，要求达到70%（欧洲则要求75%）以上的可视光线透过率。与透过率不同，透明性是从更广的角度来表示玻璃材料的特性，通常用雾度值（散射透过光占全部透过光的百分比）表示。玻璃的雾度值约为0.1%左右，散射量非常小，这一点对于汽车用窗玻璃来说是非常重要的。

b. 耐磨性（硬度）

刮水器或者车窗玻璃升降引起的磨耗量是玻璃的重要特性之一，虽然有时是以硬度来反映这一特性的，但是在法规中是通过锥形板磨耗试验来评价材料的划伤难易度的。试验中，将研磨材料混合到橡胶制造的磨耗轮中，施加500g 的载荷，在试验样件上进行1000 次旋转，观察试验前后雾度值的变化。对于前风窗来说，雾度值变化量必须控制在2%以下。玻璃的雾度值约为1%左右，同其他有机透明材料相比，具有压倒性优势。

c. 热膨胀率

玻璃与透明塑料的代表性材料——丙烯树脂的热膨胀率相比，在 $-40 \sim 100℃$ 的使用温度范围内，前者约为后者的1/9，与汽车主要构成材料钢板接近。如果考虑到这一差值对车身的组装标准尺寸及精度的影响，是无法忽视的。另外，热膨胀率对于玻璃强化加工来说具有相当重要的意义。由于氢氧化钠石灰玻璃中碱金属类的存在，能够得到强化加工所需的合适值（平均热膨胀系数 $\sim 90 \times 10^{-7}/℃$：$25 \sim 450℃$）。

d. 刚度

材料的刚度对于控制车辆组装、行驶时的风压及背压引起的车身变形非常重要。从弹性、板厚、泊松比推导出来的玻璃弯曲刚度值是相同板厚的塑料的3倍。玻璃虽然在重量方面劣于塑料材料，但是在保证刚度相同的条件下，与塑料并没有太大的差别。

e. 密度

众所周知，物质的密度是由构成原子的质量及其分布方式所决定的。如前所述，对于玻璃材料来说原子分布缺少规律性，而且很难像金属那样得到最密填充构造，因此玻璃的密度值较小。二氧化硅玻璃的密度约为 $2.5g/cm^3$，不到铁（$7.8g/cm^3$）的 1/3，为了得到必要的刚度，必须保证足够的厚度，因此实际上无法做到很轻。玻璃在确保车身的刚度中会发挥重要的作用，但是玻璃的轻量化是需要解决的重大课题。

2.6.3　汽车用玻璃的分类、工艺及商品开发

a. 前风窗玻璃

目前，日本及欧美所有的汽车都要求必须使用复合玻璃。复合玻璃是在两层玻璃中间夹一层阻尼涂层构成的安全玻璃，当玻璃受到撞击而破裂时，在中间的阻尼层的作用下可以保持玻璃始终处于连接状态，因撞击物的贯穿或者玻璃碎片飞散而产造成的人员伤害很小（图 2-84）。另外，中间柔软的阻尼层还会吸收撞击能量，当撞击到乘员头部时所产生的伤害会很轻。复合玻璃的中间夹层一般使用 PVB（缩丁醛树脂），厚度分类有 15mil（0.38mm）和 30mil（0.76mm）两种。前风窗玻璃对贯通性要求较严格，因此一般选用后者，并称之为 HPR（High Penetration Resistance）。

复合玻璃的制造方法较复杂，将展开形状的截取面平板玻璃放到与车身周边形状匹配的模具上，利用电流或者燃气加热到 600℃，使之软化，在重力的作用下周边形状与模具紧密贴合，最终完成所需要的形状。前风窗玻璃的安装角度较小，法规对透视翘曲等光学性能要求非常严格，表面形状的强制制造方法非常困难，近年来已经开发了一些新技术来制造形状更加复杂的玻璃，如在高炉内对部分形状的预成型，以及利用

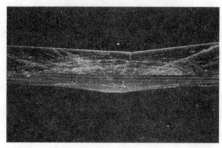

图 2-84　复合玻璃的构造和裂纹图案

电子计算机模拟技术来控制面内的微观温度分布等。

成型后的玻璃还要在恒温恒湿房间内铺设 PVB 积层，并在高压釜中加热加压。PVB 的黏附力依靠与玻璃表面的氢结合及玻璃表面的细微凹凸点的锚接效果来获得。目前的乘用车前风窗玻璃厚度约为 4.76mm（2mm + 0.76mm + 2mm），近年来，随着汽车轻量化需求的不断高涨，部分乘用车的前风窗玻璃减薄到 4.36mm（1.8mm + 0.76mm + 1.8mm）。虽然法规对前风窗玻璃的要求最为严格，但是复合玻璃本身的性质使得在它上面很容易附加各种功能，是高功能化应用最为丰富的部件。

b. 车窗玻璃

车窗玻璃在开关及安装时会产生较大的应力，对可靠耐久性要求较高，因此一般使用强化玻璃。汽车用强化玻璃通常是指物理（风冷）强化玻璃。

强化玻璃的制造方法也较复杂，通常是利用电或者燃气炉加热到 700℃，此时接近

于玻璃的软化点，按照所需要的形状成型后，通过空气喷射机急速冷却，在玻璃表面形成约1/6厚度的残余压缩应力层。玻璃的压缩强度约为900～1000MPa，但是拉伸强度仅有50～100MPa。

由于玻璃的破坏一般是由表面的点引起的，通过使表面残留与破坏力相当的反向压缩应力（100～150MPa），就可以制造出强度更高的产品。物理强化的原理利用的是黏弹性理论学说（图2-85）。将玻璃加热到软化点附近，然后急速冷却，在冷却初期表层的温度急剧下降并收缩，与温度下降较少的内部之间产生收缩量的差，这样就在表面形成了拉伸应力。但是在温度较高期间，表面的拉伸应力由于内部的黏性流动而有所缓和。当温度继续下降时，黏性流动到达未发生翘曲的位置，表面开始固化，由于内部的温度下降迟于表面，因此内部的收缩量大于表面，表面在内部收缩引起的拉伸力作用下产生压缩应力，而内部在抵消此压缩应力的作用下产生永久变形。

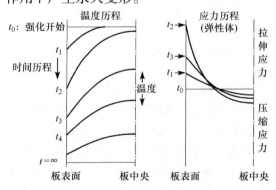

图2-85 基于黏弹性理论的玻璃强化

当强化玻璃出现破坏时，内部的能量在一瞬间被释放出来，将形成没有锐角的细小碎片，因此，减小破碎时的弹性能量就可以减小对人体的伤害。车窗玻璃的制造方法有很多种，如与复合玻璃相同的在烧模上利用重力成型法、垂直悬吊运输后的上拉挤压法、在陶瓷炉内利用高温燃气使之悬浮的同时在重力作用下形成与陶瓷炉形状匹配的燃

气炉法等，在实际生产过程中应根据成型形状、生产工艺性、成本等多方面因素来适当选择。

目前最薄的车窗玻璃的厚度为3.1mm，最厚的约为5mm，为了满足轻量化需求，从整体上来看具有越来越薄的发展趋势。但是，从强化加工的原理中得知，减小厚度是不利于强化的，必须注意对遮音性能及刚度的不利影响。车窗玻璃还因经常性的升降而承受机械摩擦作用力，因此难以附加一些永久性的功能，最近开展了大量的功能性研究，并且一部分已经达到了实用化水平。为了提高玻璃的隔音性和隔热性，强化双层玻璃（在两层玻璃之间填充干燥空气）在欧洲已经有了应用案例，但这种玻璃仅应用在一些超豪华汽车上。

c. 后风窗玻璃

后风窗玻璃虽然一般选用强化玻璃，但是也有一部分高级车采用了复合玻璃。后风窗玻璃形状复杂，并且其上附加了各种功能（如除霜器、天线、传感器、防黏胶老化的陶瓷等），这些都是代表了高功能化意义的先进技术。由于后风窗玻璃基本上是固定式，和前风窗玻璃相比对透明性的要求没有那么严格，因此加工方法也要容易得多。

从加工工艺方法上来看，除了燃气炉法以外，其他方法均和车窗玻璃相同。一般来说，后风窗玻璃是面积较大的三次曲面形状，1980年之前一般选择垂直拉伸挤压方法制造，之后则主要是采用辊底炉水平传送，利用模压吸附和重力作用来成型复杂形状，该工艺方法可以提供没有悬吊点痕迹的外观质量优秀的后风窗玻璃成品。通常轿车后风窗玻璃上使用的强化型玻璃的厚度为3.5mm，而开放式后掀背式大型车的后风窗玻璃则有所不同，为了保证针对开关应力的耐久可靠性和刚度，需要采用更厚的玻璃。复合型后风窗玻璃还衍生出各种各样的高功能性商品，如集成热反射功能和天线功能、中间膜染色遮光带、以中间膜内埋入的钨丝作为通电体的防眩晕玻璃等，但是从成本方面来考虑，其使用范围受到了一定的限制。

d. 顶盖天窗玻璃

由于属于开放且较新的部位，因此多选用强化玻璃或者复合玻璃。制造方法以上述工艺为基准，对隔热及降低可视光透射的私密性要求较高。

美国及日本开发出了利用迁移金属或者其氧化物薄膜形成涂层的玻璃，以保证其良好的隔热性能。而在私密性需求方面，通过玻璃本体的深颜色化、中间膜着色等即可满足。顶盖是太阳光直射部位，在一些案例中，在顶盖上埋入太阳能电池模块，可为停车时的风扇换气及蓄电池充电提供电力。这一点对于电动汽车是非常有意义的，相关的试验性研究也正在开展当中。

除了顶盖以外，发动机中置的高级车的后风窗玻璃同时起到将发动机室与乘员室隔离开的作用，为了确保发动机的热气不在玻璃上形成雾气，有一些案例中采用了强化双层玻璃。

2.6.4 近期技术开发概述

a. 新型玻璃材料及干式表面处理技术

汽车上所使用的玻璃面积在 $4m^2$ 以上，车内所吸收的太阳能中约 70% 以上是通过玻璃进来的，紫外线透射量较少的玻璃开发成为最热的主题之一。

近年来，汽车空调的功率已经发展到了极限，尽可能降低空调的负荷以及改善燃油消耗成为新型玻璃开发的重点。从技术角度来看，可以分为两类，一类是从玻璃原材料本身出发，使其具有吸收紫外线的功能，另一类是在玻璃表面涂一层防紫外线薄膜，根据具体的目的、功能及材料、制造方法来适当选择。长期以来日本一直使用蓝色玻璃或者铜色玻璃来吸收紫外线，最近出现了比原来的玻璃吸收紫外线效果更好的玻璃原材

料，并在量产车上开始投入使用。这是一种利用了原材料中的 Fe^{2+} 离子在紫外线频域附近具有强烈的吸收带、提高材料主体中的铁成分含量的玻璃。以紫外线频域附近为中心，太阳能的透射率降低到传统玻璃的 30%，可以降低太阳光直射时的刺痛感和减少车辆行驶过程中制冷空调的负荷（图2-86）。

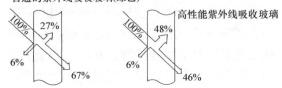

太阳能透射的比较(3.5mm 厚)

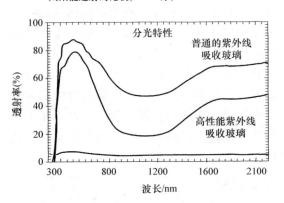

图 2-86　吸收紫外线玻璃的分光特性

由于防紫外线玻璃吸收了大部的太阳能，车辆行驶过程中玻璃所吸收的热量可以通过车身两侧再次放射出去，但是在停车或者市区以超低速行驶时，玻璃放射的热量再次进入到车内的问题是无法回避的。为了解决这个问题，从 1970 年开始就已经开发出了在表面涂一层金属薄膜的紫外线反射玻璃，大型的在线磁控溅射装置取得了实用化的同时，并于 1980 年左右开始在量产车上真正地投入使用。

作为反射紫外线的金属选择了在可视领域内的吸收量较少 Ag，针对高可视光透射率要求的前风窗玻璃，将 10nm 左右厚度的 Ag 薄膜作为高折射率诱导体夹层，制成在可视光线领域内具有抑制反射的干涉薄膜

（图 2-87）。Ag 薄膜的化学、机械的耐久性差，通常将 Ag 薄膜涂在复合玻璃的黏胶一侧，以避免从外部来的损害。像强化玻璃那样，在单层板规格的部位，使用耐久性良好的 Ti 等迁移性金属氮化物，虽然在性能上劣于银膜型玻璃，但是对于物理强度要求较高的场所，和细密的氧化物保护层配合使用，就可以制造出在车身四周都能够反射紫外线的玻璃。

紫外线反射薄膜对电磁波的遮挡效果较高，对车内使用的移动电话等具有阻碍作用，由于影响到玻璃天线的性能，虽然开发出了低导电性涂层薄膜，但是由于大幅度降低了紫外线反射性能而成为了急于解决的难题。

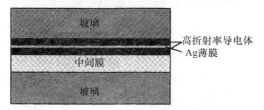

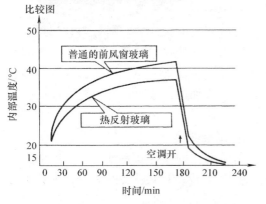

图 2-87　复合紫外线反射膜构成和
冷房负荷减轻效果

外界温度 22.5℃；湿度 50%；风速 0.4m/s；光度 75°；
车身颜色：白；前围板颜色：深红；
座椅颜色：深红

另一方面，以导电性紫外线反射薄膜为透明导电膜，通过发电机来提供额外的电压，利用面发热功能来实现融雪、融霜功能及防眩晕功能的前风窗玻璃正在开发当中，因为它可以代替电动汽车的除霜器，所以受

到了众多关注。

b. 湿式表面处理技术

目前对环境问题的关注越来越多，紫外线对人体或者内饰材料有严重的损害，开发控制紫外线玻璃的呼声越来越高，如防止从车门玻璃透射进来的紫外线对乘员手臂的晒伤；防止在高级车上使用的天然内饰材料褪色等的需求。

为了防止复合玻璃中间夹层的老化，PVB 自身中就含有有机的紫外线吸收材料，虽然这是一种对紫外线具有充分阻断功能的产品，但是在强度、重量、成本方面却不如强化玻璃，因此期待着开发出具有紫外线隔断功能的强化玻璃。前面介绍过的高性能紫外线吸收玻璃是添加了紫外线吸收效果高的成分，虽然大幅提高了紫外线阻隔能力，但是在颜色调配方面的选择余地很小。另外，在后处理过程中，具有紫外线阻隔作用的涂液，虽然在紫外线阻隔性能方面满足要求，但是在薄膜硬度及耐划伤等机械耐久性方面还存在问题，无法在量产汽车上使用。

汽车对机械耐久性要求较高，ZnO、CeO_2、TiO_2 等无机涂层的效果非常好，为了满足性能要求，涂层厚度必须达到数百纳米水平，像溅射法那样的真空法在成膜速度和加工成本方面存在量产困难。另外，还有如在玻璃表面形成金属氧化层、以有机金属材料为源材料的融胶凝胶法。例如，将金属醇盐（金属的酒精反应物）溶液涂在玻璃表面后，经过加水分解以及高温氧化烧结工序后，形成致密的氧化层（图 2-88）。以该方法为基础，开发出了对耐久性及涂液作业优化工序影响很小的紫外线吸收材料并均匀涂装在大面积玻璃上的生产技术。

HUD（Head－Up Display）用合成仪是利用融胶凝胶技术法的表面处理商品代表性的应用案例。高折射率金属氧化薄膜材料及部分涂层工艺的开发成为确保可视领域内高反射率的关键。在新型湿式表面处理技术开

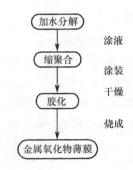

加水分解过程:
Me(OR)$_n$+nH$_2$O→Me(OH)$_x$+nROH
缩聚合过程:
Me(OH)$_x$→(-Me-O-)$_n$+H$_2$O

图2-88 融胶凝胶法的薄膜生成流程

发活动中,在表面涂一层高耐久性氟素层的防水玻璃已经达到了实用化阶段。

c. 其他功能的集成

在很久以前就尝试在玻璃上集成与玻璃本来的功能完全不同的功能,实际中在大范围内取得实用性进展的当属玻璃天线,如图2-89所示。

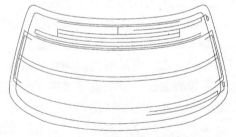

图2-89 玻璃天线(图案)

随着汽车技术的进步,必须保证能够及时获取各种信息,汽车作为移动体获得信息的主要渠道是电磁波,将天线集成到占较大汽车使用面积的玻璃来说是当仁不让的。将天线集成到玻璃中的方法从20世纪60年代的电线封入式前风窗玻璃就已经开始了,为了避开发动机噪声,从1970年以后逐渐转移到后窗玻璃上,如以银为导体的兼顾除霜器功能、利用后风窗玻璃的上部及下部的空间印制天线等。

相对于圆柱形天线,玻璃天线不会在车身上形成突起,对车身的外观造型没有妨碍,同时还不需要电动天线那样的驱动机构,因此在重量及成本方面都具有很大的优势。天线的最基本的功能要求是高增益性,如果考虑到移动天线的特殊使用环境,无指向性也是极其重要的性能指标。另外由于汽车车身是导电体,保证所接收到的电磁波不会通过车身散逸掉,但还需要在尽可能降低传递损失方面下一番工夫。

汽车用玻璃天线的使用范围包括从AM/FM到TV、电话的越来越高的频段,将来还会扩展到GPS导航系统用的更高频域,另外,天线功能的综合化也将取得飞速进展。

2.6.5 今后汽车用玻璃的发展方向

随着时代的进步,对汽车用玻璃的需求呈现出多样化、高度化,对潜在的需求进行整理,可以了解到主要在以下四个方面还存在需要解决的课题。

a. 模块化

玻璃周边的氯乙烯塑料等组装部件一体成型技术、连接在一起的车门玻璃的支撑部位集成品也已经常态化,今后,这一发展趋势将进一步加速,预测将会出现集成度更高的结构设计。

b. 复合技术化

电子部件的组合及各种有机材料的复合化,依然是高性能化进展的支柱,如被称为终极玻璃的调光玻璃、高度安全性指向的佰乐玻璃、利用全息光学元件等代表案例。

c. 主体高功能化

在不改变原材料自身性能而开发附加功能的另一面,针对基本需求的高性能,挖掘材料本身的潜能也非常重要。为了保证较高的可靠性及低成本,改善材料主体性能需要特定的技术,在突破传统玻璃特性的基础上,必须进一步开发更新的技术。

d. 材料的循环利用

在改善环境方面无法回避材料的循环再

利用。从很久以前就已经开展了针对玻璃自身的循环利用活动，而与汽车玻璃相关的循环利用技术逐渐进入了实用性研究阶段，以各种附加功能为前提的更高效方法，今后必将在多个领域内协同合作。

［平野明］

参 考 文 献

[1] R. H. Doremus：Glass Science, New York, John Wiley & Sons（1973）
[2] W. H. Zachariasen：J. Am. Chem. Soc., Vol. 54, p. 3841（1932）
[3] たとえば，作花済夫編：ガラスの事典，東京，朝倉書店（1985）
[4] K. Akeyoshi et al.：Reports Res. Lab. ASAHI GLASS Co.LTD., Vol. 17, p. 23（1967）
[5] 川崎英二ほか：日産技報，第 20 号，p. 217（1984）
[6] 成瀬省：ガラス工学，p. 313, 325，東京，共立出版（1958）
[7] R. W. Skeddle："Technology Setting The Face In Automotive Safety Glass", GLASS, August p. 309（1988）
[8] E. Ando et al.：SAE Paper 910541（1991）
[9] 作花済夫：ゾルゲル法の科学，東京，アグネ承風社（1988）
[10] S. Okabayashi et al.：SAE Paper 890559（1989）

2.7　油脂、燃料

2.7.1　汽车用燃料

汽车上使用的石油制燃料包括汽油和柴油。

a. 汽油

（i）汽油的变迁史　在日本，汽油作为汽车、小型农业机械、游艇等的汽油发动机燃料，年消耗量约为 4.8×10^{10} L（1993 年统计）。

近年来，关于汽油的一个较热的话题是无铅化。自从 1970 年东京牛柳町发生铅公害事故以来，作为提升辛烷值使用的烷基铅的添加量在不断减少，汽油中铅的含量从 0.84g/L 降低到 0.32g/L。在那之后，从 1975 年开始到 1983 年止，普通汽油完全被高级汽油所代替，实现了无铅化，并且在汽油车上加装了催化净化装置，对防止大气污染做出了突出贡献。另外，还有一个话题是高级汽油的辛烷值，以前为 98 左右，到 1987 年止大部分的石油公司已经开始销售

辛烷值为 100 的汽油，并一直延续到今天。综上所述，在日本，不但关注汽油性能的提升，还时时关注着环境等社会需求而不断地进行改良。

（ii）汽油的性质　汽油发动机所使用的燃料是碳元素数为 4 ~ 10、沸点范围约为 30 ~ 200℃ 的碳氢化合物。以辛烷值划分，汽油包括高级汽油（辛烷值为 98 ~ 100）和普通汽油（辛烷值为 90 左右）两种，日本工业标准的产品规格（JISK2202）对其主要性质做出了明确的规定。

（iii）汽油的性能和品质　汽车用汽油所应该具备的性能包括：在所有的气象条件下发动机能够轻松起动（起动性）、踏下加速踏板时有适度的加速感（加速性）、在坡道或者高速行驶进行急加速时不发生爆燃（抗爆燃性）、长时间驾驶时也能够具有舒适的驾驶性（操纵性）等。另外，还必须考虑排放气体不应该对大气环境有严重的影响、燃油消耗低等方面。

1）抗爆燃性：车辆急加速或者上坡道而踩下加速踏板时，发动机内部未燃烧的气体因自燃而使发动机发出类似金属敲击的声音，这种现象称为爆燃（也称为敲缸）。抗爆燃性是指这种爆燃现象出现的难易度，汽油的辛烷值越高则抗爆燃性越好。

为了提高汽油的辛烷值，通常采用两种方法。其一是在制造汽油时使用辛烷值较高的碳氢化合物（较多的饱和成分、含烯烃成分和芳香族成分较高的碳氢化合物），其二是向汽油中添加辛烷值较高的物质。过去，一般使用四烷基铅作为辛烷值提升剂，而现在为了解决排放气体污染问题，改为使用辛烷值较高的含氧化合物醚类或者乙醇类添加剂。在日本，从 1991 年 11 月开始在高级汽油内使用 MTBE（辛烷值118）作为抗爆剂。

2）起动性：发动机起动时的点火难易度取决于汽油的蒸发性，通常用蒸气压力来

衡量。为了保证汽油机在所有的使用条件下都能够具有良好的起动性，提高冬季及寒冷地区汽油蒸气压力是最常用的方法。

3）其他实用性能：除上述以外的实用性能如图 2-90 所示，一般和汽油的蒸馏性质有关。馏出量为 20% ~ 80% 时，加速性或者冬季的暖机性则较好，燃油消耗量在超过 50% 的馏出量时有减少的倾向。

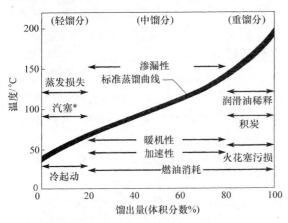

图 2-90 汽油挥发性和实用性能的关系
注：* 挥发性高会出问题的项目。

另外，最近以提升驾驶性及排气净化为目的，还在汽油中添加了能够清除进气道堆积炭的清洁剂。

b. 柴油

（i）柴油的变迁史 柴油作为货车、公交车等大型汽车、大型农业机械及建筑机械、船舶等上的柴油发动机用燃料，每年的消耗量约为 4.2×10^{10} L（1993 年统计值），今后，随着柴油发动机保有台数及运输量的增加，其需求量还会增加。但是对于消减柴油车排放废气（即氮氧化合物及颗粒状物质）的要求越来越严格，作为有效的措施，相对于发动机自身的技术改进，排放废气净化装置的导入则显得更加容易，降低燃料中硫的含量也正在实施当中。根据这些改进措施，柴油中硫的含量（质量分数）从 1992年 10 月开始力争由原来的 0.5% 降低到0.2%，从 1997 年开始进一步降低到 0.05%。

（ii）柴油的性质 柴油发动机所使用的燃料是碳元素数为 10 ~ 20、沸点范围约为 170 ~ 370℃ 的碳氢化合物。JIS 产品标准（JISK2204）按照低温时的流动性将柴油划分为特 1 号、1 号、2 号、3 号、特 3 号共五种类型，还编制了根据季节或者区域进行分类使用指南。

（iii）柴油的性能和品质 作为柴油发动机所使用的燃料，要求柴油具有良好的点火性、适当的黏度、良好的低温流动性、含硫量少等性能。

1）点火性：柴油发动机应能够确保压缩过程中喷射出来的燃料快速点火，并保证燃烧平缓地进行，该性能一般用十六烷值来表示。十六烷值越大则表示燃料的点火性越好。

2）黏度：柴油的黏度越低，则燃料喷射装置形成的喷雾质量越好，也就更加容易燃烧，但是黏度过低则会使与燃油泵等的摩擦损耗增大，应该有一个最合理的范围。

3）低温流动性：在低温条件下，柴油中含有的石蜡会析出，在寒冷地带经常会发生燃料供给系统过滤器堵塞或者柴油凝固等问题，因此，应该根据使用季节及地区选择合适的低温流动性。

4）硫的成分：柴油中的硫是发动机腐蚀和磨耗、润滑油老化、排放气体中含硫化合物的原因，应该尽可能降低燃料中硫的含量。

c. 汽车用燃料的展望

近年来人们的地球环境保护意识越来越强，针对大城市及其近郊的大气污染的日趋严重问题，过去的整改措施一直是以汽车单方的对策为主体，以美国的大气清洁法修正法案（1990 年）对新配方汽油（RFG）及低硫柴油的导入为契机，以欧美为中心开展了制定燃油品质标准的活动。今后，在日本也会有同样的倾向，在选择汽车燃料时必须考虑如何降低环境负荷。但是，现实中这种环境对应型燃料常常伴随着制造及流通过程中新设备投资等成本问题，以及对汽车的行驶性能带来负面影响等，因此应该从整个国民经济的宏观角度出发来解决这些问题。

[柳田茂]

2.7.2 内燃机用润滑油

a. 四冲程发动机润滑油

随着发动机的高性能化、高功率化、排放对策、节省燃油或者燃油交换距离的延长，对发动机用润滑油的要求逐年增高，根据 API（American Petroleum Institute）的服务类别对发动机润滑油的品质进行了分类，随着标准发动机试验的变更、更高性能的要求、试验方法及合格标准的重新评估，设定了新的服务类别标准。在日本，在上述 API 标准品质的基础上，各汽车制造商还追求适合本公司自产发动机的润滑油性能。下面从性能角度对发动机润滑油的发展历程加以叙述。

（i）SE～SF 时代 1970～1975 年左右，由于在汽车上安装了氧化催化器作为排放净化对策，开展了对发动机润滑油影响的研究。虽然磷元素本身是有毒性的，但是与清洁剂组合而成的发动机润滑油在实用上被证明是没有问题的。但是，1972 年诞生的含 0.06%（质量分数，后同）的 P、0.7% 的硫酸灰分的低磷低灰分 SE 润滑油成为市场的主流。另外还确认了添加剂构成成分对凸轮轴及摇臂等气门系统的磨耗有很大的影响，从润滑油的角度对防磨损对策进行了检讨。作为磨耗防止剂的二烷基二硫代磷酸锌（ZDTP）中的二磷烷基类型证明是非常有效的，当时的主流类型被 SE 以后的二磷类型所取代，这种倾向时至今日仍然在继续。

随着发动机的高性能（如气门系统的 OHC 化等）进展，SE 润滑油在耐热性、高温稳定性方面的问题就突显出来了，因此 1980 年诞生了 SF 标准。即判断出 ZDTP 或者金属系清洁剂的绝对量不足，含 0.1%～0.13% P、1%～1.2% 硫酸灰分的 SF 润滑油成为市场的主流，认为使用高磷、高灰油能够提高催化剂的性能。

另一方面，以 1973 年的石油危机为契机，从节能的观点出发开展了轰轰烈烈的改善汽车燃油经济性的活动。1975 年美国制定了能源保护法，决定导入 CAFE（Corporate Average Fuel Economy）机制，低燃油消耗（低摩擦）的润滑技术开发加快了步伐。1975～1978 年集中进行了发动机润滑油黏度及摩擦调节剂（FM）对燃油消耗率的影响调查。同时，美国以 ASTM 为中心进行了燃油消耗率评价试验，1983 年发表了使用五辆车进行台架试验的提案。在那之后又进行了修订，并于 1983 年确定了试验方法，设定了改善燃油消耗率的标准（与标准润滑油 20W-30 相比，改善 1.5% 以上认定为省油型，根据 API 规定，在带有容器的甜甜圈标记的下半部分，用 Energy Conserving 来标识）。

为了尽快将上述活动引入日本汽车制造公司的工厂填充油及纯正油生产过程，于 1979 年发表了添加了 FM 的 10W-30 润滑油。润滑油制造商也于 1980 年、1981 年添加 FM 的产品，其中以 7.5W（或者 10W）-40 为主流。

增压发动机出现后，增压器内部的沉淀金属或者漂浮金属的摩擦成为问题，为了解决这个问题，开始研发增压发动机的专用润滑油，日本于 1982 年后实现了商品化，明确了黏度指数增进剂的聚合物含量与沉淀量之间的关系，根据节省燃油的要求，黏度等级在 10W-40 到 10W-30 之间变化。

（ii）SG 时代 汽油机的省油化、高功率化、小型化等的改良，对润滑油的要求非常严格。即随着燃烧压力的增大、稀薄燃烧系统的导入、油底壳容量的减少等发动机规格的变化，引起泄漏气体中的 NO_x 浓度的增加，与润滑油容量相当的热负荷增大，结果加快了润滑油的老化。1982 年西德发生了黑色泥渣（气门座及摇臂室盖等处发生的黑色泥渣，和以前的褐色有所区别）的问题，几乎同一时期在美国、日本也发生了类似泥渣（润滑油循环不良引起的发动机损伤）引起的发动机故障问题，因此，人们发出了对润滑油品质进行重新评估的呼声。设定了 SF 标准 9 年以后，于 1989 年 3 月设定了 SG 标准。可以说它是以泥渣对策，即防止硝化和氧化为主旨的。

在发动机润滑油的构成成分中，必须包含苯酚或者胺系等无灰防氧化添加剂。无灰分散剂对抑制泥渣初期阶段的氧化非常有效，因此应该增加添加剂的量，或者增加能够有效防止泥渣生成的新高分子量分散剂的量。另外黏度指数增进剂也对抑制泥渣的生成有效，因此也将其改为分散类型了。考虑到排气净化三元催化剂的耐久性，将润滑油中磷的含量（质量分数）减少到 0.08% ~ 0.10%，硫酸灰分含量减少到 0.8% ~ 1%。

改善油耗的要求越来越严格，ASTM 为了削减五车试验的费用和提高可靠性，1985 年使用 GM 的 Buick V – 6（OHC）、3.8L 发动机进行了台架试验（ASTM Seq. Ⅵ），并将该试验中得到的 20W – 30 润滑油的燃油消耗率换算成以前的五车试验燃油消耗率（Equivalent Fuel Economy Improvement，EFEI）。EC – Ⅱ 要求从 1988 年开始燃油消耗率必须提高 2.7% 以上。

（iii）SH 和 ILSAC 标准　美国市场上因销售不满足标准的 SG 润滑油引起了发动机损伤而受到了指责。美国汽车工业协会 API 认证系统对润滑油品质的保证还不充分，以及并没有按照汽车制造商的期望来对标准进行修订，因此，于 1987 年设立了和日本汽车工业协会具有合作关系的国际润滑油标准委员会（International Lubricant Standardization and Approval Committee，ILSAC）。ILSAC 于 1990 年 10 月颁布了乘用车汽油发动机润滑油的 GF – 1 标准（1992 年 10 月修订），在与 API 协议的基础上，于 1993 年制定了新的认证系统 EOLCS（Engine Oil Licensing and Certification System）。

SH 是从 SG 中将 Cat. 1H – 2 试验去除后的标准，其他的发动机试验内容虽然没有改变，根据 CMA（Chemical Manufacturing Association）认证试验实施纲领接受试验或者登录试验润滑油的内容，试验的合格标准也采用了 MTAC（Multiple Test Acceptance Criteria）。为了削减试验费用（即以更少的试验数目业认定合格），在原来的 SG 润滑油中增加了无灰系防氧化剂、分散剂的添加量，因此润滑油的性能也必须提升。另外，GF – 1 虽然与 SH 基本相同，由于同时参考了节省燃油的 EC – Ⅱ 标准，黏度等级划分为 0W、5W、10W，并限定为高温高剪切（HTHS）黏度在 2.9mPa·s 以上的润滑油。另外还规定了润滑油中磷浓度（质量分数，后同）的上限（0.12%）、发泡性、蒸发性、过滤能力等物理化学性质及实验室试验方法。综上所述，API 利用 EOLCS 系统从 1993 年 8 月开始确定了 SH 及 GF – 1 标准认证制度。

以结合 ILSAC 活动的形式，从 1988 年要求日本的一部分汽车制造商使用节省燃油性更好的低挥发性 5W – 30 润滑油（比 ILSAC 标准更严格）开始，必须使用低挥发性、黏度指数高的标准滑润油。黏度指数在 120 以上的氢化分解原油（通常的溶剂精制油约为 100）是由几乎不包含芳香族成分的异链烷烃为主体构成的，和聚 α 烯烃同样，在边界润滑领域的高压下黏度比溶剂精制矿物油低，这对降低摩擦是有利的，如图 2-91 所示。这种高黏度指数原油非常适合于省油型发动机，因此日本从 1992 年以后开始正式使用。另外，对节省燃油的要求越来越高（图 2-92），由于 FM 中的有机钼化合物（MoDTC、MoDTP 等）具有最好的降低摩擦效果，在很多报告中都发表了关于这一方面的研究成果，还出现了采用 GF - 1 标准的润滑油制造商。

（ⅳ）今后的走向 地球温暖化及大气污染预防等环境对应问题变得越来越重要，汽车制造商对发动机用润滑油的要求也越来越高。具体地讲，虽然已经出现了根据 IL-SAC 标准进行的产品更新换代，但是获得新标准认证的润滑油销售时期，预计 GF - 2 为 1996 年 10 月，GF - 3 为 2000 年 1 月。GF - 2 对蒸发性、过滤性能、发泡性的要求变严，增加了高温堆积物的实验室评价新方法，还将磷的含量变更为最大不超过 0.1%。

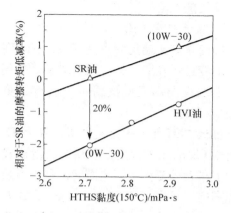

图 2-91 高黏度指数原油对发动机摩擦转矩的影响

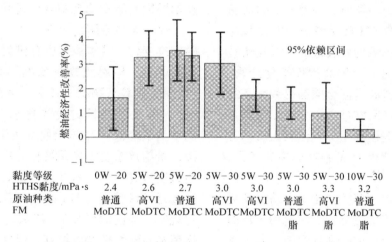

黏度等级	0W-20	5W-20	5W-20	5W-30	5W-30	5W-30	5W-30	10W-30
HTHS黏度/mPa·s	2.4	2.6	2.7	3.0	3.0	3.0	3.3	3.2
原油种类	普通	高VI	普通	高VI	高VI	普通	高VI	普通
FM	MoDTC	MoDTC	MoDTC	MoDTC	MoDTC	MoDTC	MoDTC	MoDTC
						脂	脂	脂

图 2-92 EPA 模式下发动机润滑油的省油性比较

另外，节省燃油试验改用 Seq. ⅥA 发动机，将 OHV 型气门发动机替换为滚轮从动杆式气门发动机（Ford 4.6l V8），从标准润滑油的重新评估开始，设定了节省燃油的标准黏度等级，并预计将制定 EC - Ⅲ标准。基于强烈的节省燃油要求，像 0W - 20、5W - 20（HTHS 黏度为 2.6mPa·s 以上）那种低黏度润滑油的认定也是 GF - 2 标准的特征。在 GF - 3 中，对 Seq. 系列发动机的变更、排气净化催化剂、传感器的性能评价、日本提议的气门系统磨耗试验的采用、润滑油更换周期的延长等内容进行了讨论。

为了满足上述发动机用润滑油的性能要求（低蒸发性、节省燃油性、热及氧化稳定性等），通过添加剂的方法无法对应，因此期待着采用黏度指数更高的原油。1995 年日本几乎所有的润滑油制造商开始制造高黏度指数的原油，并率先采用具有时代领先意义的 5W - 30 润滑油。

另一方面，美国的润滑油制造商为了应对将来的 ILSAC 标准发动机润滑油及低黏度低挥发性的油种要求，一部分润滑油制造商已经开始制造高黏度指数原油，预计其他的厂家也将很快开始采取动作。因此，乘用车发动机润滑油使用高黏度指数原油，并添加了钼系 FM 的低黏度润滑油必将成为省油型发动机的主流。

b. 柴油机润滑油

即使是在柴油机润滑油领域，API 商业分类的变迁仍在继续，特别是对于适于用美国排放法规发动机的润滑油，进行了重新评估。

自从 1995 年 CD 诞生以来，到 1987 年确定了 CE 标准化为止，添加剂的组成成分发生了很大的变化。在这期间，和汽油机润滑油同样，日本于 1980 年左右开始致力于节省燃油的活动，从 1982 年到 1983 年柴油机制造商将添加了 FM 的 CD 级 10W－30 多等级润滑油作为工场填充油、纯正油。由于能有效降低摩擦力的覆膜对润滑油中的炭灰具有研削作用而使 FM 极易消失，因此改为添加不易受炭灰影响的硼酸盐或者对发动机的磨合试验非常有效果的油溶性钼化合物。日本的润滑油制造商为迎合柴油机乘用车的普及，也对自家产品在节省燃油方面付出了很大的努力，而美国和欧洲则仍然在磨耗方面存在悬念，依然以 15W－40 为主流产品，并没有添加 FM。

对于安装了增压器的高功率发动机及采取了排放法规对策的发动机，一部分 CD 润滑油不再适合，因此 CE 成为首选。为了改善排气状况，通过采用紧致活塞顶环，利用顶环上黏附的硬积炭（炭烟或者发动机润滑油的灰分）使气缸套的表面磨成镜面状（缸套研磨），由此会引发润滑油消耗量增加的问题。因此，从润滑油的构成成分中，将金属系清洁剂的添加量减少，以达到低炭灰化目的。发动机试验也在原来的 Caterpillar 单气缸的基础上，又增加了多气缸来进行评价，并于 1987 年 4 月正式确定了标准。

但是，CE 润滑油并没有解决消耗量增加的问题，1990 年 9 月将 Caterpillar 1－G2 试验改变为 1K 试验，为了满足该试验标准，加大了进一步低炭灰化进展（硫酸灰质量分数约为 1.2%）。接下来从 1993 年 10

月开始，美国将道路上行驶的汽车燃油中硫的质量分数下调到 0.05% 以下，又制定了适用于 1994 年排放法规对策车辆的新 CG－4 标准，并从 1995 年 1 月开始销售取得认证的润滑油。在满足 CG－4 标准的润滑油中，ZDTP 为含 0.1%（质量分数，后同）的 P、含 0.9% 的硫酸灰分的 15W－40 的低灰油（日本最具代表性的 CD 油中硫酸灰含量为 1.8%），它具有提高分散性的构成成分。

另一方面，CF 取代原来的 CD 成为新的标准，从 1994 年 8 月开始进行认证。要求使用适合于高硫燃料的建筑机械用发动机及副燃烧室型发动机的高灰润滑油。

由于某些原因，日本无法完全跟随美国的标准变化。日本虽然也有排放法规方面的最大课题，但是法规对象物质是不一样的（美国为颗粒状物质，日本则重视 NO_x 的削减），因此发动机的设计思想及规格也不同。为了降低 NO_x 排放物而安装了 EGR 系统，希望该系统中使用具有良好酸中和性的高碱度值高灰油。另外，日本对所使用润滑油进行性状管理（API 标准试验或者试验中只规定了黏度的增加），特别是要求维持碱度值和对酸性值加以控制，以这些测试值为基础由汽车制造商来指定润滑油的更换周期。

由于低灰化降低了碱度值，长期流失化指向将逆向进行。另外，在日本的发动机试验中，CG－4 型低灰油在清洁性及耐磨性方面未必比 CD 润滑油更好。以上述情况为背景，日本市场上的主流依然是 CD 润滑油和 CE 润滑油。从技术上来讲低灰油所必须具备的条件是在柴油发动机上安装颗粒物质过滤装置（DPF），以作为超长期排放法规对策。由于与润滑油中的硫酸灰含量成比例的 DPF 上所积累的灰分可能带来压力损失，因此必须使用低灰润滑油。

如上所述，虽然在现阶段日本未必会要

求使用像 CF－4 或者 CG－4 那样的低灰润滑油，但从 1992 年 10 月开始，轻油中的硫成分（质量分数，后同）已经由 0.5% 以下下调到 0.2% 以下，接下来在 1997 年又下调到 0.05% 以下，采取排放法规对策的发动机改良系统也已经与美国的系统十分相近，对高灰润滑油的要求已经在事实上不那么严厉了。以 ILSAC 为代表的全球标准化活动仍在继续，今后柴油机润滑油的品质仍将受到热切关注。

[加贺谷峰夫]

2.7.3 齿轮油和自动变速器油

a. 齿轮油

齿轮油是指手动变速器润滑油、主减速器润滑油。齿轮油选择的基本条件是黏度及性能，这些参数由 SAE 黏度分类、API 服务分类或者美国军用标准（MIL－L－2105D）等规定。

随着使用准双曲面齿轮的主减速器的进步，齿轮油的性能以耐烧结性为中心进行了改良，但这一改良过程大大地落后于耐特压润滑油添加剂的进步，主减速器上使用的主流润滑油包括硫化烯烃和亚磷酸酯、磷酸酯、磷酸酯的酯盐中的任意一个组合。黏度及性能分类以 SAE90、GL－5 齿轮油为中心，使用低温流动性及燃油消耗率都较好的多等级润滑油（SAE80W－90 等）。另外，安装了限制滑动的差动装置的主减速器上所使用的润滑油，为了预防因黏滑而引起的振动（称为接点振动），一般是在 SP 系列耐特压润滑油添加剂中添加亚磷酸盐等摩擦系数调整剂。

另一方面，还在手动变速器中使用了 SP 系列耐特压润滑油添加剂减量的齿轮油或者发动机润滑油，从 1980 年左右开始，为了降低低温换档时的操作力，改为使用低温黏度较低的多等级润滑油（SAE75W－

90、SAE75W－85 等）。为了防止多等级润滑油因机械阻抗的引起的黏度下降，向其中添加了分子量较低的黏度指数提升剂（主要是指聚甲基丙烯酸甲酯的比率）。为了降低低温时的黏度，于 1985 年左右引入了新的接触脱落原油，以代替原来的溶剂脱落原油。另外，在多等级润滑油当中，中低温时的黏度比原来的等级润滑油低，因此搅拌阻抗小，对燃油消耗率有利。

舒适性是追求汽车高性能化需要面临的较大的课题之一，当然，手动变速器的换档感受性提升也是其中之一。换档感受性是指同步齿轮机构中同步器锁环和锥齿轮之间的摩擦学问题。同步过程中如果摩擦系数较低，由于倒棱之间的相互撞击而产生齿轮啸叫，在同步器锁环从锥齿轮离开之际，如果摩擦系数较高，则会产生拖拽（进入二级齿轮）现象。

当使用 SP 系列耐特压润滑油添加剂时，出现上述问题的案例有很多，因此，确保摩擦系数较高且稳定、静摩擦系数较低的润滑油开发进展飞速，在 1980 年后半期开始使用向硫代磷酸酯（ZDTP）中添加金属系清洁剂（钙磺酸酯等）和摩擦调整剂的新型齿轮油。为了解决长期流失和润滑油温上升的问题，同时期还进行了提高耐热性的研究，用含芳香族成分、硫、氮元素较少的氢化分解原油取代了原来的溶剂精制原油。另外，与 SP 系列耐特压润滑油添加剂相比，这种 ZDTP－金属系清洁剂的组合还具有耐热性高的优点。

b. 自动变速器油

自动变速器油（ATF）的选择标准主要是基于性能，通常使用 GM 或者 Ford 的标准。自动变速器油的性能是经湿式离合器的摩擦特性、氧化稳定性、低温流动性为中心持续进行改进的。摩擦特性是利用实际的湿式离合器产品在 SAE No. 2 摩擦试验机上测试动摩擦系数（μ_d）、最终摩擦系数（μ_o）、静摩擦系数（μ_s）来进行判断的。1970 年前半期，GM 为了通过降低动摩擦系数（μ_d）来控制换档时间的延滞，制定了摩擦调整剂（FM）添加量减半的 DEXRON II。Ford 公司则为了防止离合器噪声的出现，制定了添加适量摩擦调整剂的 M2C138CJ 润滑油标准。

DEXRON II 型自动变速器润滑油中除了包含无灰分散剂、磷系耐磨剂、防氧化剂以外，还包括含脂类或者胺类摩擦调整剂等无灰系成分和为了保持稳定的摩擦特性而添加的钙磺酸脂的调配金属系。

另外，使用 ZDTP 耐磨剂的金属系 ATF 也是常用的润滑油。在日本，从 1980 年前半期就开始使用 DEXRON II 型 ATF，按照 μ_s 值的高低来区分使用的 ATF 占据了主流位置。1980 年后半期，DEXRON II 型 ATF 已经不再满足标准，更新型的 ATF 出现在了市场上，该种 ATF 的特征是具有良好的剪切稳定性、低温流动性及摩擦特性。在 ATF 中可配合使用聚甲基丙烯酸甲酯等黏度提升剂，但这种润滑油在使用过程中会出现剪切黏度下降现象。

如果黏度下降过多，就会在阀门、密封圈等油压回路上产生漏油现象，从而引起油压下降。另外，如果低温时的黏度过高，则会造成起动不良或者变速不良的问题。为了解决这些问题，常用的办法是采用氢化分解原油或者催化脱落原油。

通过应用低分子量新型原油不仅仅能提高黏度指数，还开发了具有降低流点（液体的最低温度流动点）功能的优良聚甲基丙烯酸甲酯，结果 -40℃ 时黏度指数达 20Pa·s 以下的 ATF 开始投入使用。在此基础上又增加了舒适性需求，作为降低变速冲

击对策及节油对策而导入的自锁离合器上出现了新的课题，经过黏度温度等特性改良的 ATF 达到 $\mu_o/\mu_d \leqslant 1$，同时还要维持包含 μ_d、μ_s 在内的摩擦特性，是一种高性能产品。通过选择适当的 FM 就可以达到上述目的。

传动带式 CVT 出现于 1980 年的后半期，这种 CVT 变速器必须保证传动带和飞轮之间的磨耗和润滑油的剪切，因此采用了耐磨耗性及剪切稳定性均较优的 ATF。

另一方面，GM 于 1991 年制定了 DEXRON II E 标准，Ford 于 1992 年制定了改进型 MERCON 标准，使 -40℃ 时黏度指数达 20Pa·s 以下。DEXRON II E 标准除了上述内容以外，同时为了提升防止发泡性、氧化稳定性，还追加了带式离合器试验。然后于 1993 年又制定了 DEXRON III 标准，通过氧化稳定性的改善和带式离合器试验，推进了高 μ_d 化进展。

1990 年，在日本国内以降低振动、改善变速特性及燃油消耗为目的进行了滑动控制自锁型离合器的研究，它不仅仅在高速领域，同时在低速领域内也能改善燃油消耗，但是进行滑动控制时产生的抖动（JUDDER）现象控制成为 ATF 重要的课题。低速领域的 μ_d 和滑动速度（V）之间的关系，即 $\mu - V$ 特性的斜率（$\mathrm{d}\mu/\mathrm{d}V$）的正确选择对防止抖动非常关键，为了维持这个特性，当滑动摩擦面的温度上升超过 100℃ 时，必须选择热稳定性良好的 FM 摩擦调整剂。

如图 2-93 所示，这是一辆已经确认在比较短的距离内发生了抖动现象的车，该车使用的是市场上销售的 ATF - B，在低速滑动摩擦试验机上使用 $\mu - V$ 特性评价时，在短时间内存在负斜率，而实车上则表现为寿命较长的 ATF - D，且在较长的时间内维持正斜率。

日本汽车工业协会为了管理 ATF 性能，除了传递转矩值大小、剪切稳定性以外，还

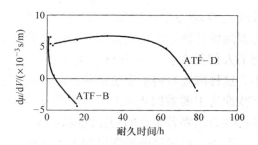

图 2-93　低速滑动摩擦试验中滑动耐久测试

特别针对预防抖动性能制定了新的标准，对国际标准 ILSAC 所提议的方向也在持续研究。另外，新 MERCON V 标准也将增加关于针对抖动方面的内容。

另一方面，作为改善燃油消耗率的手段之一，还进行了维持原来的高温时 ATF 黏度水平、在使用温度领域内降低 ATF 黏度以降低搅拌阻抗和拖曳阻抗的研究活动。为了达到这一目的，开发了黏度指数高的矿物系高性能原油，使用该原油的高黏度指数 ATF 时，与原来的 ATF 性能比较结果如图 2-94 所示，可以看出在转鼓试验机上 AT 变速器摩擦转矩明显下降。

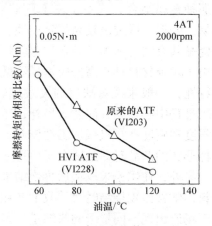

图 2-94　高黏度指数 ATF 的
摩擦转矩降低（AT 转鼓试验）

考虑到以上情况，可以期待黏度温度特性更优、能够最大限度发挥滑动控制自锁离合器的高可靠性 ATF 将不断涌现。另外，μ_d、μ_s 较高的 ATF 在湿式离合器的传递转矩容量大，结果湿式离合器的叶片数可以减

少，直径也能减小。如果相关的一些因素没有性能下降，就可以大幅地改善燃油消耗。今后，可以预测高摩擦系数的 ATF 开发及耐热性进一步提升的研究将不断地取得进步。

[池本雄次]

2.7.4　等速转向节用润滑脂

1980 年左右，无论是出口还是进口的等速转向节（CVJ）使用的都是添加了耐特压润滑油添加剂或者 MoS_2 的锂基润滑脂，但是，由于 CVJ 的使用条件恶劣，同时对车辆舒适性的需求也很高，因此，要求 CVJ 的性能能够适应多种需求。对于出口产品，为了应对高速化及小型化等高转矩化需求，提升耐剥离性及耐磨耗性成为最重要的课题。因此，在过去广泛使用的环烷酸铅中添加了 ZDTP 或者 SP 系耐特压润滑油添加剂。今后上述提升性能及降低成本活动仍然是需要面对的课题。

进口的滑动型 CVJ 在车载角度状态下旋转时将产生被称为滑动力的轴向力。在这个轴向力的作用下所引起的振动将会与发动机等的振动耦合，这些都是差拍噪声、轰鸣声以及车辆前进时车身横向摇摆的可能因素。通过适当选择进口 CVJ 用润滑脂，是可以减小轴向力的，向尿素润滑脂中添加钼系添加剂等摩擦调整剂的低摩擦系数润滑脂的开发仍在持续进展当中。

另外，为了解决从外部传递来的热量及 CVJ 安装角度增加等因素引起的内部热量增加问题，必须使用耐热性良好的进口润滑脂。基于这个观点，比锂基润滑脂性能更好的尿素增厚剂开始投入使用。今后，进口用润滑脂的主要问题是如何降低轴向力以满足对车辆的安静性的追求。除此以外，CVJ 润滑脂共同的重要性能是与橡胶衬套的匹配性。如果耐特压润滑油添加剂等选择错误，将会产生衬套膨胀、歪曲，甚至破损，因此，对匹配性一定要慎重考虑。

[池本雄次]

参 考 文 献

[1] ASTM Standard D 4485-94.

[2] J. Igarashi et al.：High Viscosity Index Petroleum Base Stocks-The High Potential Base Stocks for Fuel Economy Automotive Lubricants, SAE Paper 920659.

[3] T. Nagashima et al.：Research on Low-Friction Properties of High Viscosity Index Pertroleum Base Stock and Development of Upgraded Engine Oil, SAE Paper 951036.

[4] K. Akiyama et al.：Fuel Economy Performance of the Highly Efficient Fuel Economy Oils Using Chassis Dynamometer Test, SAE Paper 932690.

[5] SAE J 306：1994 SAE HANDBOOK, Vol. 1, 12. 37

[6] SAE J 308：1994 SAE HANDBOOK, Vol. 1, 12. 36

[7] 中田高義ほか：スリップ制御用 ATF, 自動車技術, Vol. 49, No. 5, p. 84-88（1995）

[8] T. Sasaki et al.：Development of Automotive Lubricants Based on High-Viscosity Index Base Stock, SAE Paper 951028

2.8　新材料

2.8.1　概述

新材料一时间成为新的话题，在各个领域内进行了研究开发以充分发挥新材料的不同特征。但是，由于成本及产品质量等因素的制约，现阶段达到实用化的还不多。

虽然一部分新材料已经在汽车上开始使用，但是还没有大面积推广，根据今后的开发和技术状况，有可能进一步实用化或者扩大使用范围，接下来将对下面的一些材料的使用情况和今后的展望加以叙述。对于以下材料之外的新材料，由于在各材料领域内详细介绍，此处将不再赘述。

1）陶瓷材料。

2）金属化合物。

3）金属基复合材料。

4）钛合金。

5）非晶态合金。

6）高机能表面处理。

2.8.2　陶瓷材料

陶瓷材料在很久以前都是被用来制造绝缘或者玻璃等生活用品，从 1970 年开始，随着陶瓷材料特性的大幅提升，精密陶瓷受到了人们的关注，并开展了大量的研究工作。这种陶瓷材料主要包括两种，以机械强度特性为主要着眼点的构造用陶瓷和以电、磁特性为主要着眼点的功能性陶瓷。

下面，将对这两种陶瓷的主要特性、实用案例及今后需要面对的课题加以叙述。

a. 结构用陶瓷材料

从 1980 年开始的数年间，结构用陶瓷作为一种新材料受到众多关注并开展了大量的研究工作。高潮时被设计应用在很多的产品上，但是，由于存在成本和产品质量方面的问题，能够达到实用化的案例还很少。目前，为了充分发挥陶瓷材料特性，在各个领域内持续进行研究活动。

陶瓷材料相对于主要竞争对手金属材料的显著特征是重量轻、硬度大、热膨胀系数小、杨氏模量及强度高，当然也存在着加工困难的问题。陶瓷材料的这些性质都是结合力强劲的化学共有结合方式带来的。而金属材料那种金属结合方式由于原子移动容易，因此易于变形，展现出较高的延伸性。实际的陶瓷是共有结合和离子结合共存的状态。

由于陶瓷材料具有高杨氏模量和低延伸率的特性，一般来说对缺口的灵敏度较高，在使用过程中必须充分注意。另外，还由于它的强度和硬度高，机械加工性较差，在制造各种形状的产品时，最适合于净尺寸成型工艺。另外，使用粉末成型后再烧结来制造原材料，常常出现烧结时尺寸收缩及在不同的生产场所出现不同量级的收缩量，因此必须获取大量的试验数据，并在此基础上确定粉末成型体的形状。

材料开发是指充分发挥材料本身的特征，进行高强度化、高韧性化的研究活动。高强度化主要是通过材料组织的细微化和减少缺陷的大小。特别是对于汽车发动机上高温环境中使用的构造零部件，通过使用高纯度原材料、减少烧结辅助剂用量、玻璃相的结晶化、辅助剂向结晶相的固溶等措施，大幅地改善了高温强度。另外，有一些报告中指出，通过添加纳米级的碳化硅颗粒也有非常好的效果。另一方面，对于高韧性化，主要是使组织粗大化、使之生成较大的长柱状颗粒。上述性能强化的原理与通过裂纹前端的马氏体相变引起的压缩残余压力和柱状颗粒引起的须晶强化相同，沿着破裂面发展的裂纹连接桥占据着支配地位。

汽车上有很多陶瓷材料的应用案例，其中最具代表性的当属利用透光性的车窗玻璃、前照灯以及利用陶瓷材料的绝缘性能、

耐热性能制造的火花塞等部件，另外，1970年颁布的排放法规促进了陶瓷材料在催化器载体方面的应用。

陶瓷真正作为构造用材料的研究开发是那之后不久的陶瓷材料热时期，曾经作为研究对象的陶瓷材料包括氮化硅（Si_3N_4）、碳化硅（SiC）、氮化铝、硅铝氧氮聚合材料、氧化锆（ZrO_2）、氧化铝（Al_2O_3）钛氧铝等，这些陶瓷材料的主要特性见表2-30。在这些材料当中，已经达到实用化水平的只有氮化硅，这是由于该种材料具有较好的耐热强度、耐冲击强度和比重特性。

表 2-30　结构用陶瓷的特性

材质	氮化硅（Si_3N_4）				碳化硅（SiC）	部分稳定化氧化锆（ZrO_2）		氧化铝－氧化锆（Al_2O_3－ZrO_2）	氧化铝（Al_2O_3）
主要特征	高强度 高韧性 耐热冲击性 耐热性				高温强度 高热传导率 耐磨性 耐腐蚀性	低热传导率 高强度 高热膨胀率		高硬度 耐磨性	高硬度 低成本
商品名称	SN-55	SN-63	SN-73	SN-84	SC-20	CZ-31	CZ-51	AZ-11	A-96
特征	耐腐蚀性 高强度	高韧性 高强度	高温高强度			耐腐蚀性	高韧性		
体积密度/(g/cm^3)	3.2	3.2	3.2	3.2	3.1	5.9	5.9	4.1	3.7
弯曲强度（4点弯曲、JIS R 1607） RT（MPa）	850	1100	1150	860	600	1020	1100	600	300
800℃	750	900	950	800	580			400	
1000℃	400	650	600	750	570			300	
1200℃		500	400	75	570				
杨氏模量/GPa	260	310	290	280	390 210	300		340	
破坏韧性（JIS R 1607）（MPam 1/2）	7	7	7.5	6[①]	2.5[①]	4.5	7.5	4.5	3.5
努普硬度　载荷300kg/GPa	15	17	14	15	28	12	12	17	15(维氏 500g)
热膨胀系数40~800℃（$×10^6$）	3.4	3	3.4	3.7	4.3	10.5	10.5	8	7.7
热传导率（R.T）/[W/(m·K)]	35	45	45	40	60	3	3	30	20
比热/[kJ/(kg·K)]	0.7	0.7	0.7	0.7	0.7	0.5	0.5	0.7	0.8
耐热冲击性[②]/℃	800	1000	1000	1000	370	350	350	200	200
耐氧化性（1000℃、1000h）/(mg/cm^2)	0.2	0.1以下	0.2	0.1以下	0.1以下				

① 人字形切槽法。

② 投入水中法（不发生裂纹的温差：水温→加热温度）。

日本 GAISHI 公司提供

今后陶瓷材料在汽车上的应用主要包括两个方面：①发动机高性能化带来的高面压运动部件，如气门等；②利用对高热负荷部件的隔热性能及其高温强度特性，如副燃烧室及绝热发动机等。但是，为了避免因原材料、加工、成型等因素造成的价格上升，还需要在各个领域内努力降低成本，目前虽然各处开发活动仍在继续，但是还没有达到与其他材料相当的价格区间。

最近，为了进一步改良陶瓷材料的特性，实施了陶瓷基复合材料（Ceramits Reinforced Ceramics，CRC）前沿技术的研究。目前，对于汽车行业内来说，最重要的任务是通过上述高性能材料的开发来降低陶瓷材料的成本。

b. 功能性陶瓷材料

1975 年左右，为了应对排放法规对策而采用了氧传感器、排气温度传感器，在那之后，由于燃油消耗率、舒适性、安全性等性能提升需求，以爆燃传感器为首的各种传感器开始使用功能性陶瓷材料。目前与构造用陶瓷材料相比，功能性陶瓷材料在汽车行业内的应用范围更广。

汽车上有很多拥有电磁功能的陶瓷制品，温度传感器、氧传感器等传感器类部件的应用也较多。今后，节能、节约资源、舒适性提升、安全性及对环境的保护性等各方面的需求会越来越多。为了提高发动机的燃烧效率而采取的发动机高精度控制、适应人的感觉并能够带来快乐驾驶感的导航系统等通信机器、或者为了提高汽车的安全性，在安全气囊上使用的加速度传感器等陶瓷制品的应用会越来越多。因此，对传感器的高性能化及集成化要求会越来越高，对功能性陶瓷材料的更进一步研究开发和薄膜技术要求越来越高。最近，具有光学功能的陶瓷材料及陀螺仪等汽车相关领域的应用也正在研究当中。

2.8.3 金属间化合物

金属间化合物的构成成分是金属元素，其特性位于陶瓷和金属之间，由于特殊的构成成分和构造而呈现出与金属和陶瓷都较为接近的性质。主要的金属间化合物包括钛-铝系的 TiAl、Ti_3Al 等，镍-铝系的 NiAl、Ni_3Al 等。最近的研究开发活动主要以钛-铝系化合物为主，其中最多的是 TiAl。镍-铝系的 NiAl、Ni_3Al 密度约为 $6 \sim 7.5 g/cm^3$，应用在汽车零部件上则很难体现出其价值所在。另外，从材料特性上来看，其结晶颗粒直径较小，蠕变强度低，应用时会出现问题。基上以上所述，下面将对钛-铝系化合物进行总结、叙述。

钛-铝系钛合金的实用化起始于 1950 年左右对金属状态图的研究，这种材料的蠕变强度、耐氧化性虽然很好，但是延伸性、冲击性却较差，研究曾一度中断。20 世纪 70 年代美国空军又重新开始了对该种材料的研究，到了 80 年代，该材料的重量轻、耐热性受到了关注，美国、日本、欧洲、中国又开始了积极的研究活动。在日本，下一代金属、复合材料研究开发协会实施了从 1989 年开始、历时 8 年的"超耐环境先进材料的研究开发"计划，到目前为止已经开发出了使用温度达到 750℃ 的钛-铝系钛合金材料。有报告指出，使用该材料制造的涡轮增压转子大大地缩短了增压时滞效应。

钛-铝系钛合金包括 Ti_3Al、TiAl、Ti_3Ai 等三种类型。Ti_3Al 的密度约为 $5 g/cm^3$，耐热温度约达 970K，由于密度大、耐热温度低，与耐热钛合金相比没有任何优势。Ti_3Ai 的密度约为 $3.3 g/cm^3$，虽然具有一定的吸引力，但是由于结晶构造复杂，难以变形和加工，因此达到实用化还存在很多困难。

TiAl 具有单纯的结晶构造，在高温环境下也很稳定，作为一种耐热构造材料是金属间化合物当中最值得期待的。但是，由于它比金属材料的延伸性差，尽管在 1000K 以上的高温条件下展现出了较高的延伸性，但是对于通常的金属压延加工那种高变形速度领域的加工是无法实现的，为了改良其特性，实施了热处理、热轧加工等组织控制、添加元素的研究及类似恒温锻造那种低变形速度的加工方法的开发。

在汽车上 TiAl 合金一般用来制造排气门、增压器转子、制动盘等零部件。对于该种材料的应用，和陶瓷同样存在制造成本方面的问题，因此，在制造加技术、耐久性、可靠性、低成本表面处理等方面还需要去解决。

2.8.4 复合材料

复合材料起始于 20 世纪 40 年代初，使玻璃纤维分散在树脂中以提升材料的强度、弹性。在那之后，进行了大量的尝试和研究，如以玻璃为首的陶瓷强化材料、以橡胶、树脂、金属、陶瓷等为母材的各种组合。其中强化纤维塑料（Fiber Reinforced Plastics，FRP）取得了大范围内的实际应用，多用于航空宇宙器材、娱乐领域材料。纤维强化塑料相关内容在 2.4 节中的树脂材料中有详细介绍，此处不再赘述。另外，由于金属基复合材料（Metal Matrix Composite，MMC）的母相（构成材料中强化材料以外的一般部分称为母相）为金属，与纤维强化塑料相比具有更好的耐热性，热传导率也较高，在汽车等工业器材领域内的应用值得期待。下面将对其一般性质，特别是扩大使用范围的关键即制造方法加以叙述。

a. 一般性质

相对于以前的铁、铝、钛、镁等单一成分材料，金属基复合材料是以这些金属为母材，通过与强度、刚度较高的材料相互组合来大幅提升比刚度、比强度及耐磨性。这些特性的变化可以用下面的复合法则（Rule of Mixture，ROM）来代表，长纤维复合材料虽然可以用该法则来进行特性评价，但是对于短纤维或者颗粒状复合材料来说，该法则就显得不是很充分，因此提出了各种各样的提案。

$$S_c = S_m V_m + S_f V_f$$

式中，S_c 是复合材料的特性，S_m 是母相的特性，V_m 是母相的体积率，S_f 是强化材料（纤维、颗粒）的特性，V_f 是强化材料的体积率。

从金属基复合材料的母相重量、强度、制造难度等角度来考虑，使用较多的是铝合金或者镁合金。强化材料则重点考察强度、刚度、与母相的反应性等因素，陶瓷材料使用的较多，从材料形态上来看，长纤维、短纤维、须晶、颗粒的使用率较高。从材质上来看，一般使用碳化物、氧化物、氮化物、硼化物。尽管长纤维在纤维轴向上具有良好的特性，但是在与轴垂直方向上的强度很低，另外，纤维的制造成本也非常高，除了一部分应用案例以外，实际上使用的很少。

使用短纤维、颗粒的复合材料适用于锻造、挤压等二次加工，因此制造容易，成本也具有优势，在强化材料方面取得了很多实用性进展。须晶的均匀性不好，在制造过程中无法得到纤维断裂等值得期待的强度，在须晶的使用过程中还存在对人体健康方面的担忧，预计今后的实用化将会有很大的难度。颗粒的价格很低，可以轻松获得各向同性的材料，但是颗粒的均匀分散性、颗粒界面的反应、颗粒直径、表面的反应状态等都会引起材料特性的变化，在这方面正在开展大量的研究。

在汽车上复合材料取得的实用化成绩见表 2-31。

为了解决纤维价格及复杂的制造工艺所引起的成本上升问题，尝试了各种方法，如使用廉价纤维、改良纤维制造工艺、简化复合材料的制造工艺、提高生产效率等，这些技术将是今后金属基复合材料使用范围进一步扩大的关键。

表 2-31　汽车零部件上复合材料的应用案例

零部件	目的	制造方法	构成材料	
			强化材料	母材
活塞	提高柴油机活塞顶环沟槽部的耐磨性、耐烧蚀性	挤压铸造	氧化铝、二氧化硅短纤维，氧化铝纤维，V_f 为 5% ~ 10%	铝合金 AC8A
连杆	减轻连杆重量，提高燃油经济性和杆部刚度	中压铸造	不锈钢纤维，V_f 为 5% ~ 10%（中央部位）	耐热铝合金
弹簧座	通过降低弹簧负载，减小气门系统摩擦力，扩大旋转速度范围	急冷凝固粉末烧结压锻	陶瓷颗粒，V_f 为 4%	急冷凝固粉末合金
缸体	轻量化，通过减薄缸筒厚度实现小型化	中压铸造	氧化铝纤维，碳纤维 V_f 为 21%	铝合金 ADC12
减振飞轮	轻量化，提高螺栓连接部位的抗变形能力	挤压铸造	氧化铝，二氧化硅短纤维，V_f 为 10%	铝合金 AC8A

相对于使高性能纤维或者颗粒分散到母相中以提高特性的传统方法，最近，开展了使材料内部发生反应得到强化物来强化复合效果的原位复合材料研究。由于该方法是在材料内部与素材产生反应颗粒，能够使热力学性能稳定的细微颗粒均匀分散，同时也可以实现降成本的目的。主要的强化颗粒有 SiC/Al - Ti 合金溶液反应生成的 TiC 颗粒。但是，这种方法也存在问题，如何控制反应的均匀性，即偏析现象是该种工艺获得实用性进展过程中最大的难题。

b. 制造方法

复合材料的制造方法分类见表 2-32。纤维强化复合材料真正取得大批量生产的只有铸造方法，而颗粒强化复合材料虽然在一部分铸造、粉末冶金、喷射成型工艺中取得了实用性进展，但目前几乎全部处于研究开发阶段。今后复合材料的使用范围能否进一步扩大，上述的工艺方法能否取得成功是关键。

2.8.5　钛合金

根据钛合金协会的数据，日本钛锭的年产量约为 1×10^4 t，其中的 80% 以纯钛的形式被应用于建材或者出口，在汽车上仅被当做添加材料使用。与合金钢相比钛合金的重量约轻 40%，强度约为钢的 2 倍、铝的 3 倍。钛合金虽然在汽车轻量化方面有很大的优势，但是由于价格的原因，至今为止其使用范围仍然被限制在很小的范围内。

钛合金之所以价格高，是由多种因素造成的，如在精炼过程中要消耗大量的电能，很难实现连续性生产、金属钛再熔解制造钛锭过程中需要真空熔解、无法利用普通方法以碎屑为原材料进行循环熔解等。今后的技术开发过程中如果不解决上述问题，虽然使用范围有可能扩大，但是在汽车上的应用也只能限于装饰花边等极小的范围内。下面将对钛合金的种类及应用现状加以介绍。

a. 纯钛

纯钛的结晶构造为稠密六面体，称为 α

相。纯钛的机械性质因氧及铁的含量而发生变化，在 JISH4600 中共划分为三个种类。虽然纯钛的耐腐蚀性非常好，但是拉伸强度只有 500MPa 左右，对于汽车用材料来说是远远不够的，一般都是以合金形式应用的。

表 2-32　复合材料制造工艺

方法		工艺概要	特征
铸造方法	加压铸造	• 将强化材料的预成型体置于模具内 • 使铝合金液加压渗透，施加 50 ~ 100MPa 的压力，使其凝固	• 湿润性差的陶瓷强化材也可应用 • 由于与熔液接触时间短，能够将界面反应控制在最小限度内 • 可以根据需要设定局部强化部位
	熔液添加法	• 搅拌铝合金液的同时，添加陶瓷颗粒使之均匀 将该混合液直接或者间接注入模具内进行铸造	• 除了添加陶瓷工艺，可以使用传统的铝部件制造工艺，现行设备可以继续使用，能够实现大规模和低成本生产 • 由于强化材料与铝熔液长时间接触，铝合金母相和强化材料的组合受到限制 • 由于陶瓷颗粒的铝熔液的湿润性较差，熔液中的高成品率添加剂和强化材料的均匀分散很难
	压铸法	• 在母相熔液固液共存状态时搅拌，使颗粒的混合分散高度均匀。将该熔液直接成型，或者在一次凝固后加热成型	• 能够获得均匀的复合材料 • 可以作为机械合金等粉末冶金法的代替技术
	PRIMREX™ 工 艺（PRIMREX CAST™）	• 在陶瓷的预成型环境中进行控制的同时，使铝在非加压状态下浸透，制造高体积率的复合材料。另外，通过稀释，还可以进行铸造	• 制造时间长，生产性低 • 能够使用的强化材料受到限制
	in – situ 法	• 使熔液中发生反应以生成强化材料（如 2B + Ti + Al→TiB2 + Al），进而制造复合材料	• 由于是在熔液中制造强化材料，母相和粒子的界面不会受到污染，能够得到坚固的界面。另外，粒子直径小，因此能够保证良好的特性
粉末冶金法		• 金属合金粉末和强化材料（多为陶瓷）混合后，按照和普通的粉末冶金相同的工艺来制造复合材料	• 与铸造方法相比，工艺更加复杂，因此制造成本高。另外，由于可利用热压或者挤压工艺，形状、尺寸受到一定的限制，为了获得最终的产品可能需要多道加工工序，材料的合格率低，有制造成本上升的趋势
喷射成型		• 和金属粉末热压来制造一次成型体不同，使半熔状态的金属堆积，利用急冷凝固预成型的喷射成型方法，在喷射时，添加或者利用反应生成强化物，并使之均匀分散，制造复合材料铸锭	• 根本上来说和粉末冶金方法相同，与粉末冶金方法相比，制造工序简单，今后的开发和进展值得期待

b. α+β 型钛合金

在钛合金当中，机械构造上使用最多的是 Ti – 6AL – 4V 合金，该合金是上述的 α 相和体心立方晶格 β 相的混合组织，在机械性质、成型性、熔接性等方面均取得了良好平衡的优良合金，该种合金用在一部分赛车及跑车的发动机气门、气门弹簧座、连杆上。另外，还开发出了维持合金机械性质的同时切削性大幅提升的 Ti – 3Al – 2V – 0.1S 合金，已经被成功地应用在跑车的连杆上。

c. β 型钛合金

如果添加 Mo、V、Nb、Fe、C、Ni 等合金元素，根据添加量的不同使 β 相增加，就能够得到单 β 相合金。β 相合金的加工性优秀，根据之后的后处理还可以得到很高强度的产品，因此作为机械构造用材料开发出了很多种类。例如，使用 Ti – 3AL8 – V – 6Cr – 4Mo – 4Zr（商品名 BetaC：RIM 公司）制造的气门弹簧进行了试制试验，能够实现 90% 的低温线拉伸，再根据之后的后处理就可以得到硬度达 500Hv 以上的合金。β 型钛合金还可以采用冷轧锻造工艺，已经成功试制出了气门弹簧座。

2.8.6　非结晶金属

目前，以汽车为首在工业领域内使用的主要材料为金属材料，金属材料的构成相包括结晶、非结晶和准结晶共三种。非结晶、准结晶在自然状态下是不存在的，是一种通过人工手段达成的状态。制造非结晶状态合金相的技术在几十年前就已经出现了，对材料、特性进行了大量的研究，开发出了各种各样优秀的特性，其中的一部分已经成功地应用在工业材料上。下面，对非结晶相合金的性质和制造方法进行简要地介绍。

二元型非结晶合金包括：①过渡金属（Ni、Fe、Co 等）和非金属（P、B、Si 等）的结合（Ni – p、FE – B、Co – B、Nb – Si）；②过渡金属之间的结合（Fe – Zr、Co – Zr、Cu – Zr）；③金属之间的结合（Mg – Zn、Ca – Al）。三元非结晶合金包括①Fe – Si – B 等过渡金属 – 半金属系合金；②Fe – Co – Gd 等过渡金属之间的合金；③Al – Ni – Mn 等典型的金属 – 过渡金属系合金。铁系合金作为高韧性材料，Fe、Co、Ni 作为高耐腐蚀性材料，Ti、Zr 系合金作为储氢材料，Nb、Mo 系合金作为超导材料使用。常用的制造方法包括急冷法、气体成型法和其他方法等三种。急冷法是使金属溶液置于低温的鼓或者盘子上，进行急速冷却降低，从而得到非结晶相的方法。限制制造方法产品的形状仅限于带状或者细线状；气体成型法包括真空蒸煮法、电火花法两种；其他制造方法有如无电解电镀法等。最近，使非结晶相的一部分结晶化，通过纳米级结晶相和残留非结晶相混合得到纳米级混合相，可以产生非结晶相单一材料或者结晶材料无法得到的优秀特性，在某些研究报告中已经得到了证实。非结晶相合金的强度、耐腐蚀性、电磁特性以及其他的特性已经在部分实用案例或者研究案例中得到证实。不管是哪一种都因为制造工艺上的制约其被限定在有限的应用范围内。

2.8.7　高性能表面处理

以前的主流表面处理方法包括以钢铁渗碳、氮化为代表的热处理和以电镀为代表的表面化学处理，这些表面处理方法对使用的基材料有所限制，存在硬化层无法做得更厚的问题。但是，最近利用电子束或者激光束等高能量密度手段对母材部分性质进行改变的方法经过研究已经取得了实用化进展，下面，将对这些实用案例加以介绍。

为了提高柴油机活塞环沟槽的耐磨性

能，使母材铝合金 AC8A 进行再熔解，通过添加铜元素使其结晶析出 CuAl2 硬质颗粒，从而提高耐磨性能。这种方法与以前的镍铜铬耐蚀铸铁相比，不仅仅是得到了同等的耐磨性，热传导性也较好，对发动机性能的提升做出了较大的贡献。另外，利用再熔技术使发动机气缸盖的气门座之间的组织细微化，能够有效防止燃烧室表面发生裂纹。但是，不管是哪种方法，都需要在真空或者特定气体环境中进行，由于成本的限制，目前还无法大面积推广使用。今后，如果能够开发出更低成本的技术，其应用范围还可以进一步扩大。

另一方面，对于电镀技术而言，通过对电析条件控制，可以控制析出层的结晶配向性（图 2-95），已经确认根据这种方法可以大幅提升摩擦特性、特别是耐烧结性。由于通过摩擦特性提升的方法可以控制结晶配向，因此，今后的应用扩展将受到更多的关注。

[牛尾英明]

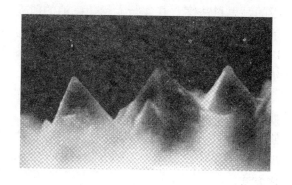

图 2-95　金属的表面形状

参 考 文 献

[1] Y. Tajima：Mat. Res. Soc. Symp. Proc., 287, p. 189（1993）
[2] 平尾喜代司：名工研研究発表会予稿集，p. 5（1995）
[3] Y. Ogawa et al.：Ceramic Rocker Arm Insert for Internal Combustion Engine, SAE Pper 869397（1986）
[4] 原洋夫：セラミックスタペットの耐摩耗特性，自動車技術，Vol. 45, No. 4, p. 33-38（1991）
[5] Y. Hori et al.：Si₃N₄ Ceramic Valves for Internal Combustion Engines, SAE Paper 890175（1989）
[6] Y. Ogawa et al.：Complete Ceramics Swirl Chamber for Passenger Car Diesel Engine, SAE Paper 870650（1987）
[7] 新原皓一：New Design Concept of Structural Ceramics − Ceramic Nanocomposites−，日本セラミックス協会学術論文誌，Vol. 99, No. 10，p. 974-982（1991）
[8] S. C. Huang et al.：Metall. Trans., 22 A, p. 427（1991）
[9] N. Fujitsuna et al.：ISI International, 31, p. 1147（1991）
[10] 橋本健紀ほか：TiAl 基合金の常温延性に及ぼす Mn 添加の影響，日本金属学会誌，54, p. 539（1990）
[11] 前田尚志：金属間化合物の恒温鍛造法，金属，Vol. 62, No. 10, p. 54-59（1992）
[12] W. E. Dowling et al.：Titanium '92, Science and Technology, ed. R. Darolia et al., TMS, p. 2681（1993）
[13] 南方俊一ほか：軽量・耐熱材料としての TiAl 金属間化合物に関する研究，川崎重工技報，No. 111, p. 37-44（1991）
[14] 糀谷　幸：FRM の現状と将来，自動車技術，Vol. 40, No. 8（1986）
[15] 林　直義ほか：繊維強化アルミコンロッドの開発，日本金属学会会報，Vol. 25, No. 6, p. 565-567（1986）
[16] T. Donomoto et al.：Ceramic Fiber Reinforced Piston, SAE Paper 830252（1983）
[17] 牛尾英明ほか：自動車用アルミニウム複合材の開発，軽金属，Vol. 41, No. 11, p. 778-786（1991）
[18] 福永秀春：スクイズキャストによる軽金属基複合材料の作製，軽金属，Vol. 38, No. 11（1988）
[19] 渡辺晶：コンポキャスティング法による粒子分散型アルミニウム合金複合材料の製造および諸特性，軽金属，Vol. 38, No. 10, p. 626-632（1988）
[20] A. Kimura et al.：A free machining titanium alloy for connecting rods, SAE Paper 890470（1989）
[21] A. Murakami et al.：Enhancement of automotive engines with β-Ti valve springs, SAE Paper 910425（1991）
[22] 井上明久：アモルファス合金の結晶化によるナノ組織制御，金属，Vol. 61, No. 10, p. 62-67（1991）
[23] 山本英継：リング溝に銅の電子ビーム溶融拡散を適用したピストンの開発，No. 11, p. 103-109（1988）
[24] 金沢孝明ほか：TIG 再溶融による弁間強化アルミ合金シリンダヘッドの開発，トヨタ技報，Vol. 37, No. 2, p. 112-119（1987）
[25] 西原正治ほか：高強度アルミシリンダヘッドの開発，いすゞ技報，Vol. 85, p. 60-62（1991）
[26] 藤沢義和ほか：軸受材料としての結晶配向性電析鉛合金，日本金属学会会報，Vol. 32, No. 4（1993）

3 材料与环境问题

3.1 废气排放对策

3.1.1 概述

随着美国及日本的汽车排放法规的实施，催化器作为排放气体净化装置的一部分已经有超过 20 年的应用历史了。当初在汽车上采用排放废气净化装置时，存在各种各样的性能老化等方面的问题，从耐久性角度来考虑具有一定的安全问题。因此，在无铅汽油的普及和发动机燃烧技术改进的同时，催化剂性能的老化问题也不断得到改进，为了满足排放法规的要求，零部件的机械性能的可靠性获得了显著的进展。

从排放法规对策的角度来看，催化装置的功能只在汽油车上得到了完美的发挥，在柴油车及两轮车上虽然也安装了催化装置，但是还存在着很多技术上的问题没有得到充分的解决。在以地球温暖化为契机，重新评估环境保护必要性的争论当中，对于催化装置的期待必将越来越大。本节在介绍汽车排放气体催化装置的基本特性的基础上，将以解决催化装置中存在的各种各样问题的最新技术为中心加以介绍。

3.1.2 排放法规和催化装置

a. 美国的排放法规和汽车催化装置的开发

最初采用催化装置用以净化排放气体是在 1920 ~ 1930 年为了解决美国交通堵塞而带来的大气污染问题。在 1960 年洛杉矶市发生了光化学污染事故，之后加里福尼亚州要求大幅削减 CO 和 HC 的排放量，从那个时候开始，采用催化装置来净化排放废气的

研究开始盛行。1967 年加里福尼亚州通过的排放法案《Clean Air Act》（大气净化法案）成为采用催化装置的起因，CO、HC 排放从 1975 年开始、NO_x 排放从 1976 年开始实施了更为严厉的法规，从 1975 年生产的车型上开始正式使用催化装置。

最初汽车上催化装置中使用是 Pt/Pd 催化剂，在酸化环境中 NO_x 排放物无法有效净化，因此采用了 EGR 方法来控制 NO_x 排放。其中最受到瞩目的革新技术当属 1973 年提出的能够实现理论空燃比控制的氧化锆型氧传感器的开发，据此而开始应用的 Pt/Rh 三元催化剂是从 1977 年生产的车型开始的，采用氧传感器的反馈控制在废气排放净化系统中开始了实用化。

b. 日本排放法规的实施

日本实施的排放法规是在美国排放法规的基础上进行了强化。1972 年确定了日本版的马思科法案，在实行无铅化汽油的前提条件下，CO、HC 排放法规在 3 年之后的 1975 年、NO_x 排放法规在 4 年之后的 1976 年（之后又延期到 1978 年）开始实施。

日本在满足排放法规方面所采取的措施如同当初本田汽车的 CVCC 发动机那样，不使用催化剂。从 1978 年开始对 NO_x 排放法规进行了强化，采用了美国开发的催化剂净化方式。

c. 排放法规的发展动向

最近的排放法规发展动向中需要特别注意的与催化剂相关的内容是美国的 OBD-2（On Board Diagnostice）法规和行驶试验工况的变更（supplemental federal test procedure）。

OBD-2 法规要求车辆上必须安装催化剂老化的检测系统，具体来说是利用催化剂

的性能和氧吸附性能，通过氧传感器来检测催化装置前后的 O_2 的浓度变化，并据此来判断催化剂是否发生了老化。因此，作为催化剂的性能，高净化率和与性能成比例的氧气吸附能力是必需的。而关于测试工况调整，在目前的行驶工况的基础上补充、追加了能够反映市区实际行驶状况的评价条件，主要内容如下：①空调起动；②裂化时间延长；③追加急加速、高速工况。同之前的评价工况相比变得更加复杂了。

3.1.3 催化剂的基本特性

a. 催化剂载体

主流催化剂载体包括董青石载体（$2MgO \cdot 2Al_2O_3 \cdot 5SiO_2$）和陶瓷制整体式载体，使用 $300 \sim 400cell/in^2$ 的形状各样的物质。在实施排放法规的当初所使用的颗粒状载体因磨耗而使性能降低，存在搭载性、高排放压力等问题，因此目前已经不再使用。相对于陶瓷制品，FE－Cr－Al 系合金制成的金属载体是从 1980 年左右开始使用的。金属载体的特征如下：①壁厚薄达 $50\mu m$，几何表面积和开口率大；②热传导率高且热容量小；③破坏强度高；④容易与管焊接，不占空间等。

金属载体具有低排放压力和易搭载性等优点，有利于提高发动机的性能，在欧洲以赛车为中心大量使用，金属载体与陶瓷载体相比具有成本方面的劣势，并且没有有效的方法可以弥补，因此在日本及美国市场上没有普及。

b. 重金属

催化剂的基本构成成分包括 Pt、Pd、Rh 等重金属，Pt/Rh、Pd/Rh、Pt/Rh 复合催化剂是利用各种重金属的特性组合而成的三元催化剂。图 3-1 所示的是 Pt、Pd、Rh 的单体时对 CO、HC 和 NO_x 的净化性能比较。当 Rh 量较少时三种成分均显示出较高的活性，并且 NO_x 的净化性能更好，但是三元催化剂中不可缺少的必要成分。而对于 Pt 和 Pd，三种成分均显示出 Pd 的净化率更高。但实际上三元催化剂的主要成分是 Pt。Pd 性能劣于 Pt 的理由如下：①对于铅、硫的抗毒性弱；②能够得到高净化率的空燃比范围小；③与 Rh 组成合金后，使 Rh 的性能降低等。通常 Pt/Rh 的组合性能要优于 Pd/Rh 组合，仅使用 Rh 则无法保证 HC 的充分活性。

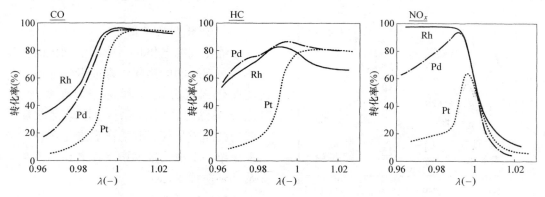

图 3-1　Pt、Pd、Rh 催化剂的三元特性的比较（Fresh）

Pt、Pd：1.0g/L。

Rh：0.2g/L。

评价条件：400℃，SV = 12200/h。

尽管如此，为了降低有毒物质的损害，　利用和 Rh 的相互作用防止技术、Pd 催化剂的大幅性能改进等各种各样的原因，催化剂的主流渐渐地从 Pt/Rh 组合向 Pd/Rh 组合过渡。例如，在 HC 排放最为严厉的美国市场，开始使用 HC 净化率高的以 Pd 为中心的 Pt/Pd/Rh 及 Pd/Rh 催化剂。日本的 Pd 单体三元催化剂也取得了实用化应用。

c. 辅助催化剂

在理论空燃比附近发生的酸化反应（redox）能够同时净化 CO、HC 和 NO_x 三种排放物，向反应中添加储氧物质（oxygen storage component，OSC）可作为辅助催化剂来缓和空燃比变动而带来的性能波动。在初期，向三元催化剂中添加以 Ni 为 OSC 的辅助催化剂，但是目前使用的则是 CeO_2 及其复合酸化物。图 3-2 所示的是 Ni 和 CeO_2 添加到 Pt/Rh 催化剂以后的 O_2 吸附量比较。Ni 虽然在新鲜状态时具有 O_2 吸附能力，但是当温度达到 700℃以上的临界值后 O_2 吸附能力基本消失。与此相对应，单独的 CeO_2 虽然不具备 O_2 吸附能力，但是当与 Pt/Rh 的重金属共存时，其综合 O_2 吸附量超过 Pt/Rh 及 CeO_2 单独使用时的吸附量之和，这是由于 O_2 通过 Pt/Rh 后出现了溢流，引导 O_2 的储藏。

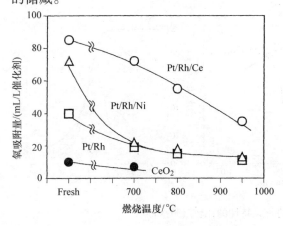

图 3-2　Pt/Rh/CeO_2 催化剂的氧吸附量

催化剂：Pt/Rh = 10:1，40g/ft³

燃烧：空气中 1h

Ht = 304.8mm

图 3-3 所示的是添加 CeO_2 后 Pt 催化剂的三元催化效果。添加 CeO_2 辅助催化剂后，三种排放物的净化性能大幅提升，这是由于 CeO_2 对于 Pt 的活性、Pt 对于 CeO_2 的活性这二者同时发挥了作用。另外，CeO_2 不仅仅对 O_2 的储藏、释放起作用，同时作为辅助催化剂还能够促进气体的转化反应过程，在还原性气体环境中 CO 和 H_2O 发生反应而生成 CO_2，同时，所生成的 H_2 还能够促使 NO_x 发生还原反应。另外，Pd 及 Rh 与 CeO_2 共存时，也会具有同样的效果。

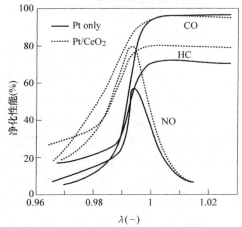

图 3-3　催化剂三元特性的添加效果

Pt：1.0g/L

评价条件：400℃，SV = 12200/h

d. 催化剂的老化

催化剂的老化是指由于发动机的不完全燃烧引起瞬间的焦化中毒或者热冲击、振动使催化剂成分出现剥离等物理变化、Pb、P、S 等黏附物引起的中毒性老化以及重金属的结晶成长等引起的高温老化 3 种。接下来介绍一下催化剂的中毒性老化、高温老化及其预防技术。

（i）中毒性老化

1）Pb 中毒。Pb 中毒如图 3-4 所示的那样，包括①颗粒状酸化铅排出后，黏附在催化剂表面；②处于蒸气状态的卤化铅排出后，向催化剂（载体涂层）整体扩散、浸透共两种类型。两种类型中都会与排放气体

中的 SO_2 发生反应，以不具有挥发性的硫酸铅的形式沉淀在催化剂层中。Pb 与汽油中的 Pb 含量及车辆的行驶距离成比例。在汽油当中即使仅含有数毫克每加仑的少量 Pb，催化剂的性能也会发生变化，并且随着与 Pb 的黏附量的增加而大幅减弱。作为防止中毒的有效措施只有使用无铅汽油一种方法。

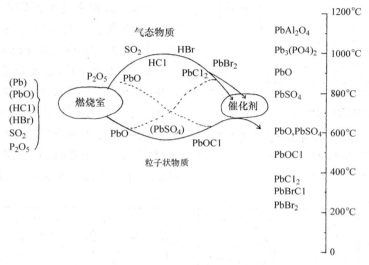

图 3-4　汽车催化器中铅的形态

关于 Pb 中毒的原理，由于不挥发性的硫酸铅而使得各种重金属的活性点被覆盖，Pb 与重金属合成为合金。另外，Pb 还会与重金属产生相互作用而形成无活性物质，从而使其活性降低或丧失。Pb 对各种重金属活性的影响大小顺序为 Pd > Rh > Pt。

2）P 中毒。P 中毒是指发动机润滑油中的添加剂 P 中含有的 Zn 有机化合物燃烧时，以 P 为主要成分的复合酸化物黏附在催化剂上，与重金属相互作用，另外玻璃化的催化剂被其他物质覆盖住以后而引起的中毒。相对于与重金属的相互作用而失去活性的 Pb 中毒性老化，P 中毒性老化主要是由于玻璃化物质覆盖，妨碍了反应过程中产生的气体的扩散。

作为 P 中毒的预防措施，除了减少发动机润滑油中的添加剂、提高发动机的耐久性以减少润滑油的消耗量以外，还可以对滑润油添加剂的成分进行优化，即使 P 化合物黏附在催化剂上也不会出现玻璃化现象。

3）S 中毒。S 中毒是指汽油中的 S 化合物因燃烧而产生百万分之几十的 SO_2 与重金属产生反应，从而妨碍了 HC、CO、NO_x 等排放气体的吸附。

S 中毒比 Pd 中毒的影响更加明显，这是由于 SO_2 黏附在 Pd 上的能力要强于 Pt、Rh。另外，S 中毒虽然是因为 SO_2 的黏附而引起的暂时性中毒，但是在低温环境中所积累的 S，如果温度达不到 $500 \sim 600\,^{\circ}\mathrm{C}$ 以上的高温，则 SO_2 无法脱离，中毒无法解除。

（ii）高温老化　催化剂高温老化的原因是在高温环境中的催化剂成分的结晶成长现象。图 3-5 所示的是 Pt/Rh 催化剂的高温老化案例，图中显示了耐久温度对 CO 活性变化的影响。当耐久温度超过 $800\,^{\circ}\mathrm{C}$ 以后，上升温度显著升高，加速了催化剂的老化进程。

图 3-6 所示的是在理论空燃比稳态（steady）条件与极端酸化环境和理论空燃比组合而成的动态（dynamic）条件下，同

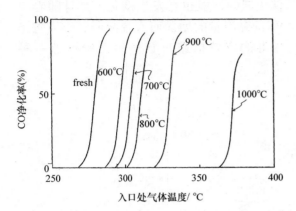

图 3-5　Pt/Rh 与 CO 净化性能和耐久温度的关系

Pt/Rh = 5:1，1.0g/L，SV = 33000/h，
15℃/min（A/F = 14.65）

一催化剂耐久试验后的性能比较。三元催化剂的老化受环境的影响，特别是在酸化环境下的老化进程要比理论空燃比条件下更加严重。

（ⅲ）高温老化的预防技术　根据老化发生的原理，一般可以分为氧化铝、重金属、辅助催化剂的结晶成长等三类。

1）氧化铝的结晶成长控制。图 3-7 所示的是在耐久温度作用下 Pt/Rh/CeO$_2$/Al$_2$O$_3$ 三元催化剂的比表面积变化情况。一般情况下，比表面积低的主要原因是作为母材使用的氧化铝热收缩，此时常常伴随微小孔隙、中等孔隙容积的显著减小。催化剂活

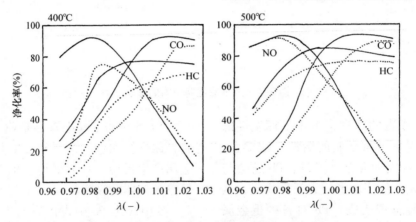

图 3-6　Pt/Rh 催化剂净化性能和耐久环境的关系

Pt/Rh = 5:1，1.4g/L，耐久温度 900℃

——静态条件　——动态条件

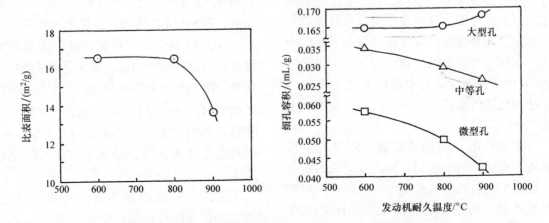

图 3-7　Pt/Rh/Ce 催化剂比表面积、细孔容积与耐久温度的关系

性的降低被认为是这些细孔消失而导致的活性点被埋没、重金属的加速焦化而引起的。相对于氧化铝的耐热性改良，碱土类（Ba、Sr）以及稀土类元素（Ce、La、Nd）的添加而带来的效果，通过添加上述元素能够有效抑制氧化铝的 α 化。

2）重金属的结晶成长控制。重金属的结晶成长程度主要受温度和环境的影响。对于 Pt 催化剂，当处于还原环境时焦化进展缓慢，但是在酸化环境中却被大幅加速。对于 Pd 催化剂，在酸化环境下，由于 PdO 薄膜的形成而使 Pd 分解、脱离，加速了焦化的进展。另外，Pt 在还原环境中焦化进程更快。作为 Pt、Pd 催化剂的焦化进程抑制手段（表 3-1），添加 Ba、Sr 等稀土元素证明是非常有效的。

表 3-1　重金属结晶控制的效果

催化剂类型	颗粒直径/Å
Ce（STD）	1700
Ce/Sr	563
Ce/Zr	800
Ce/Zr/Sr	325
Ce/Zr/Ba	350

注：催化剂：Pd/Rh = 10：L，1.6g/L。

耐久：发动机文丘里管，850℃。

1Å = 10⁻¹⁰m。

另一方面，由于 Rh 催化剂中的 Rh 含量很少，目前虽然还没有完全确定其老化原理，但是在高温环境中，由于 Rh - 氧化铝的相互作用而产生了低活性尖晶石化合物（$RhAl_2O_4$），从而使催化剂性能老化。为了预防这种老化现象，采用了与 Rh 不会产生相互作用的 ZrO_2 作为一部分载体。另外，通常认为是 CeO_2 对酸化、焦化的促进，或者相互抵消作用而使性能老化，但是其原理到目前为止还没有完全解明。作为解决这种现象的一种措施，在设计催化剂时，大多将二者配置在不同的层上，即设计为多涂层结构。

3）辅助催化剂的结晶成长控制。如图 3-8 所示，CeO_2 结晶粒子的直径随着耐久温度的升高而增大，同时伴随着氧吸附能力的显著降低，使其作为氧储存物质的能力下降。作为 CeO_2 结晶成长的控制措施，添加一定量的 Ba、Zr、La 证明是有效的。

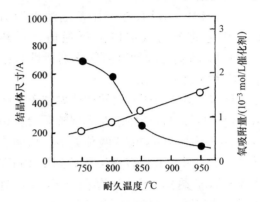

图 3-8　各种温度下 Pt 结晶体尺寸

催化剂：Pt/Rh = 5：1，1.4g/L。

测试：CeO_2 结晶体尺寸 - XRD。

氧吸附量测试温度 400℃。

1Å = 10⁻¹⁰m。

3.1.4　与催化器相关的问题

a. ULEV 法规对策

美国的加里福尼亚州计划从 1998 年以后导入一部分 LEV（Low Emission Vehicle）/ULEV（Ultra Low Emission Vehicle）法规。为了应对该法规，开发了许多新型技术：①进气歧管催化器；②EHC（Electrically heated Catalyst）；③HC 捕集器（hydrocarbon Trap）；④EGI（Exhaust Gas Ignition）等。下面将逐一加以介绍。

（i）进气歧管催化器　为了应对 LEV/ULEV 法规，进气歧管催化器上所使用的重要部件，在高温耐久以后，需要尽早完成点火燃烧。最近的研究报告指出，对现行的催化技术进行优化，以高浓度 Pd 催化剂或者 Pd 为基本成分的三元催化器在进气歧管上使用后，能够满足法规的要求。为了满足

ULEV 法规，与诱发催化剂最大限度点燃活性的系统之间的匹配是不可缺少的，例如，本田汽车根据以下措施开发了实用化排气系统：①Pt/Pd/Rh 系进气歧管/下地板催化器；②冷起动时稀薄燃烧；③与高精度空燃比控制的组合应用。

（ⅱ）EH CEHC 是利用蓄电池电源对催化剂化的金属抵抗体进行通电、加热（300℃），提高冷起动时的催化剂活性来减小 HC 排放量。

目前，试验中所使用的载体如图 3-9 所示，包括将导电性金属箔卷成褶皱形状和烧结金属挤压成型的整体式两种类型。从加热试验结果来看，虽然有报告称达到了 ULEV 法规的标准要求，但是还存在着 EHC 自身的耐久性问题以及耗电量大问题。

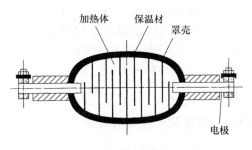

a) 金属烧结型

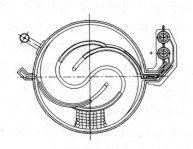

b) 金属卷箔型

图 3-9 EHC（Electrically Heated Catalyst）的种类

（ⅲ）HC 捕集器 HC 捕集器的基本设计概念是在冷起动时将排放出来的 HC 暂时吸附在吸附材料上（<200℃），在发动机温度上升后（>200℃）脱离出来的净化装置。常用的吸附材料包括沸石系及活性炭系

两种，特别是在冷起动时能够吸附 60% 以上的 HC，这一点已经在试验中得到了证明，但是当吸附材料布置在主催化器之前时，主催化器在温度升高之前会引起 HC 的脱离，无法净化 HC，因此必须设计能够有效捕捉 HC 的系统。

如图 3-10 所示，目前共有两种主流的设计方案：一种是组合应用吸附材料和热交换型催化剂系统，在 HC 脱离之前对主催化器加热的 HC 加以净化；另外一种是根据气门的开度对吸附材料和主催化器进行切换的方法。两种方法都存在结构复杂、背压高、成本高等问题。

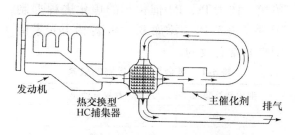

图 3-10 热交换型 HC 捕集系统

（ⅳ）EGI EGI 是针对冷起动过程中排放气体中的 HC、CO，增加两次进气并利用火花塞点火使之燃烧的方法。在 15～20s 的短时间内利用燃烧使主催化剂温度升高。为了实现燃烧，必须利用发动机起动时的能量，另外还需要极端的情况下的节气控制，存在着发动机控制方面的问题。

b. 对催化器的新要求

地球规模的环境问题不仅仅与汽油燃料汽车及催化剂相关，很多专业领域的气体排放削减都被视为可研究对象。对催化剂的新要求引起了多方面的关注，此处对①代用燃料问题；②稀薄 NO_x 催化剂；③柴油专用车催化剂；④两轮车专用催化剂等内容进行介绍。

（ⅰ）代用燃料问题

1）天然气。以天然气为燃料的发动机燃烧过程包括类似于汽油燃料发动机化学当量比燃烧和柴油燃料发动机稀薄燃烧两种。以化学当量比燃烧时的排放气体净化，包括甲烷和 NO_x 的削减，和汽车催化器一样可以使用 Pt/Rh 催化剂或者 PD/Rh 催化剂。甲烷燃烧的必要温度在 400℃ 以上，而 Pd 相对于 Pt 的酸化活性更高，对三元催化器进行评价时，在甲烷和 NO_x 的化学当量比附近，Pt/Rh 的窗口宽度更宽，因此对净化 NO_x 更为有利。另外，由于甲烷的反应性能在 HC 中最低，在汽油发动机中无法得到较高的净化率。

2）甲醇。由于甲醇具有较高的抗爆燃性能，因此可以用在高压缩比发动机上，尽管能量低于汽油，但是蒸发的潜热高，而且进气温度低时向发动机提供的能量增加，能够产生更多的动力。虽然现行的三元催化器能够实现排放气体的净化，但是在发动机开始起动时，未燃烧甲醇和乙醛（具有挥发性）无法净化而排放出去，存在一定的问题。

（ii）稀薄 NO_x 催化剂 目前，稀薄燃烧发动机转动稳定可控范围内的空燃比已经扩大到 24，达到了实用化水平。在氧过剩环境（稀薄）中，由于氧气的妨碍作用而使得 NO_x 无法被吸附，造成三元催化剂无法完成对 NO_x 的净化。在摸索各种各样的催化剂过程中，发现类似 Cu/ZSM-5 这样的离子交换沸石催化剂能够在氧气环境中完成 NO 的分解，以及利用 HC 来促进 NO 的还原反应。虽然上述方法受到了关注，但是却无法保证使用耐久性，因此没有在汽车上达到实用化的地步。

另外还尝试了在稀薄环境中除去 NO_x 的一种新方法，在三元催化器中添加了能够吸附 NO_x 的添加剂，在稀薄环境中吸收、储藏 NO_x 后，空燃比在一瞬间达到还原反应条件时，利用还原反应除去将 NO_x 的独特系统最近达到了实用化。

（iii）柴油车专用催化器 柴油车的公

害问题与汽油车不同，通常表面为颗粒状物质和 NO_x。在预计于 1999 年以后实施的日本长期法规中，计划将当前的排放水平削减 50%。

由于柴油发动机属于稀薄燃烧，HC、CO 的排放量比汽油发动机低很多，使用重金属催化剂就可以完成净化。另一方面，颗粒状物质是由称为 SOF（Soluble Organic Fraction）的高沸点 HC、炭烟（soot 或者 dry carbon）以及硫酸盐构成的，通过催化剂酸化反应只能净化 SOF。清除颗粒状物质通常有两种方法：一种方法是使用带交互式封口栓的陶瓷制捕集器，捕集所有的颗粒状物质并使之燃烧；另一种方法是应用汽油车上使用的酸化催化剂技术，将颗粒状物质 SOF 的一部分加以净化。

利用酸化催化剂来清除 SOF 的方法中存在着问题，在温度较高的排放气体中 SO_2 酸化后会形成硫酸盐，结果导致颗粒状物质的增加。另外由于柴油发动机的排气温度较低，SOF 酸化清除反应速度很慢，净化率很低。

由于 NO_x 处于酸化环境中，还原反应所需要的还原剂不足，利用催化剂来净化 NO_x 非常困难。

（iv）两轮车专用催化器 二冲程发动机由于结构简单、排量小、功率高，在欧洲、东南亚等地区的两轮车及北美割草机上应用很广。二冲程发动机所排放出来的气体，与四冲程发动机相比未燃烧的 HC、CO 及 O_2 非常多，而 NO_x 却非常少，因此，为了降低 HC、CO 的排放，必须具备酸化催化剂功能。由于未反应空气量很多，催化剂产生的热量很多，对于催化剂自身的高温耐久性要求很高。另外，由于润滑油的消耗量很大，相对于 P、Zn、Ca 等的抗毒性也是催化剂现实存在的一个问题。从实用性的角度来看，安装了蜂窝状催化器后功率有所降低，还会出现局部的热疲劳问题，在排气系统内部布置催化剂来净化排放物的方法应用得较多。

　　c. 资源的循环利用

　　从废旧的汽车用催化器中回收重金属，和利用化学方法从废弃的催化剂中回收相同，包括湿式精炼法和干式精炼法两种。烧结、酸处理或者高温处理尽管与最初的方法不同，但是不管是哪一个方式都是从其他的金属中吸收物质，重金属在某种程度上都会出现浓缩后，再对每种重金属进行分离、精炼。

　　从汽车废弃催化剂中回收重金属存在的问题如下：①市场上的转换器的回收率低；②从转换器中提取废弃的催化剂困难；③重金属的浓度（特别是 Rh）非常低；④Pb 等不纯净物质的含量较高；⑤由于重金属的价格下降，所精炼出来的重金属未必能顺利地回到循环系统中。

3.1.5　小结

　　汽车用催化器经过 20 年的发展，取得了很大的技术进步。现在回过头来看，三元催化器技术虽然取得了惊人的进步，但是为了满足更加严厉的排放法规，各系统之间的关联性方面还存在着很多需要解决的问题。另外，柴油车用催化器及稀薄 NO_x 用催化器等，是汽油车以外新的领域。今后，通过新技术革新，对于环境问题、地球温暖化问题所做出的贡献，必将做出越来越多的贡献。

〔船曳正起〕

参 考 文 献

[1] M. Nonnenmann：SAE Paper 850131（1985）
[2] S. Ichihara et al.：SAE Paper 940928（1994）
[3] A. Punke et al.：SAE Paper 850255（1995）
[4] 高橋ほか：自動車技術会学術講演会前刷集，9433849（1994）
[5] 船曳ほか：触媒，Vol. 31, No. 8, p. 566（1989）
[6] M. Prigent et al.：SAE Paper 830269（1983）
[7] R. H. Hammerle et al.：SAE Paper 83027（1983）
[8] Y. Niura et al.：3rd IPC, Paper No. 852220（1985）
[9] J. Summers et al.：J. Catal., Vol. 57, p. 380（1979）
[10] M. Funabiki et al.：Proceedings of JECAT '91, C-02, 131（1991）
[11] H. C. Yao et al.：J. Catal., Vol. 61, p. 547（1980）
[12] 特開昭 63-88040
[13] 松本ほか：トヨタ技報，第 38 巻，第 2 号，p. 547（1988）
[14] J. Summers et al.：SAE Paper 930386（1988）
[15] Z. C. Hu et al.：SAE Paper 950254（1995）
[16] HONDA NEWS, January 6（1995）
[17] I. Gottberg et al.：SAE Paper 910840（1991）
[18] L. S. Socha et al.：SAE Paper 920093（1992）
[19] B. Pfalzgraf et al.：SAE Paper 951072（1995）
[20] P. L. Burk et al.：SAE Paper 950410（1995）
[21] K. Kollmann et al.：SAE Paper 940469（1994）
[22] N. Collings et al.：SAE Paper 930938（1993）
[23] T. Tabata et al.：Proceedings of JECAT '91, p. 31, 306（1991）
[24] J. Hochmuth et al.：SAE Paper 930219（1993）
[25] 岩本ほか：触媒，Vol. 32, No. 6, p. 430（1990）
[26] W. Held et al.：SAE Paper 900496（1990）
[27] 加藤ほか：自動車技術会学術講演会前刷集，9437368（1994）
[28] N. Higuti et al.：SAE Paper 830078（1983）
[29] 斉藤ほか：触媒，Vol. 31, No. 8, p. 572（1989）
[30] M. Arai et al.：SAE Paper 910328（1991）
[31] J. J. Mooney et al.：SAE Paper 941807（1994）
[32] 久保ほか：自動車技術，Vol. 47, No. 5, p. 70（1993）
[33] 藤原：化学工学，第 55 巻，第 1 号，p. 21（1991）

3.2　应对臭氧层破坏物质对策

3.2.1　概述

　　a. 法规的背景

　　特殊氟利昂、1，1，1 - 三氯乙烷等是一种对臭氧具有破坏性的物质，广泛应用于冷却介质、烟雾式喷雾剂以及洗涤剂等中，是与日常生活紧密相关且非常便利性物质。这些物质对大气层中的臭氧层具有一定的破坏力，使得过量的对生命具有伤害作用的紫外线直接到达地球表面，被认为是导致皮肤癌等疾病的增加的主要原因，美国的罗兰多教授和莫利纳博士从 1974 年以来，一直致力于臭氧层保护对策的国际性研究。

　　1985 年签署"臭氧层保护之维也纳条约"、1987 年签署"臭氧层破坏物质相关的蒙特利尔协议书"以来，包括日本在内的世界各国纷纷制定了基于臭氧层保护的政策，以限制氟利昂、1，1，1 - 三氯乙烷等的生产。在那之后，1995 年 12 月为了强化法规内容，对蒙特利尔协议书进行了修订。相对于国际上不断强化的法规，日本于 1988 年 5 月制定了"限制特殊物质法规以保护臭氧层法"（臭氧层保护法），并于之后的 1991 年 3 月进行了第一次修订，接下来在 1994 年 6 月又进行了第二次修订，使该法律在日本国内不断地得到了完善。

b. 法规内容

蒙特利尔协议书中规定了特殊物质的产量、消费量及与非协约国之间的交易限制。特殊氟利昂（CFC11、12、113 等 5 种物质）、1，1，1-三氯乙烷等从 1996 年 1 月 1 日以后停止生产，HCFC9HCFC－141b 等 34 种物质）从 2020 年 1 月 1 日以后停止生产。

c. 对象物质和汽车产业的关系

与汽车行业相关的臭氧层破坏物质有汽车制冷空调用的冷却介质、聚氨酯泡沫等用的发泡剂、电子产品及机械零部件等的洗涤用品等。

一般情况下，汽车空调上使用氟利昂 12，需要更低温度的冷冻车上使用的是氟利昂 502 等。

泡沫塑料中包括氨基甲酸酯系和聚烯烃系，氨基甲酸酯中包括软质扁坯、软质模具、硬质泡沫以及 RIM 4 种。在这些物质当中，汽车上使用的软质扁坯（内装饰件）、软质模具（头部保护装置等）、RIM（防撞梁等）中含有氟利昂 11。聚烯烃系中根据加工方法的不同含有挤压泡沫和珠状泡沫，不管是哪一种都是使用氟利昂 12 及氟利昂 14 作为发泡剂，所生产出来的零部件有防撞梁、头部保护装置等。

上述对臭氧层具有破坏性的物质的使用情况如图 3-11 所示。

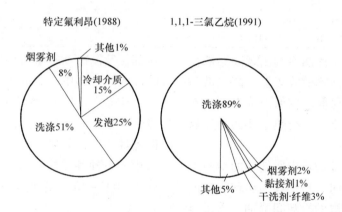

图 3-11　日本国内特定氟利昂的使用状况

针对上述物质在不同领域内开发出了各种替代产品，其中对臭氧层破坏性为零的冷却介质用 HFC－134a 为主流。氨甲酸酯发泡用的水及氯化亚甲基、HCFC－123、HCFC－141b 等，或者聚烯轻发泡用的丙烷、丁烷等碳氢化合物及 HFC－134a、HCFC－142b 等都在广泛使用。

洗涤用的水性洗涤剂、碳氢化合物洗涤剂、酒精系洗涤剂等的代替洗涤剂，以及通过不同的加工方法实现了免洗净化技术等都

已经取得了实用性推广。

3.2.2　汽车空调制冷剂对策

a. 代用制冷剂的选择

以前汽车空调上使用的制冷剂是特殊氟利昂的一种，即 CFC－12。在选择 CFC－12 的代用制冷剂时主要考虑以下限制条件：

① 对臭氧层不具有破坏性。

② 使用安全（无毒、无可燃性）。

③ 与以前的介质具有相同的冷却性能。

④ 制造容易、成本低。

作为备选的代用制冷剂有对臭氧层破坏性（Ozone Depletion Potertial，ODP）较小的 HCFC 冷却介质及其混合液以及一种新物质 HFC 系冷却介质。

在上述介质当中，由于 HFC－134a 的分子中不含氯离子，对臭氧层不具有破坏性，在冷却介质的安全性评价试验——世界性氟利昂共同试验计划《代用氟利昂毒性试验计划Ⅰ》（program for alternative fluorocarbon toxicity testing，1988 年开始，1993

年结束）中已经确认它不存在安全性方面的问题。

另外，在冷却循环性能方面，HFC－134a 的冷却热力学性质与 CFC－12 比较接近，能够很容易对现有的空调技术进行改良，这是它的又一个优点。

基于以上所述，在表 3-2 中从各种备选冷却介质中选择了 HFC－134a 作为汽车空调代用冷却介质。

表 3-2　替代制冷剂的备选

制冷剂		ODP	毒性	可燃性	综合评价
以前	CFC－12	×	○	○	—
	HFC－152a	○	○	×	×
	HCFC－22	△	○	○	×
	CFC－12＋HFC－152a	×	○	○	×
	HCFC－22＋CFC－115	×	○	○	×
新品	HFC－134a	○	○	○	○
	HCFC－22＋HCFC－142b	△	○	△	×
	HCFC－22＋HFC－152a＋HCFC－124	△	?	△	×

汽车空调系统由使制冷剂出现高温液化的压缩机、液化制冷剂的收集器、高温液态制冷剂低温化的膨胀阀、使低温液态制冷剂蒸发汽化并与车内空气进行热交换的蒸发器等部分构成。

在汽车空调冷却循环中所使用的材料当中，当制冷剂改变时，特别容易出现问题的是对压缩机进行润滑的冷却润滑油、管道连接部位及制冷剂软管所使用的橡胶材料、去除浸入到空调中水分的干燥剂等。

HFC－134a 的冷却介质电子偏置（双极惯性矩）比 CFC－12 大，和传统材料的匹配性不好，如果原样使用将会产生图 3-12 所示的各种各样的问题。下面，介绍一下适合于 HFC－134a 的可选材料。

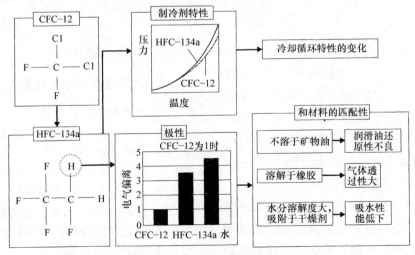

图 3-12　代用制冷剂的问题点

b. HFC－134a 空调用材料

（i）空调冷却润滑油　冷却润滑油的作用是保证压缩机的耐久性能和压缩性能，对空调压缩机的运动部位起到润滑作用，以及对气缸－活塞之间的间隙起到密封作用，因此首先需要具备高温时的黏度特性。从压缩机出来的冷却润滑油在温度较高的压缩机和温度较低的蒸发器之间多次循环后，必须保证在循环中毫无损失，全部返回到压缩机中去。因此，制冷剂必须在循环过程中的所有温度和使用温度内与制冷剂具有相溶性。

一般来说，制冷剂和冷却润滑油的相溶性以二者液态混合时的自由能变化 ΔG 来表示，如果 ΔG 减少则表示具有相溶的趋势。

以前作为冷却润滑油的矿石油和各种制冷剂的自由能量变化 ΔG 计算结果如图3-13所示。当 CFC－12 和矿石油 ΔG 为负值时，表示二者相溶，另一方面，当 HFC－134a 和矿石油 ΔG 为正值时，表示二者不具有相溶性。

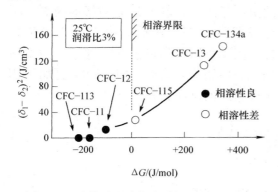

图 3-13　矿物油和冷却介质的 ΔG 的相溶性

HFC－134a 和各种润滑油的 ΔG 值见表 3-3。HFC－134a 和氟油、卤素油、聚乙醇的 ΔG 值为负，即具有相溶性。在这些物质当中，从相溶性和成本的角度来看，一般都选择聚乙醇系冷却润滑油作为基础。实际上，为了弥补该基础润滑油的润滑、腐蚀、老化等方面的缺陷，常常加入各种添加剂，当做空调压缩机的冷却润滑油。

表 3-3　各种冷却润滑油 ΔG 和 HFC－134a 的相溶性

润滑油	代表性分子结构	ΔG/（J/mol）				相溶积
		-40	0	+40	+320	
矿石油	$-CH_2-CH_2-$				○	✕
烷基笨	$-CH-CH_2-$			○		✕
酯	$-COOC_8H_{17}$		○			✕
氟素油	$-CF_2-CF_2-O-$		○			○
卤素油	$-CF_2-CClF-$		○			○
聚乙醇	$-CH_2-CH_2-O-$		○			○

（ii）橡胶材料　HFC－134a 和 CFC－12 相比　分子直径略小，另外相对于橡胶的溶解性较大。基于这些理由，当 HFC－134a 用作空调的冷却介质时，目前所使用的 NBR（丁腈橡胶），其冷却介质的透过性存在问题，最恶劣的情况下会导致密封胶膨润、发泡，因此，用于配管上的 O 形密封圈，一般使用与制冷剂具有良好匹配性能的 H－NBR。另外，在制冷剂的流通管道内部的内层橡胶上涂一层尼龙树脂薄膜，是一种防止气体泄漏的新方法，目前 HFC－134a 作为制冷剂被广泛应用。

（iii）干燥剂　由于水分会从软管渗入到空调中，因此，为了防止膨胀阀的冻结或者制冷剂遇水分解，必须在干燥器中填充干燥剂。使用 CFC－12 的冷却循环中，一般使用分子筛作为干燥剂。但是，由于 HFC－134a 比 CFC－12 的分子直径小（HFC－134a：0.42nm，CFC－12：0.44nm），CFC－12 用的分子筛（细孔径：0.4nm）与水分同时被 HFC－134a 吸附，结果使其吸水性能恶化，因此，有人开始使用比以前的分子筛直径更小的 HFC－134a（例如，XH－7 及 XH－9 等）。

c. 今后的课题

臭氧层破坏、地球温暖化等问题受到了越来越高的关注。氟利昂虽然被认为是地球温暖化的一个因素，HFC-134a 所造成的温室效应程度相比于之前的 CFC-12 已经减少了约 50%。到目前为止，它是有利于保护臭氧层和预防地球温暖化最佳的冷却介质。

但是，从汽车空调性能的角度来考虑，伴随着压缩机及电动风扇等各种辅助机构的驱动，所消耗的燃料及排放出来的 CO_2，或者由于制冷剂泄漏及修理活动废弃的冷却介质仍然对地球环境带来了相当的影响。

今后，还需要在提高冷却循环效率、轻量化、减少制冷剂泄漏、加强制冷剂回收等方面做出努力。

3.2.3 发泡剂

a. 发泡剂的使用目的和用途

使用发泡剂制造成的塑料泡沫可以分类软质泡沫、硬质泡沫 2 种，广泛应用于汽车、土木建筑、冷冻车等的家电制品、包装用缓冲材料上。汽车上使用的发泡剂材料主要有座椅、头部保护装置、扶手等内装饰件以及散热器及加热器的嵌合垫片等发动机零部件上采用的聚氨酯类泡沫。另外，作为一种整体式表层泡沫，被用在汽车的方向盘等低发泡率的聚氨酯泡沫材料上。

这类聚氨酯泡沫具有优秀的隔热性、耐热性及密封性，因此能够保证用它制成的部件的品质。其前提是要保证泡沫材料的均一性、气泡的开放性或者独立的差异性、化学及物理性质的稳定性，为了实现这些目的必须对聚氨酯的反应过程加以适当控制。图 3-14 所示的是聚氨酯反应的代表案例及制造过程。聚氨酯泡沫的发泡方法是将类似于硬质泡沫的发泡剂氟利昂混入其中，利用反应过程中产生的热量使氟利昂发泡。还有一种方法是使类似软质泡沫的异氰酸酯和水发生反应，所产生的碳酸气体作为发泡剂，为了保持材料分布的均匀性，在对反应过程进行控制的同时，还将氟利昂作为辅助发泡剂来弥补发泡气体的不足。由于硬质泡沫在发泡单元中心处有所残留，而采用了具有优秀隔热性能的氟利昂之后，软质泡沫的气泡破裂，不会残留发泡剂。软质泡沫不需要隔热特性，因此可以使用以前的氟利昂作为发泡剂。当使用氟利昂时，CFC-11 更加适用于聚氨酯的反应过程。

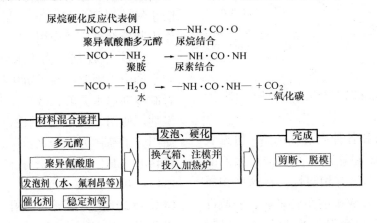

图 3-14　聚氨酯的发泡原理和生产工艺

b. CFC-11 的特征

CFC-11 是一种化学性质非常稳定的化合物，同时还具有热传导率低的特征，因此，当把它作为硬质聚氨酯泡沫的发泡剂使用时，发泡剂会在发泡体中心有残留，具有降低热传导率的倾向。当使用软质聚氨酯泡沫时，辅助发泡剂能够吸收发泡时所产生的热量，容易制成低密度的发泡体，其特性见表 3-5。

c. 不同用途的代用技术

现阶段的代用技术有如 HCFC – 141b 那种第二代氟利昂及氯化亚甲基。根据泡沫的种类，代用发泡剂见表 3-5。

表 3-4　发泡剂特性一览表

项目	CFC11	HCFC – 141b	氯化亚甲基
化学方程式	CCl_3F	CCl_2FCH_3	CH_2Cl_2
相对分子质量	137.37	116.95	84.94
沸点/℃	23.82	32.11	39.8
凝固点/℃	– 111.1	– 103.5	– 96.7
密度/（g/cm^3）	1.476（25℃）	1.228（25℃）	1.326（20℃）
蒸发潜热/（cal/g）	42.96	53.49	78.70
热传导率/（$\lambda'25℃10^{-2}kcal \cdot h \cdot k$）	7.527	8.088	
臭氧破坏系数	1.0	0.07 ~ 0.11	0.007
地球温暖化系数	1.0	0.084 ~ 0.097	0.02

表 3-5　泡沫的替代发泡剂

产品名称	特殊氟利昂	代替品	
		氟利昂系	非氟利昂系
软质聚氨酯泡沫	CFC – 11	CFC – 141b	水、氯化亚甲基
硬质聚氨酯泡沫	CFC – 11	CFC – 141b	碳氢化合物
	CFC – 12		
RIM（含整体式）	CFC – 11		水
热可塑性塑料泡沫（聚乙烯、聚苯乙烯等）	CFC – 12	CFC – 142b	碳氢化合物

由于软质聚氨酯不重视隔热性能，因此，可以根据水分的增减对发泡程度进行调整。当只有水分时，发热量会急剧增加，结果使泡沫的特性恶化，此时可以加入氯化亚甲基或者 HCFC – 141b，就能够得到适当的发泡状态。

由于硬质聚氨酯会残留在发泡体中心，需要隔热性能，必须使用与 CFC – 11 近似的材料，因此，一般可以换成 HCFC – 141b。另外，和软质聚氨酯相同，还需要注意向水及碳氢化合物系发泡剂的转换。对于这种情况，有时会出现隔热性能降低的情况，可以尝试适当缩小发泡体。

整体式表层泡沫基本上可以与水转换对应。

作为今后的课题，像 HCFC – 141b 这种第二代氟利昂或者氯化亚甲基的臭氧层破坏系数及地球温暖化系数必须达到零，向水性发泡、碳氢化合物系发泡及第三代氟利昂（HFC – 236a、HFC – 245fa 等）的转换等技术正在研究当中。同时，聚氨酯匹配改良及发泡条件的优化、发泡体积缩小化等综合研究也正在进行当中。不管是哪一种技术或者材料，都不能忽视市场的需求，重点是开发出对地球环境具有保护作用的新技术和新材料。

3.2.4　洗涤对策

a. 洗涤的目的和用途

洗涤是指清除前处理过程中附着或者产生的污染物，之所以需要清除这些污染物质，是为了保证后续工程的品质及制品的可靠性。例如，在对挤压零部件进行电镀时，为了确保电镀的质量，必须在电镀之前对零件进行清洗，以清除零件表面上黏附的油污。因此，所需要清洗的对象是由前处理工程决定的，而需求清洗的程度是由后期工程决定的。

尽管如此，洗涤的必要性及所需要的清洁程度未必是确定性的。由于 CFC－113 及 1，1，1－三氯乙烷在洗净力、安全性、干燥速度等方面具有良好的优势，在导入洗涤处理的前期工程阶段，不需要特别的前期准备。CFC－113 及 1，1，1－三氯乙烷不仅仅应用于汽车行业，在所有的行业中都作为洗涤剂在广泛使用。CFC－113 在电子产品零部件和精密零部件上、1，1，1－三氯乙烷在金属零部件、热处理零部件、表面处理零部件等上大量使用。

b. CFC－113 及 1，1，1－三氯乙烷的特点

CFC－113 及 1，1，1－三氯乙烷作为工业洗涤剂具有如下多方面的优点，详细内容见表3-6。

表 3-6　物理性质及环境特性

项目	CFC－113	1,1,1－三氯乙烷
化学方程式	CCl_2FCClF_3	CH_3CCl_3
相对分子质量	187.4	133.4
沸点/℃	47.6	74.0
凝固点/℃	－35.0	－32.6
密度/(g/cm³)	1.567(25℃)	1.349(20℃)

（续）

项目	CFC－113	1,1,1－三氯乙烷
蒸发潜热(沸点)/(cal/g)	35.1	57.7
黏度/10^{-3}Pa·s	0.66(25℃)	0.74(25℃)
表面张力/(10^{-5}N/cm)	18.0(25℃)	25.6(25℃)
KB 值	31	124
着火点/℃	无	无
允许浓度（10^{-6}）	500	200
臭氧破坏系数	0.8	0.12
地球温暖化系数	1.3~1.4	0.024~0.029

① 在普通使用条件下具有不燃性，失火、爆炸的危险性小。

② 黏度及表面张力小，浸透性强。

③ 具有适度的沸点，蒸发潜热小，具有速干性。

④ 毒性小，容易保护作业环境。

⑤ 污染后的废弃液可能通过蒸馏方法回收，能够循环使用。

在以上优点的基础上，可以应用于普通的开放环境或者半密封环境。在工程上通过浸渍、摇动、超声波、蒸汽等的组合应用，可以用于从粗洗到精洗的所有工序中。

c. 代用洗涤剂的安全性、环境性评价

从基于保护臭氧层的观点出发而讨论废止 CFC－113 及 1，1，1－三氯乙烷时，通常要考虑是否有合适的代用材料。表3-7 中显示的是各种代用洗涤剂，主要是从安全性及环境性的角度来评价的。洗涤剂的分类虽然有很多种，此处仅分为不燃性氯系溶剂和除此之外的非氯系溶剂两大类。

CFC－131 及代用氟利昂（HCFC－225）通常被称为氟系溶剂，其分子中含有氯元素，因此它是一种氯元素溶剂。另外，在非氯元素系的分组中，如萜类化合物等的准水系洗涤剂及硅酮系洗涤剂等，此处仅列示了其中具有代表性的三种。氯元素系溶剂对臭氧层的破坏性或者毒性（致癌可能性）高，另外，非氯元素溶剂具有着火点，将成

表3-7 代替品的安全性和环境性评价

| | | 脱脂力（比） | 成本（比） | 安全性（着火点） | 环境性 | | | | 备注 | 评价 |
					作业环境浓度（10^{-6}）	排放气体浓度（10^{-6}）	排水浓度（10^{-6}）	ODP[①]		
氯系	三氯乙烯	100	1.0	无	<50	<100	<0.3	0.05		△
	四氯乙烯	100	0.8	无	<50	<100	<0.1	0.005	致癌可疑性	△
	氯化亚甲基	70	1.2	无	<50	—	<0.2	0.007	臭氧破坏性	△
	三氯乙烷	95	1.2	无	<200	—	<3.0	0.1	臭氧破坏性	×
	氟利昂（CFC-113）	25	2.1	无	<500			0.8	臭氧破坏性	×
	代替氟利昂（HCFC0225）	25	7.1	无	<250；cb <50；ca/cb			0.02~0.07	臭氧破坏性	△
非氯系	乙醇系	95	1.6	有	<200	—	—	—	着火性	
	碳氢化合物系	25~95	1.0	有	—	—	—	—	着火性	△
	水溶性	25~90	0.1	无			$\left(\begin{matrix}BOD\\COD\end{matrix}\right)$		排水处理	

① ODP：臭氧破坏系数

为污水处理的负担。在之前的b项中叙述的CFC-113及1，1，1-三氯乙烷的优点还没有找到合适的代替品。到目前为止之所以CFC-113及1，1，1-三氯乙烷仍然受到重用，就是由于它所具备的优势使这种洗涤系统具有高效、经济、高可靠性，而且除此之外别无选择。

停止使用CFC-113及1，1，1-三氯乙烷和实现更经济的洗涤系统，必须重新评估洗涤的目的、必要性，以追求洗净废止自身的可能性为终极目标。

d. 停止使用的验证步骤

实现经济性洗涤系统的步骤如图3-15所示，其重点是洗涤工序能否废止，讨论包

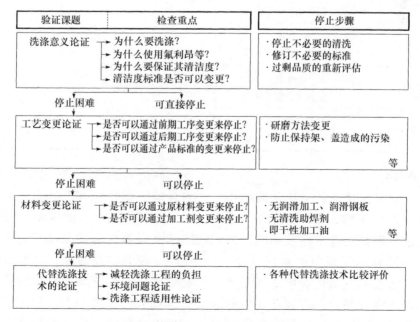

图3-15 停止使用的验证步骤

括代替洗涤剂的洗涤技术是最后一步。根据对洗涤必要性的再次确认，对所要求的洗涤品质进行优化，以追求更加简便的洗涤工序。接下来根据对现状的生产工程及设计（形状及材料）参数加以调整，就可以实现洗涤工序的废止。没有比废止洗涤工序更加经济的洗涤工序。在洗涤领域内来考虑保护臭氧层的对策，必须认识到它不仅仅是制造工程的问题。

e. 不同用途的代替技术

根据 a 项中叙述的汽车产业中的洗涤用途，对目前采用的代替技术进行整理，其结果见表3-8。这里所说的湿式洗涤是指最为普通的使用液体洗涤剂的洗涤方式，使用的洗涤剂是强碱系及界面活性剂系等水性洗涤及碳氢化合物系洗涤剂。当然 CFC – 113 及

1，1，1 – 三氯乙烷也属于湿式洗涤剂。干式洗涤方式不使用液体洗涤剂，在加热的环境中使加工油质汽化、除去，通过这种加热汽化脱脂及高压空气等方式来清除杂物、切削粉屑。干式洗涤过程中包含其他 UV/O_3 洗涤、等离子体洗涤、离子蚀刻等，但是在汽车行业中一般不会使用。另外，单纯从名义上来讲，免洗涤并不是指洗涤技术，而是使免除洗涤成为可能的洗涤前、后工序及材料相关的技术。免清洗助焊剂及润滑钢板等技术，针对每种用途有很多种类。如湿式洗涤的洗涤剂的替换、工序的变更以及免洗涤材料的变更等等。像材料变更是针对污染源头的对策，从确保产品品质的可靠性角度来看，虽然需要高水平的技术开发，但仍然是最经济、环境负荷最小的洗涤系统。

表 3-8   不同用途的代替技术

	湿式洗涤	干式洗涤	免洗涤
电子部件	乙二醇醚系洗涤 水溶性 + 水洗	—	免洗
精密部件	水洗 碳氢化合物系洗涤	空气吹（将垃圾等异物除去）	
金属加工部件	水洗 碳氢化合物系洗涤	空气加热后气化脱脂 离心分离（除去加工油）	滑润钢板 挥发性润滑油
热处理部件	水洗 碳氢化合物系洗涤	真空加热氧化脱脂	空气加热后气化脱脂
表面处理部件	水洗 碳氢化合物系洗涤	密封性高的底漆涂料 （树脂保险杠涂装）	

f. 今后的课题

在洗涤领域内针对臭氧层具有破坏作用物质的对应，预定到 1995 年将有一个确定性的结论，但是从经济性及环境性的角度来看，还没有达到理想的对应状态。例如，在向三氯乙烯及氯化亚甲洗涤变更的案例中，因为毒性强，具有破坏环境的危险性，所以受到了排放法规的严格限制。在这种情况下，为了保证这些物质不

会扩散到自然环境中，要求具备一个封闭的系统，但是从所采取的对策从技术及费用上都存在相当大的困难。另外，在向水洗涤及碳氢化合物系洗涤的变更案例中，会产生废弃物及污水，为了防爆而采取的安全措施、与干燥相关的能量需求等方面具有较大的经费负担。今后从产品设计、工程设计阶段开始，减轻洗涤的负担或者追求无需洗涤的可能性等方面加大投入力

度，另外在变更材料方面的研究也取得了很大的进步。

3.2.5　将来的发展方向

以上针对与臭氧层破坏物质相关的汽车空调用制冷剂（CFC－12）、发泡剂（CFC－11）以及洗涤剂（CFC－113、1，1，1－三氯乙烷）等3个领域的对应状况进行了说明。从保护臭氧层的角度来看，虽然每个领域都制定了对策完成时间，第二代氟利昂HCFC（发泡用：HCFC－141b、洗涤用：HCFC－225）最终会被停止使用。今后在保护地球环境方面应该考虑的问题，如地球温暖化、有害废弃物、资源枯竭等，这些与臭氧层破坏物质对策所采取的代替技术都有着很大的关系。制冷剂及发泡剂（特别是隔热用）属于地球温暖化物质，洗涤剂则是有害的废弃物，干燥工序中消耗的高能量化石燃料则涉及资源枯竭及地球温暖化。当然，经济性也非常重要，从保护地球环境的角度来看，生产有利于地球环境保护的产品的需求会越来越多，上述三个领域一定会在系统、材料、工程上带来更大的变化。

[竹中修]

参　考　文　献

[1] 日本冷凍協会ほか：代替フロンの熱物性－HFC-134a および HCFC-123－（1991）
[2] T. Hirata et al.：Automotive Air Conditioning System Using HFC-134a－Comparison of Refrigeration Cycle Characteristics of CFC-12 and HFC-134a－, SAE Paper 930229
[3] 夏目喜孝：新冷媒用冷凍機油の開発：自動車技術, Vol. 47, No. 5 (1993)
[4] オゾン層保護対策産業協議会：オゾン層破壊物質使用削減マニュアル
[5] オゾン層保護対策産業協議会：工業洗浄技術ハンドブック, リアライズ社
[6] シーエムシー：自動車用高分子材料
[7] 日刊工業新聞社：プラスチック材料講座〔2〕ポリウレタン樹脂
[8] オゾン層保護対策産業協議会, 日本機械工業連合会：平成4年度 1,1,1-トリクロロエタン代替品及び代替技術に関する調査研究報告書

3.3　资源、环境和车辆设计

3.3.1　与汽车相关的资源和环境动向（循环的必要性）

a. 可持续发展

1992年于巴西的里约热内卢召开的西方七国首脑会议上，"可持续发展"成为会议的关键词。必须"以不损耗下一代人的需求为前提进行开发活动，以满足当代人的需求"。

当汽车变得越来越多时，使用过程中产生的大量CO_2会导致地球温度上升，在废弃物处理过程中还会造成环境污染问题。

对于汽车制造商所坚持的可持续开发活动，必须考虑以下几方面的事情。

① 不能出现环境无法分解吸收的污染问题。

② 关于自然资源的消耗，不能只考虑自身，还要保证子孙后代也有资源可用。

其中最重要的是必须考虑到资源的循环利用。

b. 人口问题

20世纪初地球上的人口总数约为16亿~18亿，半个世纪以后，进入1950年以来增加了约10亿人。从1985年到1990年的5年之间，平均每年增加的人口数约为8800万，几乎相当于墨西哥全国的总人口数，可以说地球上的人口正在逐年地增加。1993年世界总人口数达到了56亿。

即使按照中等速度来预测世界总人口数，也将于2000年达到63亿、2025年达到85亿。也就是说，在1900年时间里的人口增加速度，到目前为止的数十年间出现了飞跃，在今后的几十年间还将会发生。从所增加的人口比例来看，发展中国家占据了其中的95%，其中亚洲占了56%，非洲占了30，具有压倒性的优势。

从世界各地区的汽车保有台数（1992

年）来看，亚洲约 1 亿 200 万辆，北美 2 亿 700 万辆，欧洲 2 亿 3200 万辆，中南美洲 3900 万辆，非洲约 1200 万辆。

汽车已经构成了社会系统基础。随着人口越来越多，汽车的保有台数也必将增加，同时也会产生更多的废弃车辆。今后在亚洲及非洲废弃车辆的处理及再循环利用必将成为社会性问题。因此，必须研究适用于废弃处理的车辆构造及新材料以及再循环利用技术。

c. 资源问题

在制造及使用汽车的过程中一定会消耗能源，但是化石燃烧或者地下资源总是有限的。面向"可持续发展"这一主题，它并不仅仅是我们自身问题，我们的后代子孙还得使用资源和材料，必须保持我们今天所享受到的高度文化生活得以持续。

地球上的资源还有多少剩余？从剩余资源可开采的年数来看，石油 45.5 年，天然气 64 年，煤 219 年，金属材料也不容乐观，铁矿石还可以开采 182 年，铝土矿 227 年，铜 59 年，铅 36 年，亚铅 42 年，锡 38 年。今后如果消耗量增加，那么上述资源的可开采年数会更少。

现实中，能源的勘探技术及开采技术在不断地进步，每年资源的储藏量及可开采年限也在不断地增加，节能技术的进步带来的需求减少、人口增加而带来的需求增加等，虽然资源的可开采年数根据上述条件要进行适当的修正，但总体上是不容乐观的。为了持续利用有限的能源和资源，必须采取科学的方法循环利用资源和回收能源。

d. 废弃物问题

根据日本卫生部的调查结果，1991 年日本的产业废弃物排出量总计 397949kt/年（其中报废车处理过程中金属资源回收后的剩余部分，即破碎残渣约 1000kt），这个排出量是 1991 年一般废弃物排出量（50767kt）的 8 倍。

1991 年度日本产业废弃物的中间处理过程状况是 61% 通过烧毁、粉碎等中间处理，39% 可以重复利用。循环利用的比例逐年平稳推进。从业者对资源循环利用认识的不断提高、经济状况的变化带来的再生材料价格下降，到目前为止，如果不收取有偿交易物资的处理费用，那么就没有办法回收，被认为是"反向补偿"现象发生的主要原因之一。

同一般废弃物相比，产业废弃物的处理场所是不足的。确保产业废弃物的最终处理场所要面对很多问题，如本地居民的反对等，将来也是一个非常大的难题。

通过循环再生来灵活利用废弃物，尽可能减少最终处理场所的剩余量，另外，还必须考虑破碎残渣物的循环利用。

3.3.2　汽车的循环利用和废弃现状

a. 工业产品循环利用的思路

废弃物处理的循环利用的重要性已经被广泛接受，循环利用大致可以分为"重复利用""材料循环""热的重复循环利用"等几种。

（i）重复利用（产品、零部件的重复利用）　二手汽车及类似于发动机的产品、零部件，如果其功能和价值还存在，就要尽可能多地重复循环使用。

（ii）材料循环（材料及原材料的循环利用）　不改变材料的特性，再次制造成产品，即为材料的循环利用。例如，将回收后的热可塑性树脂通过热熔等方法还原为粒料。另外，还有将树脂还原为原材料单体，再次制成树脂原材料的化学循环等。

（iii）热的重复循环利用　热的重复循环利用是指回收废弃物燃烧时产生的热量、利用化学方法使树脂还原为燃料，再次作为能源使用。

对上述三种循环方式的经济性、社会结构的适应性等方面进行综合比较、判断，以选择最合适的循环再生方式。

在欧洲，循环利用多是指对材料的重复循环利用。但是，考虑到"可持续发展"这一主题，资源的重复循环利用并不限定于材料，还要在更广泛的范围内综合考虑。

b. 汽车循环利用的现状

（i）汽车循环利用概要　汽车是按照图3-16所示的方式进行重复循环利用的。根

据汽车检查登录协会的调查结果，到1994年3月末为止，一辆汽车成为报废车之前的年限，乘用车约为9.3年，在车辆报废之前是以旧车的形式继续使用的。另外，即使是报废车辆，在分解的过程中，方向盘、轮胎、催化剂、发动机单元等可循环使用的部件，或者有修理价值的部件、重复利用价值高的材料（如铝），都会被经过科学的处理后，重新回到社会上，继续使用。

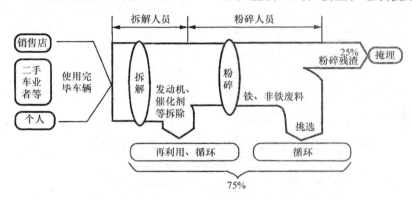

图3-16　汽车循环流程

也就是说，是以零部件的重复使用、材料的再生方式进行资源重复利用的。车身经过拆解以后，分为金属类和非金属类两种，分别作为再生资源利用。汽车作为工业产品已经具备了完美的循环利用系统，如果以车辆的重量衡量，约有75%可以重复利用，只有25%的部分被掩埋处理掉。

（ii）破碎残渣的利用　在拆解过程中，金属类零部件选择后留下来的破碎残渣是占车辆总重量30%的树脂，燃烧时大约会产生高达4500kcal/kg（1kcal＝4.19kJ）的热量。由于破碎残渣适用于能量回收系统，以热的重复循环利用为例，在能量回收的同时容量减少，这样就可以节约掩埋所需要的空间。在日本，机械设备制造商以及燃烧炉制造商对破碎残渣的燃烧、气化等能源回收的研究正在持续进行当中。但是，在克服能源回收效率、能源回收后减量化后的残渣处理等方面的难题还需要继续努力。

（iii）轮胎的循环利用　旧轮胎再循环路线在资源性垃圾中属于确定性对象。日本共有约40家废旧轮胎处理公司，从轮胎销售店出来的旧轮胎直接或者由轮胎制造商的地区销售公司收集。处理公司对所收集上来的旧轮胎进行分类，然后流向水泥制造公司、轮胎翻新公司、贸易公司等。能够使用的轮胎作为旧轮胎继续销售。

根据日本汽车轮胎协会统计的1993年1月到12月的结果，回收轮胎的93%实现了循环利用。具体地讲，原状或者经过加工后可利用部分为43%，热利用（面向水泥工场）部分为50%。

（iv）铅蓄电池的循环利用　日本蓄电池工业协会构筑了汽车等汽车后的铅蓄电池循环利用系统。铅蓄电池销售公司通过加油站、汽车修理厂、汽车经销商等渠道从消费者手中无偿回收废旧蓄电池后，从铅再生从业者手中购买再生铅，以新产品的形式再次

投入生产或者使用。日本蓄电池工业协会于1994年10月实施了上述系统，并对系统进行持续的评价、检测和改善。

3.3.3　法规动向

a. 国际的法规动向

1992年地球环境会议上采纳的议程21"为了可持续发展的人类行动计划"中，针对地球温暖化对策及臭氧层保护对策，旨在保护环境在全地球范围内制订行动计划。废弃物在环境上的科学管理，地球环境品质维持等，特别是涉及所有国家在环境整改的可持续开发相关的较大项目上，如废弃物的最少化、废弃物重复利用的最大化等，基于环境保护上所负担的责任，提议成立专项组织

框架结构。

废弃物相关的4个主要程序：

① 废弃物的最少化。

② 科学的废弃物再利用及循环的最大化。

③ 废弃物的适当处理及处理的促进。

④ 废弃物收集区域的扩大。

议程21指出，"有害废弃物的产生、保管、处理、重复利用、重复使用、运输、回收及处理的高效管理，对于人类的健康、防止环境污染、自然资源的管理，以及可持续开发等是极为重要的。"确定了面向"科学环境管理"，包括有害废弃物的越境管理程序。（图3-17所示的是在害物质法规的循环动向）。

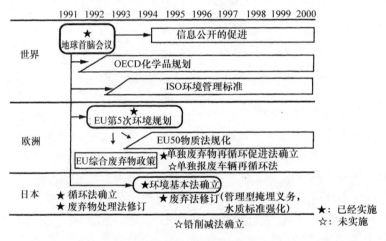

图 3-17　有害物质法规的循环动向

b. 日本的法规动向

为了推进资源循环利用及废弃物处理，从产品、废弃物掩埋处理场所等多个方面加以限制，今后也必将越来越严格。

（i）促进再生资源利用的相关法律　随着经济增长、国民生活水平的提高，再生资源的产生量越来越多，其中相当大的一部分没有再次充分利用就被处理掉，在确保有效利用资源的同时，以控制废弃物的产生及保护环境为目标1991年10月颁布了"促进再生资源利用的相关法律"（通称：循环利用

法）。为了推进资源的重复循环利用，强制要求在产品的设计阶段就要进行充分的前期评估，要求执行"从产品的制造阶段考虑资源的循环利用"。

（ii）环境基本法　日本于1993年11月由专项组织制定了针对环境问题的基本法。其基本理念如下：

① 环境恩惠的享受和继承。

② 构筑对环境负荷小的可持续发展社会。

③ 通过国际间的协作积极推进地球环

境保护。

该环境基本法揭示了构筑"循环""共存""参与"以及"国际合作"社会的长期目标，为了实现这一目标，确定了各个责任主体的职责、政策手段等，对环境保护从业者的职责也有明确的描述，特别是由于生产活动而引起的环境负荷增加，以预防为主，降低环境负荷，要求各相关从业者积极对待。

（iii）废弃物处理及清除相关法律的部分修订　到目前为止，破碎残渣（主要是塑料成分）一直是在稳定型处理场所进行处理的，在熔化试验中，铅等有害物质、油脂等有机污染源物质都会熔化、析出，中央环境委员会及生活审议废弃物专门委员会研究了正确的处理推进方案。在该方案的基础上，1994年9月颁布了参考管理型废弃物的处理方法的废弃物处理行政命令的修正法案，并将于1995年4月1日以后开始实施。在破碎残渣无害化的同时，通过资源循环及能源回收来积极利用废弃物，尽最大可能减少最终处理场的废弃物，另外，有害物质的削减、清除等都是当务之急。

c. ISO 环境管理和监督机制

1992年地球环境首脑会议上在确定了议程21的同时，为了在世界各国推进环境保护，对方针的规格化达成了一致意见。ISO（国际标准化机构）对以下六个领域的国际标准提出了具体的意见：①环境管理系统；②环境监督；③环境标签；④环境性能评价；⑤生命周期评估；⑥用语和定义。

生命周期评估是指使产品对生命周期影响最小化而采取的分析方法。图 3-18 所示的是生命周期评估的整体印象，今后产品制造商从原材料的选择到制造、使用以及最终废弃物的产生为止，在整个产品生命周期内都要对产品对环境的影响负责。

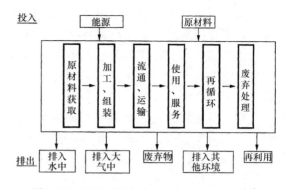

图 3-18　LCA（Life Cycle Assessment）示意

3.3.4　再循环汽车

a. 从循环利用、报废车处理来考察汽车性能

汽车作为一种商品，针对其特征、性质，在产品设计时应该注意的事项，特别是关于报废汽车循环再利用以及报废车处理方面，叙述如下。

（i）汽车是由大量零部件构成的复杂结构体　第一要求是高效地取出必要的零部件，从分解的车身中使其获得重生。因此在设计过程中，要注意生产时的组装性、拆解顺序、工艺等，以及防止在使用过程中出现生锈等影响拆解的问题。

（ii）汽车是种类繁多的销售商品　特别是对于今后将成为循环利用主要问题的树脂零部件，因为车种、车型以及不同的等级而造成形状、颜色、材质差异，所以会从报废车上拆解下来大量的零部件、材料，而这也将成为最终的粉碎处理及循环再利用的最大困难。

目前的材料再生技术具有一定的差异，必须针对每一种材料分别进行，如果出现不同材料的混杂，将会造成再生材料的品质下降。因此，将出现分类、识别、管理方法等方面的极大困难和烦琐的作业，造成不必要的浪费和成本上升，将成为构建稳定再循环系统的瓶颈。

从上述角度来看，开发再生技术，特别是选择车身材料时，确保材料种类、材料等级的通用化、减少种类以及标识所用材料等将成为重要的课题。虽然希望实现材料级别和材料牌号的统一，但是实际上在一些材料种类和材料集成的统一案例中，级别低的材料其循环再生更容易实现，能够达到理想的效果。

不管是哪一种情况，如果有不同的材料混合在一起，都将引起再生材料的性能损失，因此，一定要想办法避免这种现象的发生（例如，铁和铜、锡、镍）。

（iii）汽车属于耐久消耗品，产品寿命长 一般的消耗品案例中，虽然近年来玻璃瓶、螺母垫片等一直在进行循环利用，但是和汽车产品不同，容器从制造到报废、回收的过程较短，在数个月内就可能完成一个寿命周期，返回到生产中的原产品状态，进行自我完善型材料再循环。

汽车则与上述部件不同，除去一些如事故等特殊情况，从开始使用到报废为止可能要经过数十年的时间，在进行零部件的再生处理时，原来产品的生产早已经结束，采用新技术的下一代产品已经生产出来了。另一方面，在应对环境改善而需要持续技术革新的今天，在很长的周期内需要不断地对产品加以改善。因此，在汽车报废时刻到来时，查找再生零部件、进行自我完善型循环将会有极大的困难，必须将同时考虑其他领域产品的分类循环和热循环作为主体。在这种情况下，作为从技术上应该考虑的重要事项，如采用大量使用的通用材料和含杂质少的材料，从源头上扩大再循环材料的可能范围。

虽然在预测未来技术、社会的进步，设计易拆解结构和材料方面存在一定的困难，但是可以通过构想一些可能性高的系统，如利用自动拆解机器的拆解、通过部分破坏来实现拆解，对多个方案进行综合研究，针对不同的情况，事先设计可行的拆解系统。

（iv）国际性商品的侧面 ①由于商品的生产国和消费国不同，有时会出现责任无法确定的情况，同时还有如运输路线过长，因此使资源再生时的成本核算及能源平衡难以掌控。②各个国家的报废商品拆解、再生的方法不同，必须考虑到不同国家的具体条件来设计。前面介绍的对将来的预测也有很多问题，以社会系统、基础设施的差异作为设计前提来降低产品对这些条件的灵敏度，这一点对国际性商品的资源再生尤为重要。

另外，为了保持国际范围内的平衡和协调，目前以 ISO 为中心而进行的环境性评价标准，也可以应用于车辆的开发当中。

（v）其他 汽车的开发、生产是由最终的整车组装企业和大量的关联企业相互合作而共同完成的，相关者众多，因此最大的特征是相关技术分散于多家企业当中。

综合性资源再循环、废弃物处理需要突破传统生产方式的局限性，特别是相关企业之间的通力合作、责任分担，同时必须将各方面的力量汇合在一起，形成综合性能力。如下几方面：

① 确定零部件分解性及材料种类等车辆的设计开发阶段。

② 零部件自身的分解性相关的零部件开发阶段。

③ 关于材料再生方法的材料设计阶段。

针对上述每一个阶段，各责任者在充分论证的同时，还必须保证信息共享、协力合作。

b. 车辆构造、设计要点

特别是以材料再循环为目的的设计，一定要考虑现实条件下的循环流程，并在此基础上选择材料以及零部件的组装方法。在设计零部件的安装构造时，能够实现在短时间内高效地将零部件从车身上拆解下来，即从拆解成本的角度来考虑将是今后的重要课题。基于此，下面介绍一下易循环材料和易分解构造以及循环材料和零部件的再次利用。

材料的再利用频度分类：

1）热可塑性树脂（A）：PP、ABS、PE、PA、POM等，作为单一材料，通过加热熔化等方法，再成型性高。

甄别→去除异物→清洗→粉碎→原料混合→热挤→成型。

2）热可塑性树脂（B）：上述的材料中，如果添加了玻璃纤维或者不燃剂后，再循环时将会出现性能下降现象。

3）热硬化性树脂：PUR、PF等，由于无法通过加热的方法再成型，通过加工成分泌状，再使用玻璃纤维或者与其他材料的混合挤压成型，在循环利用方面，其循环性劣于热可塑性材料。

甄别→去除异物→清洗→粉碎→原料混合→热挤压等。

另外，零部件/材料构成或者涂装也会使再循环时的分类难易程度不同，有时必须根据零部件/材料构成或者涂装来进行分类、选择，如：

1）单体：由单一树脂材料构成，很容易实现单一材料置换的零部件。

2）涂装/拆解部件：分离涂装层，很容易实现单一材料置换的零部件。

3）插入/复合部件：发泡表皮、芯材一体部件等，不同种材料难以分离的部件。

上述这些部件，不仅仅是主要素材的再循环，还必须考虑部件整体或者局部整体的再循环难易度，并在此基础上进行分类。

其次，对于回收的部件，需要明确标识材料的不同种类，以防止异种材料混合或者熔化程序中所使用的设备出现故障。

下面是根据自工会技术手册制定的分类方法。

（1）对象部件：100g以上的树脂部件，但是以下难以标识的情况除外。

1）部件较小，没有标识位置。

2）标识后可能造成功能损失或障碍。

3）标识方法无法实现的。

（2）表示记号：对于ISO 1043填充材料、加强材料，原则上应该标识其种类和含量。

另外，对于像保险杠等细长的零部件，出于操作性、搬运效率等原因，有时会进行切断分割，希望所设计的标识方法，能够确认分割状态零部件的材料种类。图3-19所示的是在切断状态的保险杠上所设计的连续带状标识。

图3-19 多种材质标识的方法

（ii）车辆的易分解构造 车辆的分解方法虽然有很多种，目前最先进的当属欧洲拆解行业的分解方法，因此，在产品及材料的再循环时可以作为参考（图3-20、表3-9）。

为了提高车辆的易拆解性，需要注意以下几项。

1）连接点数：尽可能少。

2）连接种类：种类尽可能少、统一。

3）工具的进入性：拆解工具应该很容易进入到连接部件、可见性好、连接容易。

4）特种工具的必要性：不使用特种工具即可以实现拆解。

5）连接点个数：不需要连接分离的。

6）切断点个数：不需要分割切断的。

针对上述因素，再附加考虑拆解处理时间、作业难易性的权重系数，同时还必须核算与成本相关的评价标准。一个易于拆解的车辆构造设计案例，削减了螺钉个数的保险杠结构，以及无需贯穿车门内板的线束走向布置，如图3-21和图3-22所示。

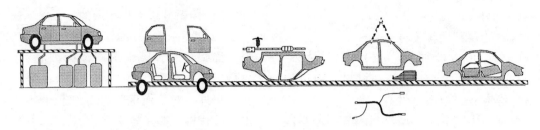

清除液态物质　　保险杠、门、内饰件、　地板下零部件、消　发动机、变　　　　加压
　　　　　　　　　座椅、仪表板、电器　音器、减振器等　速器、线束等
　　　　　　　　　部件、轮胎、燃油箱等

破碎残渣

图 3-20　欧洲废弃车辆拆解流程——奥兰多毛斯拉公司案例

表 3-9　欧洲各公司的易拆解设计方案

公司	开始	方案内容
VW/AUDI	1990.1	设立引导工场，制定本公司的模型拆解手册。研究材料、零部件的回收工程等
BMW	1990.4	设计引导工场。拆解本公司所有的模型，积累拆解技巧。在公司内部召开易拆解结构设计会议，进行材料、结构的 F/B
BENZ	（1990）	拆解试验正在实施中
P.S.A	1991	设计试验工厂。每年拆解约 7000 辆，30min 能够拆解一辆车

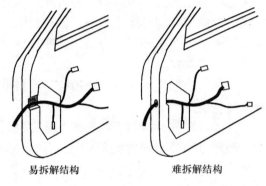

易拆解结构　　　　　　难拆解结构

图 3-22　易拆解案例——车门线束

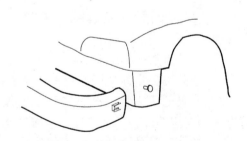

图 3-21　易拆解案例——保险杠

另一方面，作为拆解现场协助拆解的工具，如通过编制和分发拆解手册、高效拆解方法指南及注意事项，当然最重要的还是能够充分贯彻执行。指导手册的插图中，应该记述拆解顺序以及容易理解的标识方法，如欧洲采取的用于识别材料的统一着色方法。今后在这些方面还将花费大量的力气去

研究。

（iii）再生材料的灵活使用和零部件的再使用　如上所述，为了使从车辆上拆解下来的部件可以循环利用，必须对这些零部件特性附加一定的要求，相对于原始材料，应该在再生材料的混入而造成的偏差范围内进行结构、尺寸、生产工艺的设计（图 3-23）。另外，还应该灵活应对回收量的变化，使零部件的性能能够包容再生材料的混合比变动。

近年来，前面介绍的再生材料所适用的零部件范围不断地扩大，特别是随着保险杠交换而不断增加的废弃品回收，各种各样的再生材料制成的零部件逐渐搭载在新车上。举一个例子，如以下零部件：

PP 再生材料的应用案例：

搁脚板、行李箱盖板、正时链盒、除霜

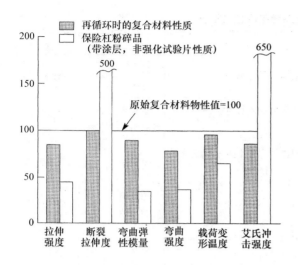

图 3-23　PP 保险杠再循环时复合材料和
原始材料性质的比较

器喷嘴、风扇罩、发动机下护板、翼子板护板、保险杠。

PU 再生材料的应用案例：

地毯、遮音材料、缓冲材料。

PU 与 PP 相比，虽然其用途具有局限性，但是今后随着化学再生技术如乙二醇分解法的开发、普及，必定以燃料等的形式重新进入再利用环节。

以发动机、变速器、轮胎等为代表的可再生零部件已经出现在市场上，随着品质、性能保证技术的发展，必将进一步扩大。

3.3.5　清洁汽车

a. 与汽车有害物质相关的考察

近年来，在汽车产品的设计、制造之际，要求从所用材料相关的多个方面加以注意，即：

① 以防止对人体健康和地球物理环境伤害为目的，加强有害物质、有毒物质使用方面的法规。

② 以 MSDS（Material Safety Data Sheet）为代表，强化对制造从业人员有害、有毒、危险物质的信息展示制度。

③ 氟利昂及 CO_2 等会使地球环境产生变化，具有对人类生存产生长期威胁可能性，对这些物质必须加以法规限制。

如上所述，在进行汽车的材料设计时，并不是仅仅考虑这些材料本身是否有害、有毒，还要考虑这些材料在其使用过程中给环境带来的全部影响，即从 LCA（Lift Cycle Assessment）的观点去考察，来选择汽车产品的材料以及相关技术。

b. 产品设计时的注意事项

（ⅰ）针对目前使用材料法规的应对方法

在日本、美国和欧洲，现行法律所规定的限制使用物质当中，与汽车相关的见表3-10中所列。从表中可以看到，目前日本、美国和欧洲范围内共同限制的物质是多氯化联苯（Polychlorinated Biphenyl，PCB）和蒙特利尔会议协议书中提到的臭氧层破坏物质（CFC、1，1，1-三氯乙烷和四氯化碳）。除上述物质以外，例如石棉、水银、镉等在一些特定的区域和国家内是被限制使用的，在目前阶段还没有在全球范围内禁止。另外，日本汽车工业协会制定了关于石棉制品的法律，要求到 1994 年底之前将现有的石棉制品全部更换为非石棉制品。

如上所述，有害、有毒物质相关的法规因国家、地域的不同而有各种各样的版本，在进行产品设计时必须根据所对应的国家和地区的法律要求，来选择合适的产品结构和材料。

（ⅱ）今后废弃物处理相关的设计注意事项　与产品上所用材料相关的法规内容主要包括以下几个方面：

① 产品在制造过程中是否对操作人员的健康具有损害。

② 在制造产品过程中所产生的废弃物是否对附近的环境具有污染。

③ 在商品使用过程中是否对消费者的健康具有损害。

表 3-10　世界范围内限制使用的物质

物质		日本	美国	欧洲	限制内容	使用部位	有害性
石棉		(●)		●	[欧洲]禁止使用	制动块 缸垫	致癌性
臭氧破坏物质	CFC、1，1，1-三氯乙烷、四氯化氢	(●)	(●)	(●)	蒙特利尔协议书规定 1995 年底前停止生产	空调制冷剂 发泡剂　洗涤剂	紫外线辐射
多氯化联苯（PCB）		●	▲	●	[日本]禁止使用，禁止无许可生产、进口	冷凝器	损害健康
多氯化三联苯（PCT）				●	[欧洲]禁止使用	绝缘油 润滑油	损害健康
多氯化钠（PCN）		●			[日本]禁止使用，禁止无许可生产、进口	热介质	损害健康
镉				▲	[欧洲]禁止使用含 0.1% 以上的塑料着色剂，禁止使用 PVC 安定剂、金属涂层	电子部件连接点防腐蚀 电子部件涂层	损害健康
水银				▲	[欧洲]禁止在传感器/测量器具上使用	传感器类 开关类	损害健康
三（2，3-二溴丙基）磷酸酯			▲		[欧洲]禁止用于与人体有接触的纤维制品上	不燃剂	损害健康
三（丙啶基）磷化氢			▲				
多溴化联苯（PPR）			▲				
苯		▲		▲	[欧洲]禁止使用 0.1% 以上（不包括汽油）		致癌性
2-萘胺		■		■	[欧洲、日本]禁止生产/进口	橡胶防老化剂	致癌性
4-氨基联苯		■		■	[欧洲、日本]禁止生产/进口	切削油	致癌性
亚硝酸盐，氨基/酰胺化合物			▲		[美国]禁止使用危险浓度的亚硝酸生产的混合物	橡胶	致癌性（亚硝酸）
芳香族亚硝酸 脂肪族二级胺 脂肪族二级酰胺形成物			▲				

注：1. ■禁止生产/使用　●禁止使用　▲限制使用　（●）自主法规。

　　2. 表中仅列举了日美欧现行法规限制使用物质中有可能用于汽车上的物质，但是，欧洲各国法规虽然对以下物质的使用有限制，但目前详细内容不明的除外。

　　3. PVC 单体，甲苯，二甲苯，卤化脂肪族碳（三氯乙烯、四氯乙烯等）。

近年来，在产品的废弃物处理阶段，由于有害物质的泄漏而造成的环境污染问题受到了越来越多的关注，因此要求对产品进行根源调查，一直追溯到产品设计阶段，检查是否使用了限制物质。

（1）从报废车拆解时的液状物质处理方面对产品设计提出的要求。汽车上搭载的发动机润滑油、变速器润滑油、冷却液等液态物质如果进入到土壤中，将会对地下水造成污染，在报废车处理阶段要求对上述液态物质彻底清除。为了提高车辆上液态物质的清除效率，在设计时必须注意以下几个方面：

① 在流出效率最好的位置设计释放塞。

② 当无法设计释放塞时，可以预想在处理报废车时加工释放孔，对流出效率最好的位置进行遮挡处理。

③ 为了减少堵塞拆解的工具数量，应该将发动机润滑油、变速器润滑油、冷却液等的堵塞型号统一。

④ 要确保堵塞拆解工具的进入及使用空间。

⑤ 研究在结构上实现容易释放液体的系统、管道等。

（2）从废弃物掩埋处理方面对产品设计的要求。管理型掩埋处理场所根据"废弃物的处理及清扫相关法律旅行命令"，制定了各种废弃物质相关的水质环境标准。在处理破碎后的残渣时，"铅"的问题最为严重。汽车上多种零部件、多个部位上都使用了铅材料（表3-11），从含铅材料的报废汽车前期拆解、个别处理的复杂程度以及费用方面考虑，减少铅的使用量或者不使用铅材料的要求越来越强烈，必须加以重视。

表3-11 汽车上含铅的零部件举例

零部件名称	铅的使用状态
蓄电池极板	PbO、PbO_2、$PbSO_4$
蓄电池端子	铅单体
汽油箱	铅锡合金
铜制散热器	焊锡
印制电路板	焊锡
轮胎平衡块	铅单体

（3）从焚烧处理（包括热循环）方面对产品设计的要求。在破碎残渣的焚烧处理过程中，以下几点是需要解决的难题。

① 破碎残渣的发热量高达4500kcal/kg，必须设计高能量燃烧炉。

② 防止燃烧灰烬和飞灰中重金属类的融化析出。

③ 清除排放气体中的有害物质（NO_x、SO_x、HCl、煤灰、二恶英等）。

最近，在含氯材料的使用方面，燃烧处理时所产生的氯化氢（HCl）以及从燃烧炉中排放出来的气体中的二恶英等物质引起了人们的注意，在某些案例中，尝试了将含氯材料的一种即PVC（聚氯乙烯）更换为代用材料。为了防止二恶英的产生，替换产品中含氯材料时，或者在事先将含氯材料从灰尘上除去时，必须将灰尘中的氯含量降低到10^{-9}级别，在现实操作过程中存在非常大的困难。

燃烧处理过程中产生的二恶英总量，在受到严格管理的处理条件下是极其微小的。目前，为了减少环境负荷，各家燃烧炉生产企业正致力于燃烧技术的研究和开发，在技术上已经接近完成，可以预期在不远的将来安全的燃烧设备会陆续投入使用。因此，从以传统燃烧技术为基础的PVC焚烧方法对环境负荷的方面，对于是否应该停止PVC的使用还存在争议。

3.3.6 销售、服务环节产生的废弃物和再循环

a. 服务场所产生的废弃物

服务场所产生的废弃物包括定期更换而产生的液状材料、零部件更换时剩余的金属/树脂部件、钣金件涂装而剩余的封包材料、各种零部件的包装材料/窗口以及操作现场的灰尘等，见表3-12。上述物质虽然通常是委托专业人员回收处理的，但是由于累积处理费用高以及处理条件严厉等原因，常常是困扰销售企业的一个难题。另外，上述情况还因地区的不同而具有较大的差异。

表 3-12　服务行业废弃物调查统计

废弃物名称	单位	产生量	处理方法（%）			困难度①	价值②
			专门	收纳	自企		
废油	L	599.8	92	2	1	6	-2
更换板件	kg	594.9	77	4	2	26	-1
包装纸	kg	200.6	68	0	24	13	-1
刹车片	个	107.3	76	15	4	16	-1
塞子	根	88.4	87	0	8	16	-2
润滑油过滤器	kg	85.3	90	0	6	30	-2
空罐	L	83.4	84	5	5	20	-1
LLC	L	73.0	84	1	7	8	-2
橡胶相关（传动带等）	kg	70.4	19	0	58	17	-1
涂料、信那水	L	59.8	73	0	21	17	-1
玻璃类	kg	48.5	57	9	12	26	-2
旧轮胎	条	45.1	43	50	3	29	-1
发烟筒	个	43.6	37	60	2	35	-2
包装材料	kg	31.5	63	0	32	17	-2
铂金火花塞	本	13.5	88	0	7	12	-2
蓄电池	个	12.2	83	7	3	25	0
滑润脂	kg	9.0	63	2	27	15	-1
催化器	kg	1.0	86	4	4	25	-1
垫片	个	0.8	88	0	9	31	-2

① 困难度：（处理困难、容易、普通）根据各回答次数定义、算出。

② 价值：-2（获取困难）~ +2（有价值），共分 5 个等次评价。

注：1. 调查问卷是与第三方大型调查公司合作完成的。

　　2. 出处：汽车技术，vol. 48，No. 2，1994.

在上述废弃物当中，树脂保险杠的处理费用特别高，一根保险杠的处理费用高达数千日元。但是，由于保险杠属于容易再循环部件，因此各汽车制造公司都在致力于保险杠的再循环研究。

b. 树脂保险杠的循环利用

作为循环利用对象的零部件，容易拆解、单一树脂部件的最大限度回收率以及高再生利用率等事项是非常重要的。保险杠多是由聚丙烯（PP）树脂材料制成，正符合上述循环利用条件。另外，由于事故而更换下来的保险杠，不需要额外的拆除作业即可单独回收，通过实施再循环以促进废弃物消减和资源有效利用成为了有力的目标。

（i）回收　销售公司在修理过程中产生的废弃保险杠，在再循环的最初阶段，进行 PP 树脂的选择及从保险杠中清除异物。这些被选择出来的保险杠通过回收渠道进入再生工序，回收工作包括委托专门的人员进行、利用零部件销售公司的零部件运输车返程捎带以及使用快递公司进行配送等多种方式，可以根据回收量/地域等具体条件来灵活选择，控制再循环过程的全部费用是非常重要的。回收上来的保险杠通过再次加工、修理等，在前处理工序中将异物及异种材料清除掉，然后再进入到后期工序。

（ii）循环技术　图 3-24 所示的是保险杠再循环过程中的技术要点。在这些重要的技术当中，对材料再生相关的涂层剥离技术进行详细说明。

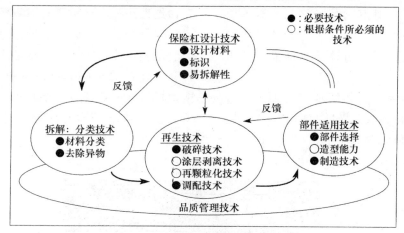

图 3-24　保险杠循环利用技术图谱

通常，从回收上来的保险杠中提取的再生材料仍然残留着涂层碎片，会造成其耐冲击性下降约 60%，因此，再生材料无法再用到保险杠上，却可以应用于对耐冲击性能要求不高的搁脚板、行李箱盖板等零部件上（图 3-25）。但是，近年来开发了保险杠涂层的剥离技术，在保持其耐冲击性能的同时还原为再生材料，一部分已经实际应用到保险杠上。这些已经实用化的涂层剥离技术经常是综合采用了强碱水的涂层分解和高精度机械的机械剥离处理方式等（图 3-26）。

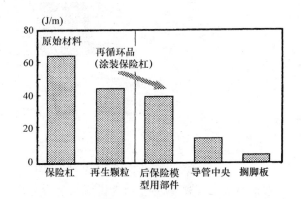

图 3-25　再生材料循环利用的思路（以冲击特性为例）
出处：汽车技术，vol. 48，No. 2（1994）

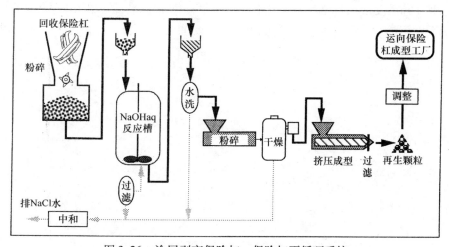

图 3-26　涂层剥离保险杠 – 保险杠再循环系统
出处：塑料老化（1994.7）

其特征如下：

① 再生材料的品质几乎没有下降。

② 适用于所有的密胺系涂料、氨基甲酸酯系涂料等涂层。

③ 使用较便宜的苛性钠水溶液，处理成本低。

④ 对工程上出现的废水进行中和、过滤和处理，转化为浓度极低的盐水，不使用有机溶剂，对环境的负荷小。

c. 其他废弃物的循环利用

图 3-27 所示的是某售后服务公司的废弃物处理流程，从循环利用角度出发而采取了多项有效措施。以前，所有的产业废弃物一般是委托专门的从业人员处理，但是在对废弃保险杠及金属零部件（铁、铝）等可再生材料进行处理后，能够使产业废弃物减少 68%，从而使得废弃物的处理费用大幅降低。

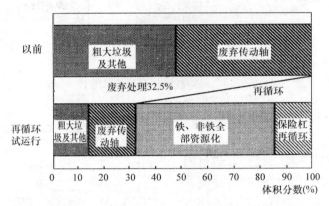

图 3-27　维修厂再循环废弃物处理→循环利用

d. 今后的课题

今后，可以预测产业废弃物的处理费用会越来越高，对于销售公司来说减少废弃物的产生量必将是直接面对的重要课题，因此，从报废汽车资源再循环的角度出发，在产品结构设计、材料设计、日常检查、维修等阶段，始终以资源再循环为理念，制造出对资源循环利用最理想的产品。

最近，受到越来越多关注的保险杠等可反复使用零部件，虽然存在着品质保证、流通等多个问题，但是其使用范围仍然在不断扩大，因此，从以上现象出发来开发产品（目标性能、品质、结构、材料等）是非常重要的。

　　　　　　　　　　　　　　　　［川崎辉夫］